Christoph Flamm

Modest Mussorgski · Bilder einer Ausstellung

Christoph Flamm

Modest Mussorgski
Bilder einer Ausstellung

Erinnerung an Viktor Hartmann

Bärenreiter
Kassel · Basel · London · New York · Praha

Zusätzliche Quellentexte finden Sie als pdf unter
https://www.baerenreiter.com/extras/BVK2221.
Verweise auf diese Texte sind im Buch mit dem Symbol ↦ gekennzeichnet.

Auch als eBook erhältlich
(epub: ISBN 978-3-7618-7060-0 ▪ epdf: ISBN 978-3-7618-7061-7)

Bibliografische Information der Deutschen Nationalbibliothek
Die Deutsche Nationalbibliothek verzeichnet diese Publikation
in der Deutschen Nationalbibliografie; detaillierte bibliografische Daten
sind im Internet über www.dnb.de abrufbar.

Umschlaggestaltung: +CHRISTOWZIK SCHEUCH DESIGN
unter Verwendung eines Bildes von Wassily Kandinsky,
Das große Tor von Kiew, 1928 (akg-images)
Lektorat: Christiana Nobach
Korrektorat und Notensatz: Kara Rick, Eberbach
Satz: Christina Eiling, EDV+Grafik, Kaufungen
Druck und Bindung: Beltz Bad Langensalza GmbH, Bad Langensalza
ISBN 978-3-7618-2221-0
www.baerenreiter.com

Inhalt

Vorwort

»Schilder einer Baustelle«: Eine solche Scherzbezeichnung ist gleichsam der Ritterschlag, den Musiker nur allerbekanntesten Werken zuteilwerden lassen. Mussorgskis *Bilder einer Ausstellung* haben einen solchen Grad der Bekanntheit seit Langem erreicht. Aber diese Popularität bezieht sich zu einem großen, vermutlich sogar zum größten Teil auf die Orchesterfassung von Ravel, wie überhaupt das Original hinter einer nicht mehr überblickbaren Menge an Bearbeitungen zu verschwinden droht. Der originalen Klavierfassung ist das vorliegende Buch vorrangig gewidmet. Obwohl die so eigentümliche Verbindung von Kunst und Musik in diesem Werk in kaum einer größeren musikgeschichtlichen Darstellung übergangen wird und in der Musikpädagogik als besonders anschauliches Objekt dient, sind die tieferen Hintergründe von Kunst und Musik und damit die eigentlichen Sinnebenen der *Bilder einer Ausstellung* nur selten thematisiert worden. Das liegt teilweise an der fehlenden Rezeption russischsprachiger Quellen und Forschungen, teilweise an einem Desinteresse gegenüber dem Künstler Viktor Hartmann, teilweise an der stiefmütterlichen Behandlung von Mussorgskis Instrumentalmusik insgesamt (im Gegensatz zu seinen Vokal- und Bühnenwerken). Zudem macht die seit der Perestroika auf beiden Seiten des früheren Eisernen Vorhangs entstandene Neubewertung der russischen Musikkultur eine frische Betrachtung gerade dieses emblematisch russischen Werkes wichtig. Trotz seines lediglich einführenden Charakters möchte dieses Buch daher nicht nur das bestehende Wissen bündeln, sondern auch neue Fragen aufwerfen und neue Perspektiven eröffnen.

Ein besonderer Schwerpunkt liegt auf der Darstellung des kulturgeschichtlichen Kontextes, in dem das Werk entstand: und zwar als Zeichen einer von dem Kunstkritiker Wladimir Stassow ersehnten Verbindung aller fortschrittlichen Künstler Russlands mit dem Ziel einer neuen, von westlichen Mustern abrückenden und stattdessen die Urwüchsigkeit der eigenen Kultur zelebrierenden Nationalkunst. Bei der Betrachtung der Musik steht dann neben dem charakteristischen Einzelnen insbesondere das zyklische Ganze im Blick. Das Nachleben des Werkes, seine immense Rezeption wird anhand nur weniger Beispiele beleuchtet – sie würde eine eigene Untersuchung erfordern.

Für eine vertiefende Beschäftigung finden sich die wichtigsten Quellentexte von Mussorgski und Stassow über ihren Freund Viktor Hartmann auf der Website des Verlages (»Digitales Kapitel«, zu finden im Shop-Bereich bei den ergänzenden Materialien zu diesem Buch); einige davon sind so gut wie unbekannt, viele werden erstmals aus dem Russischen übersetzt und neu publiziert. Auf diese Online-Dokumente wird im Buch mit dem Symbol ↦ verwiesen.

Die russischen Eigennamen werden nach der gewöhnlichen Duden-Umschrift transkribiert, sofern sie nicht wie etwa bei lebenden Interpreten in anderen Formen eingebürgert sind. Für originale russische Werktitel und Begriffe sowie in den bibliografischen Nachweisen wird die wissenschaftliche Transliteration verwendet. Russische Datumsangaben vor 1918 beziehen sich grundsätzlich auf den im russischen Reich herrschenden julianischen Kalender, der im 19. Jahrhundert dem gregorianischen um 12 Tage hinterherging.

Für ihre Unterstützung bei der Beschaffung von Quellen und Literatur sei Dr. Olesja Bobrik (Moskau) herzlich gedankt, für wertvollen gedanklichen Austausch Prof. Steven Baur (Halifax) sowie für akribische Korrekturlesung Kara Rick und für die ebenso geduldige wie umsichtige Betreuung im Verlag Dr. Christiana Nobach.

Juni 2016, Christoph Flamm

Einführung

Modest Mussorgskis *Bilder einer Ausstellung* sind, wie der Untertitel (oder zweite Teil des Titels) *Erinnerung an Viktor Hartmann* verrät, eine Gedenkkomposition. Sie entstand im Juni 1874 als eine Reihe von zehn Klavierstücken nach nur teilweise identifizierten und erhaltenen Bildern des 1873 verstorbenen Künstlers Hartmann, der mit einer Gedenkausstellung geehrt worden war. Die Bild-Vertonungen werden durch eine »Promenade« genannte (und in der Werkmitte wiederholte) Einleitung, mit der sich der Komponist selbst als Ausstellungsbesucher porträtiert, sowie durch von ihr abgeleitete Zwischen- und Nachspiele zyklisch gerahmt und verbunden. Im Schlussbild wird das Promenaden-Thema mit den Final-Themen zur Synthese gebracht. Der Klavierzyklus wurde erst 1886, fünf Jahre nach Mussorgskis Tod, gedruckt und erst ein weiteres Jahrzehnt später öffentlich gespielt, wobei der ungewöhnliche Klaviersatz bis weit ins 20. Jahrhundert hinein viele Eingriffe durch Musiker und Editoren provozierte. Die originale Klavierversion wurde ab den 1950er-Jahren ernst genommen. Weltberühmt wurde das Werk vor allem durch seine zahlreichen Bearbeitungen, insbesondere die Orchester-Version von Maurice Ravel (1922), und durch Rezeptionsformen in Rock und Pop.

Um die *Bilder einer Ausstellung* aber in ihrer ursprünglichen Gestalt zu verstehen, sind zunächst grundlegende Vorüberlegungen anzustellen. Wer war dieser heute fast vergessene Künstler Hartmann, den Mussorgski einmal als »Meister der Architektur«[1] bezeichnete, und weshalb hatte er eine derartige Bedeutung für den Komponisten? Warum wählte Mussorgski ausgerechnet das von ihm fast nur beiläufig behandelte Klavier als Medium für dieses Werk, obwohl er – kurz nach der erfolgreichen Premiere des *Boris Godunow* sowie mitten in der Arbeit an der Oper *Chowanschtschina* und dem Liederzyklus *Ohne Sonne* – primär in vokalmusikalischen und musikdramatischen Kategorien dachte und komponierte? Welche Ideen leiteten Mussorgski bei der Wahl von zehn Bildern aus vielen Hundert, die auf der Gedenkausstellung versammelt waren? Für welche konkreten oder symbolischen Inhalte stehen diese Bilder, soweit wir sie überhaupt kennen? Und welche Botschaft transportiert Mussorgskis klingender Bilderbogen als Ganzes?

Antworten auf diese Fragen finden sich nur bedingt in den Noten selbst. Die historischen, biografischen und ästhetischen Kontexte lassen sich unter anderem rekonstruieren mithilfe der Schriften des gemeinsamen

Freundes von Hartmann und Mussorgski: Wladimir Stassow. Stassow, ausgebildeter Jurist und ab 1856 ein halbes Jahrhundert lang Leiter der Kunstabteilung der Öffentlichen Bibliothek in St. Petersburg, war der herausragendste russische Kunstkritiker seiner Zeit.[2] Er galt als Vordenker eines betont nationalen Stils in den russischen Künsten in Abwendung von akademischer Routine und klassizistischer Glätte nach europäischem Muster. Er bildete zugleich das geistige Haupt der aus dem Kreis um Mili Balakirew in den 1860er-Jahren hervorgegangenen Komponisten des sogenannten »Mächtigen Häufleins« – eine Bezeichnung, die Stassow selbst in der Rezension eines Konzertes mit slawischer Musik 1867 geprägt hatte[3] und mit der er die Hoffnung auf eine russische Musik ohne Abhängigkeit von westlichen Vorbildern verband. Stassow war vielen russischen Künstlern und Komponisten in enger Freundschaft verbunden, er scharte diese um sich und war bemüht, ihr Schaffen durch gegenseitigen Austausch zu intensivieren und als Inspirator, Mentor sowie durch seine publizistische Tätigkeit zu fördern, wobei ihm die Idee des National-Russischen in der Kunst als oberster Imperativ vor Augen stand.

Alle wesentlichen publizistischen Würdigungen, die Hartmann erfuhr, stammen von Stassow. Mussorgski verfasste einen Nachruf auf Hartmann für eine Zeitung, er widmete die *Bilder einer Ausstellung* Stassow. Dies alles zeigt, wie stark das Band zwischen diesen drei Männern war. Solche Texte aus dem Freundeskreis sind in ihrer Verquickung von ästhetischem Urteil und persönlicher Erinnerung geschichtliche Quellen, die uns für das Verständnis der *Bilder einer Ausstellung* wertvolle Hinweise liefern (sie sind als Dokumente im ↱ »Digitalen Kapitel« dieses Buches zu finden). Stassow bildet sowohl in der konkreten menschlichen Begegnung als auch in der ästhetischen Diskussion das einigende Band zwischen Hartmann und Mussorgski. Es ist in letzter Instanz diese Künstlerfreundschaft in ihren Personen und Idealen, die im Klavierzyklus besungen wird. Die *Bilder einer Ausstellung* haben also nicht zwei, sondern drei zu decodierende Ebenen: die Bilder, die Musik – und die dahinterstehenden Ideen.

Ein Werk, drei Väter: Hartmann, Stassow, Mussorgski

Viktor Hartmann – ein Porträt

Wer war Viktor Hartmann (1834–1873)? Dieses Wissen ist auch in Zeiten globaler Internet-Enzyklopädien nicht einfach zu erwerben. Hartmann (der in seiner russischen Muttersprache, die kein H kennt, als »Gartman« erscheint) hat zwar inspirierend auf seine Umgebung gewirkt, aber kaum größere Werke hinterlassen. Sein Schaffen war bis vor wenigen Jahren nie systematisch erfasst oder untersucht worden, demnach ist Forschungsliteratur zu ihm, selbst in russischer Sprache, nahezu inexistent[1] – falls sie nicht von Mussorgskis Werk ihren Ausgang nimmt.[2] Man kann ohne Übertreibung behaupten, dass Viktor Hartmann ohne Mussorgskis Zyklus heute nur noch einigen spezialisierten Kunsthistorikern überhaupt bekannt wäre.

Diese Obskurität hat auch ästhetische Gründe, denn im 20. Jahrhundert schlug Hartmanns Schaffen im Wesentlichen Geringschätzung entgegen. Das Verdikt des über Jahrzehnte hinweg wichtigsten Künstlerlexikons, des Thieme-Becker, lautete lapidar: »H[artmann] war einer der Hauptvertreter jener Richtung, die in wenig glücklicher Weise die russ[ische] Architektur durch Anwendung einer dem altruss[ischen] Kunstgewerbe entnommenen Ornamentik zu beleben suchten.«[3] Doch war Hartmann nicht nur ein angeblich primär auf die Außengestaltung von Gebäuden konzentrierter Architekt, sondern auch Zeichner, Maler, Buchillustrator, Kostüm- und Bühnenbildner sowie Gestalter kunstgewerblicher Gegenstände. Heute würde man ihn vielleicht als Designer bezeichnen. Ohne eine Kenntnis seines Schaffens und seiner Kunstanschauung sind weder die vordergründigen (stilistisch-ästhetischen) noch die hintergründigen (semantischen) Verbindungen zwischen seinen und Mussorgskis Bildern verständlich.

Hartmanns Anfänge und seine Grand Tour

Hartmanns Geburtsdatum wird in zeitgenössischen Texten irrtümlich immer mit dem 23. April 1834 angegeben. Im Taufschein dagegen heißt es: »Victor Eduard Hartmann, in der Ehe geboren den 24ten Mai des Jahres ein tausend acht hundert vier und dreißig, getauft den 20ten Junius. Vater: Alexander Hartmann, Arzt. Mutter: Friederike, geborene Petersen. [...] Dies wird hiermit, unter Beyfügung des Kirchensiegels, sub fide pastorali bescheinigt. St. Petersburg, den 21. Junius 1846. Dr. August Jahn, Pastor an der deutschen Evangelisch-Lutherischen Catherinen-Kirche.«[4] Hartmann verlor seinen Vater im Alter von kaum drei, die Mutter mit vier Jahren; man gab ihn in die Obhut seiner Tante Luisa Iwanowna Gemiljan, die mit einem Architekten verheiratet war. Mit 12 Jahren erwirkte die Tante seine Aufnahme in ein eigentlich Offizieren und Beamten vorbehaltenes Korpus, wo er mehr mit seinen Karikaturen als durch schulische Leistungen glänzte. 1852 nahm ihn die Petersburger Akademie der Künste auf; als Student schwankte er lange zwischen Malerei und Architektur. Der Entwurf zu einem Grabdenkmal für einen Architekten brachte ihm 1856 eine große Silbermedaille ein: eine gleichsam zu drei Vierteln im Boden versunkene korinthische Säule, »Allegorie des in die Erde entschwundenen Künstlers«,[5] auf deren wuchtigem Kapitell die Büste des Verstorbenen ruhte. Den Einfall der versunkenen Säule sollte Hartmann in seinem berühmten Stadttor von Kiew wieder aufgreifen.

Im September 1861 beendete er das Studium mit einer großen Goldmedaille für den Entwurf eines öffentlichen Theaters, wonach ihm ein Stipendium für eine Bildungsreise ins Ausland zustand. Zuvor verlangten die Statuten jedoch zwei Jahre praktischer Arbeit in Russland, die Hartmann vorwiegend im Architekturbüro seines Onkels Gemiljan verbrachte. In dieser Zeit schuf er auch die architektonische Basis des 1862 eingeweihten Denkmals zum 1000-jährigen Bestehen des russischen Reiches in Nowgorod: eines der wenigen noch heute existierenden Werke des Architekten (das allerdings eher für die figürlichen Elemente bekannt ist, die nicht von Hartmann stammen). Dass er ein von seinem Onkel erbautes neoklassizistisches Gebäude im pompejanischen Stil schmücken wollte,[6] ist ein erster Hinweis auf Hartmanns Neigung zur Fantastik und zu historistischem Dekor. Ganz ins Reich der Fantasie gehören seine Illustrationen zu einem 1863 erschienenen Kinderbuch *Kuznečik muzykant* (Die Musiker-Grille), das ähnlich der *Biene Maja* unter vermenschlichten Insekten spielt.

Am 1. Oktober 1863 trat Hartmann seine Auslandsreise an, die ihn zunächst nach Berlin führen sollte, wo er aber erst im Januar 1864 eintraf. Denn auf halber Strecke in Białystok, im polnischen Westteil des damaligen russischen Reiches, änderte Hartmann en passant seinen Familienstand: Er heiratete unter vermutlich abenteuerlichen Umständen eine 19-jährige Internatsschülerin, und zwar in der Alexander-Newski-Kapelle des berühmten Branicki-Palastes, der seit 1841 per Ukas des Zaren ein Internat für adlige Fräulein beherbergte (später als Institut nach Nikolai I. benannt). Wie die Liste der Geistlichen in der Heiratsurkunde zeigt,[7] schloss er diese Ehe nach orthodoxem und nicht nach lutherischem Ritus, was man als eine slawophile Geste deuten mag, die mit seiner späteren nationalrussischen Kunstauffassung korrespondiert.

Die nunmehr zum Honeymoon gewordene Auslandsreise führte Hartmann von Berlin weiter über Dresden, Leipzig, Nürnberg, München, Heidelberg, Köln und Brüssel nach Paris, wo er ab Dezember 1864 gut ein Jahr lebte, unterbrochen von Abstechern unter anderem nach London. In dem an der Bahnlinie Paris–Toulouse gelegenen Ort Issoudun im Loire-Tal beschäftigte er sich einige Wochen mit dem Eisenbahnwesen und seinen bautechnischen Aufgaben. Aquitanien erlebte Hartmann besonders intensiv: Mehrere Monate hielt er sich in Limoges auf, seit Februar 1866 in Périgueux. Hier interessierten ihn einerseits die Reste des keltisch-römischen Vesunna (Vésone), welche durch die Inbetriebnahme der Eisenbahn 1860 teilweise bloßgelegt, teilweise zerstört worden waren; andererseits die damals in Restaurierung befindliche Kathedrale Saint-Front, die als Kreuzkuppelkirche in romanisch-byzantinischem Mischstil Hartmanns eigenen historistischen Eklektizismus präfigurierte, wenn nicht gar wachrief. Ein Augenleiden weckte damals sein Interesse für das Fotografieren; die Kamera blieb fortan, wie Stassow bemerkt, ein steter Wegbegleiter (wie sich noch zeigen wird, ist das kein unwichtiges Detail). Nach Visiten von Bordeaux, Moissac, Auch, Albi, Toulouse, Carcassonne, Narbonne, Marseille, Lyon, Nîmes, Arles, Nizza kehrte Hartmann 1867 nach Paris zurück. In Nizza konnte ihm kaum verborgen bleiben, dass Zar Alexander II. die Errichtung einer Gedächtniskapelle für den 1865 dort gestorbenen Zarewitsch Nikolai Alexandrowitsch Romanow angeordnet hatte: die Chapelle du tsarévitch Nicolas Alexandrovitch, eine kleine Kreuzkuppelkirche im byzantinischen Stil. Ihre Grundsteinlegung fand am 2. März 1867 statt, die beauftragten russischen Architekten waren eben jene Professoren, bei denen Hartmann an der Akademie studiert hatte, David Grimm und Alexander Resanow.

Zurück in Paris erlebte Hartmann die von Frühjahr bis Herbst 1867 gezeigte Weltausstellung auf dem Marsfeld. Russland war hier nach den Londoner Weltausstellungen von 1851 und 1862 bereits zum dritten Mal vertreten, nun erstmals mit Gebäuden in traditionellen Architekturformen (was 1878 eine allgemeine Forderung für die Pavillons der teilnehmenden Nationen wurde).[8] Hartmann hatte im Vorfeld versucht, an der Gestaltung des russischen Auftritts mitwirken zu dürfen, aber eine Absage erhalten. Das Weltausstellungspublikum bekam in der russischen Sektion – neben kirgisischen, jakutischen, sibirischen, kaukasischen Kostümen und Zelten, die Russlands Weltreichdimensionen verdeutlichen sollten – mit üppigem Schnitzwerk versehene russische Holzhütten und einen Pferdestall im russischen Stil zu sehen; russische Speisen wurden in einem eigenen Restaurant von Männern und Frauen in traditionellen russischen Trachten angeboten.[9] Solche an die Volkskunst angelehnten nationalen Muster aus Baukunst und Brauchtum wiederholen sich später in Hartmanns eigenen Entwürfen, etwa in der Tischuhr in Form der Hexenhütte der Baba-Jaga (s. Abb. 10, S. 60). Zudem sollte nach der Rückkehr in die russische Heimat gerade Ausstellungsarchitektur ein Hauptbeschäftigungsfeld Hartmanns werden, also mehr auf Dekor und Demonstration als auf Zweckmäßigkeit angelegte, ephemere Messebauten. Und die Weltausstellung bot eine weitere Attraktion, die auf Hartmann eingewirkt haben mag: den Nachbau römischer Katakomben.

Vor der Rückkehr in die russische Heimat stand noch ein obligatorisches Land für Bildungsreisende auf dem Plan: Italien. Hartmann begab sich im Mai 1868 durch die Schweiz über Genua und Livorno nach Rom. Mit diesen italienischen Monaten, in denen er auch Neapel, Sorrent, Asti, Florenz, Mailand und Venedig sah, endete seine Grand Tour. Über Wien gelangte er zunächst ins polnische, damals russisch regierte Sandomierz sowie nach Warschau, Städte, in denen er sich einige Wochen aufhielt, wohl auch seiner Frau zuliebe. Im September 1868 erreichte Hartmann wieder St. Petersburg.

Sein Kopf war voller Eindrücke, sein Koffer voller Skizzen, Aquarelle und Fotografien der besuchten Orte. Hartmanns Reisealbum, traditionelles Mitbringsel aller Stipendiaten der Kunstakademie von ihren Bildungsreisen,[10] bestand gleichermaßen aus Impressionen von Menschen (Genredarstellungen), Bauwerken und Landschaften. In Paris war trotz des langen Aufenthalts nur sehr wenig entstanden. Die Hauptmasse der Arbeiten betraf architektonische Skizzen, insbesondere von Details des

Renaissance-Lettners aus der Kathedrale Saint-Étienne in Limoges, sowie überhaupt Skizzen von meist südfranzösischen religiösen Gebäuden aller Art, bevorzugt einzelne Elemente wie Kapitelle, Säulen, Portale, Dekor. Daneben entstanden einige französische und seltener italienische Genreszenen mit Menschen bei der Arbeit, beim Spiel oder beim Ausruhen; Landschaften oder typische Veduten sind rar. Bei den Darstellungen von Menschen fällt auf, dass Geistliche, Betende und Gläubige vor den Szenen mit Alten, Frauen und Kindern überwiegen, auch in Sandomierz, wo Hartmann unter anderem Juden porträtierte: darunter zwei Zeichnungen, die er Mussorgski schenkte und die dieser in den *Bildern einer Ausstellung* in Musik setzte (s. S. 50).

Hartmanns Eindrücke der Grand Tour betrafen vordergründig architektonische Formen verschiedener Epochen, fremde Landschaften sowie menschlichen Alltag in städtischem und ländlichem Ambiente. Auf einer tieferen Ebene aber erfuhr er, wie die mitteleuropäischen Kulturnationen mit den Zeugnissen ihrer Geschichte umgingen, sei es in den Pariser Katakomben, den antiken Ruinen und Tempeln oder den mittelalterlichen Kirchen und Schlössern: Diese architektonisch erfahrbare Geschichte war zugleich ästhetische Gegenwart. Genau das scheint der Punkt zu sein, an dem Hartmann in Russland ansetzen wollte – die russische Geschichte ebenfalls in architektonischer Form (und allgemein in den angewandten Künsten) ästhetisch neu erfahrbar zu machen. Das künstlerische Resultat der Grand Tour war also nicht die Adaption irgendwelcher europäischer Architekturmodelle – traditionell wäre dies das Ziel einer solchen Bildungsreise gewesen –, sondern deren Zurückweisung! Dafür eignete sich Hartmann aber ein grundsätzliches historisches Bewusstsein an, das nicht in archäologische Rekonstruktion, sondern in eklektizistische Mischformen mündete, die nun ihrerseits einen russischen Stil begründen sollten. Bereits der kurz nach Hartmanns Rückkehr entstandene Entwurf zum Stadttor von Kiew (s. Abb. 11, S. 62) zeigt ihn mustergültig.

Re-Russifizierung als Mission: Hartmanns »russischer Stil«

Hartmanns künstlerische Intention, die unter dem Eindruck der Grand Tour herangereift war, entsprach dem nach den Napoleonischen Kriegen in der russischen Gesellschaft immer stärker werdenden (und in Stassow paradigmatisch verkörperten) Wunsch, die seit Peter dem Großen vollzogene Europäisierung der russischen Kultur rückgängig zu machen.

Die als Überfremdung empfundenen gesamteuropäischen Kunst- und Lebensformen sollten nach mehr als eineinhalb Jahrhunderten abgeschüttelt und somit eine neue nationale Eigenständigkeit kulturell zum Ausdruck gebracht werden. Anknüpfen ließ sich zu diesem Zweck an die Kultur der vorpetrinischen (»mittelalterlichen«) Epoche, an die von westlichem Denken unberührte Orthodoxie sowie an die vitalen volkstümlichen Traditionen, die dank der völlig verspäteten Industrialisierung des Landes noch kaum ernsthaft bedroht waren. Mussorgskis Musik hat an dieser Tendenz entscheidenden Anteil, wie seine Oper *Boris Godunow*, in der alle drei genannten Aspekte sehr deutlich zutage treten, zur Genüge zeigt; und es steht zu vermuten, dass der gemeinsame Austausch mit Hartmann und Stassow hier nicht nur eine Bestätigung bewirkte, sondern zusätzlich katalysierende Wirkung ausübte.

Ein zu Hartmanns Zeit bereits öfters beschrittener Weg der baukünstlerischen Russifizierung führte auf dem Gebiet der Sakralarchitektur zur Integration oder Reanimation byzantinischer Bauformen. Ein anderer Weg, den Hartmann wohl als Erster konsequent beschritt, war das Aufgreifen charakteristischer Formen und Stilistiken der traditionellen ländlichen, vorwiegend profanen Holzarchitektur, die von der typischen Holzhütte (*izba*) verkörpert wurde, wie sie 1867 in Paris zu sehen war. Die in solch historisierender oder folklorisierender Architektur pathetisch verkörperte Idee der Nationalkultur hat nicht nur dekorativen Wert, sondern eine dezidiert kulturpolitische Dimension. Der Kunsthistoriker Juri Saweljew leuchtete 2006 erstmals die Interaktion von staatlichem Auftrag und künstlerischer Umsetzung im russischen Historismus konsequent aus.[11] Er beschreibt dabei verschiedene Phasen vom mittleren 19. Jahrhundert bis zur Oktoberrevolution, die dekorativ-ornamental beginnen, erst intuitiv und dann durch archäologische Forschung zu den tektonischen Strukturen und Formen gelangen, diese zunehmend frei variieren und zuletzt in stilisierter Form zitieren. Hartmann zählt er zum »pseudorussischen« Typus, der mehr an Dekoration als an strukturellen Fragen interessiert ist. Sowohl die byzantinisierenden Kirchenbauten als auch die Denkmälerarchitektur und der sogenannte »russische«, also volkstümlich-bäuerlich historisierende Stil waren aufgrund des Vergabesystems staatlicher Bauaufträge unter Alexander II. und Alexander III. Erzeugnisse einer systematischen Politik der architektonischen Nationalisierung, in die die Akademie der Künste fest eingebunden war. Hartmanns Architekturentwürfe, allgemeiner sein Wunsch nach einer materialiter vollzogenen Russifizierung

Russlands, steht somit in einem sehr breiten kunst- und kulturgeschichtlichen Kontext, dem man vergleichend beispielsweise die neugotischen und neoromanischen Bauten des wilhelminischen Deutschland gegenüberstellen könnte.

Diesen Kontext erkannte hellsichtig ein österreichischer Kommentator der Weltausstellung von 1867 mit Blick auf ausgestellte Kopien von russischen Handschriften des 10.–18. Jahrhunderts: »Diese Schule hat offenbar die Aufgabe, Zeichner zu bilden, welche in alle Details und nach allen Richtungen mit den Eigenthümlichkeiten des byzantinischen und altrussischen Styles vertraut sind und die dann, wenn sie aus der Schule heraus in das praktische Leben übertreten, im Stande sind, sogenannte nationale, russische Ornamentik und Formen in die verschiedenartigen Zweige der Gewerbe und in die Industrie herüber zu führen. Die Leistungen dieser Schule verdienen eine ganz besondere Anerkennung.«[12] Genau das ist es, was Hartmann im Anschluss an seine Grand Tour betreiben sollte: altrussische und folkloristische Ornamente und Formen auf Kunstobjekte aller Art zu übertragen, alles Dingliche zu »russifizieren«. Man kann geradezu von einer Mission sprechen. Und genau hierin traf er sich mit Stassow und Mussorgski.

Eines von Hartmanns ersten Projekten nach seiner Rückkehr war die Teilnahme am Wettbewerb für ein Monument, das zum Gedenken an das im Jahr 1866 in Kiew verübte und gescheiterte Attentat auf Zar Alexander II. errichtet werden sollte. Hartmann entwarf einen großen Torbogen mit Kirche im Inneren samt nebenstehendem Glockenturm, wobei er Motive traditioneller russischer Kleidung in architektonische Formen umwandelte. Dieses Heldentor von Kiew (s. Abb. 11, S. 62) wurde nie gebaut, da man den Wettbewerb letztlich absagte.

Im Juli 1869 wurde Hartmann, unmittelbar nach der Grand Tour noch fast unbekannt in seiner Heimat, in die Kommission aufgenommen, welche die Allrussische Manufaktur-Ausstellung 1870 vorbereitete. Hier wirkte er entscheidend an der Gestaltung der Ausstellungsgebäude und Inneneinrichtung mit, unter starker Betonung des russischen Stils. Stassow war von diesem Anblick so begeistert – »ein wahres Reich der Schönheit, Kunst und Poesie!«[13] –, dass er den Kontakt zum verantwortlichen Künstler suchte. Die erhaltenen Dokumentationen zeigen, dass sich der russische Stil hier vorwiegend auf die Interieurs richtete und auch ausgestellte kunstgewerbliche Objekte wie etwa Öfen und Möbel betraf.[14] Hartmann wurde für seine über 600 zu dieser Ausstellung entstandenen

Zeichnungen am 4. November 1870 zum ordentlichen Mitglied der Akademie der Schönen Künste ernannt. Er beteiligte sich nochmals an der Polytechnischen Ausstellung in Moskau 1872, wo ihm die Gestaltung der Militärabteilung oblag; Hartmann übersiedelte dazu von Petersburg nach Moskau. Weitere architektonische Projekte betrafen ein Volkstheater in Petersburg (1870, unausgeführt), ein Volkstheater für die Zeit der Polytechnischen Ausstellung in Moskau 1872 (unter Verzicht auf die meisten Dekorationen ausgeführt), den Zoologischen Garten in Moskau (1872, unausgeführt), ein Druckereigebäude für Anatoli Mamontow in Moskau (1872) sowie ein Landhaus für Fjodor Mamontow in Kirejewo (1871/72) – alle im russischen Stil, der nun zu seinem Markenzeichen geworden war. Einige der architektonischen Entwürfe Hartmanns wurden 1873 auf der Weltausstellung in Wien gezeigt, darunter ein großes Holzmodell des Moskauer Volkstheaters, und brachten ihm dort eine Goldmedaille ein.

Insbesondere die Entwürfe für die Ausstellungsarchitekturen zeigen ein geradezu entfesseltes Verlangen, die traditionellen Ornamente russischer Holzgebäude, wie etwa Schnitzwerk an Fenstern oder sich überkreuzende Zierbalken an Giebeln, monumental zu übersteigern und zu vervielfachen. Das Dekorative dominiert dadurch das Erscheinungsbild bis hin zu wahren Phantasmagorien einer Architektur gewordenen russischen Ornamentik: aus dem Volkstum gewonnene nationale Symbole, die sich in der Fantasie des Künstlers verselbstständigen und in einen Bereich des Märchenhaften vorstoßen, wie dies bereits im Stadttor von Kiew geschehen war. Dieser Zug, die dingliche und praktikable Realität durch künstlerische Imagination zu überhöhen, sie speziell durch Ornament und Dekor in Kunstwerke des Alltags zu transformieren (wie schon in der frühen Idee einer Innendekoration im pompejanischen Stil), äußert sich auch in Hartmanns Entwürfen für üppigst im russischen Stil verzierte Gebrauchsgegenstände: etwa einen Kandelaber, einen Krug in Form eines Hahns oder eben auch jene bronzene Tischuhr, die die auf Hühnerbeinen stehende Hütte der Märchenhexe Baba-Jaga darstellt (s. Abb. 10, S. 60).[15]

Damit erhebt Hartmann die Idee des Nationalen selbst zur Kunstform: Das Nationale wird ästhetisch erlebbar – nicht als museale Selbstreflexion, sondern als in den Alltag vordringendes und diesen allumfassend prägendes Ambiente. Er stand damit nicht allein, weder in der Architektur noch im Kunstgewerbe, wie gerade die nationalen und internationalen Ausstellungen seit den 1860er- und 1870er-Jahren zeigen. Seine Auszeichnungen und die Reproduktion einiger Entwürfe in Publikationen zu Lebzeiten wie auch kurz nach seinem Tode belegen,[16] dass er mit seinem nationalrussischen Stil einigen Erfolg hatte, auch wenn nur weniges über das Entwurfsstadium hinausgelangte und davon noch weniger erhalten blieb.

Hartmann als Bühnenausstatter

Nicht geringe Wirkung übte Hartmann zudem als Bühnendekorateur des Musiktheaters aus, wo sein Hang zu Fantastik und Eklektizismus sich frei entfalten konnte.[17] Seine künstlerischen Vorlieben machten ihn zu einem idealen Ausstatter speziell von Bühnenwerken mit russischen und märchenhaften Sujets. Zu drei Inszenierungen steuerte er Entwürfe bei.

Das erste Projekt waren Kostüme für das am 17. Januar 1871 im Großen Theater von Petersburg uraufgeführte Ballett *Trilby* von Marius Petipa mit Musik von Julius Gerber. Hier entwarf Hartmann Kostüme für eine Vielzahl von Fabel- und Tierwesen, zu denen auch die von Mussorgski vertonten Küken in ihren Eierschalen zählen (s. Abb. 5, S. 51).

Außerdem schuf Hartmann Kostüme und Bühnenbilder für eine Neuinszenierung von Michail Glinkas *Ruslan und Ljudmila* im Petersburger Marientheater am 26. Januar 1871. In der Verbindung von russischen, fantastischen und orientalischen Elementen war diese Oper, auch Glinkas Musik, ein besonders emblematisches Werk für die sich vom Westen abwendenden Slawophilen. Die im IV. Akt gezeigten Gärten des bösen Zauberers Tschernomor – in Hartmanns Zeichnungen »der Charakter eines bösartigen Zwerges«[18] und mutmaßlicher Avatar des *Gnomus* (s. Abb. 1) – sind von üppiger Exotik. Das Schloss des Tschernomor ersann Hartmann als eine unüberschaubare Masse in- und übereinander geschachtelter Gebäudeteile in einer Art indischem Stil. Dieser zur Fantastik neigende Eklektizismus kann als Grundkonstante von Hartmanns Ästhetik gelten. Theaterdekoration und echte Architektur gehen in seinem Schaffen fließend ineinander über; Fantasie und Realität verschwimmen vor den Augen der Betrachter, gleich ob sie im Opernsaal oder in einem Ausstellungspavillon stehen.

Schließlich lieferte Hartmann auch Entwürfe für den Karnevalsumzug und andere Kostümierte in Alexander Serows Oper *Feindesmacht*, die im Petersburger Marientheater am 7. April 1871 ihre Uraufführung erlebte. Sie spielt im 17. Jahrhundert, weckt also gezielt die Vorstellung einer vom Westen noch unberührten, von eigenen, volkstümlichen Traditionen geprägten altrussischen Zeit. In der Darstellung typischer Trachten und aus heid-

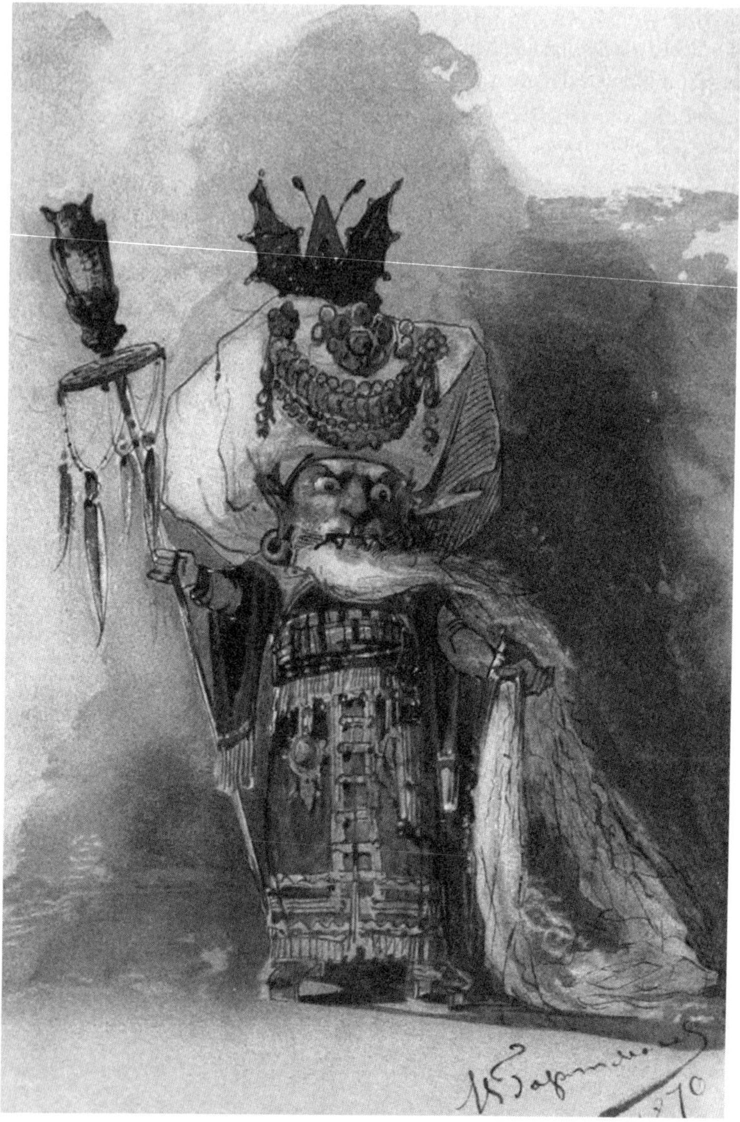

Abb. 1: Viktor Hartmann, Der böse Zauberer Tschernomor. Kostümentwurf für eine Inszenierung von Glinkas Oper »Ruslan und Ljudmila«. Bleistift und Aquarell (1870).

nischer Vorzeit stammender Verkleidungen (diverse Tierfiguren, Riesen) sowie des Faschingsambientes insgesamt hat Hartmann Beobachter wie Stassow sehr beeindruckt, der den opulenten Entwurf des Faschingsumzuges auf einem märchenhaft-fantastischen Schlitten 1875 als Gravur publizieren ließ. Ebenso wie Serows musikalische Darstellung des Faschingstreibens hat Hartmanns Bildwelt massiv nachgewirkt auf das – ebenfalls einen bereits verschwundenen russischen Karneval evozierende – Ballett *Petruschka* (1911), an dem Alexander Benois als Dekorateur und Strawinsky als Komponist mitwirkten. Vielleicht war gerade das Musiktheater der Bereich, in dem Hartmanns Schaffen über seine Lebenszeit hinaus wirkte. In jedem Fall war es die engste Verbindung zu Mussorgskis Sphäre.

Russlands Künste im Aufbruch: Stassow, Hartmann und Mussorgski

Persönliche Kontakte

Der erste Eindruck, den Wladimir Stassow von Hartmann erhielt, war fast ein »tableau vivant« aus den späteren *Bildern einer Ausstellung*: Auf einem Maskenball in der Akademie der Künste zur Jahreswende 1861/62 scheuchte Hartmann, verkleidet als Hexe Baba-Jaga, die aus Stassows Sicht sedierte und in lähmender Konvention erstarrte Gesellschaft mit wilden Gebärden von ihren Sitzen auf; man sprach damals von Hartmann als dem originellsten Kopf der ganzen Akademie (↦ Dok. 7). Doch erst als sich Stassow auf der Polytechnischen Ausstellung 1870 für die Dekorationen im russischen Stil begeisterte, kam es zur persönlichen Begegnung. Es entspann sich eine enge Freundschaft, in der Stassow den jungen Künstler verbal mit immer größeren Lorbeeren versah. Am Ende stand die Einschätzung, dass er auf seinen Gebieten zu den fortschrittlichsten, originellsten und letztlich größten Künstlern Russlands gezählt habe: »In ihm wuchs ein großer, eigenständiger Architekt heran, dem es bestimmt war, eine wahre Epoche unserer Architektur zu erschaffen.« Über die Bühnenentwürfe sagte Stassow: »Solche fantastischen Dekorationen [...] hatte es bei uns natürlich noch nie gegeben. Kein einziger unserer Künstler besaß dafür genug Fantasie und Originalität.« Und selbst das Kunstgewerbe zeige die besten Beispiele für den russischen Stil. Die ungebremste Konsequenz, mit der Hartmann diesen Stil verwirklichte, begeisterte Stassow: »Dieser [russische] Stil interessierte ihn am meisten, und er entfernte sich mit jedem Tag mehr von den europäischen Stilen, um sich in unseren Volksstil zu vertiefen.«[19]

Stassow hatte zur sogenannten neu- oder pseudorussischen Architektur ein enges Verhältnis: Sein Vater Wassili Petrowitsch Stassow (1769–1848) war selbst ein berühmter Architekt, der seit den 1820er-Jahren mit ersten Versuchen hervortrat, den allgegenwärtigen neoklassizistischen Baustil mit byzantinisierenden Elementen zu versetzen und dadurch ein nationales und historistisches Element einzubringen, so 1826 bei der Potsdamer Alexander-Newski-Gedächtniskirche, die als erstes Zeugnis dieser Tendenz gilt, und danach in der Kreuzkuppelarchitektur der 1928 zerstörten Zehntkirche (Desjatina) in Kiew. Kein Wunder also, dass Wladimir Stassow Hartmanns Hinwendung zu national konnotierten Architekturformen begeistert begrüßte: Dies war die Fortsetzung der Ideen seines eigenen Vaters.

Über Stassow, der Hartmann regelmäßig begegnete, wurde auch Mussorgski wohl im Winter 1870/71 mit dem Künstler näher bekannt und befreundet, man traf sich regelmäßig in der Petersburger Wohnung des Architekten. Am 18. April 1871 beispielsweise schreibt Mussorgski an Stassow: »Ich hatte gedacht, sie bei den Hartmanns zu erwischen«.[20] Die gegenseitige Freundschaft muss rasch sehr tief geworden sein, wie sich indirekt einer brieflichen Absage wohl von Januar 1872 entnehmen lässt: »Ich muss mich unbedingt mit Hartmann treffen und kann deshalb heute nicht bei Ludmila Iwanowna [Schestakowa, Glinkas Schwester] sein.«[21] Mussorgski teilte Stassows hohe Wertschätzung für Hartmann, hielt dessen unakademische und nationalistische Ästhetik gegenüber anderen stereotypen Kunsterscheinungen seiner Zeit für herausragend.

Die gegenseitige Wertschätzung beschränkte sich nicht nur auf schöne Worte. Hartmann, von seinen Freunden Witjuschka genannt, schenkte dem Komponisten die Zeichnungen zweier polnischer Juden, die er 1868 in Sandomierz angefertigt hatte. Mussorgski widmete ihm im Gegenzug das zweite der Lieder aus dem Zyklus *Detskaja* (*Die Kinderstube*). Die Treffen wurden seltener, als Hartmann nach Moskau umzog. Bei einem letzten gemeinsamen Spaziergang waren die Anzeichen von Hartmanns Herzerkrankung unübersehbar, doch versuchte Mussorgski humorvoll darüber hinwegzugehen. Umso bitterere Vorwürfe machte er sich nach dem überraschenden Tod seines Freundes am 23. Juli 1873. Wie groß der Schmerz über den Verlust war, lässt sich einem unter unmittelbarem Eindruck der Nachricht entstandenen Brief an Stassows Frau entnehmen (↦ Dok. 2). Seine Selbstvorwürfe offenbarte Mussorgski kurz darauf, am 2. August 1873, in einem Brief an Stassow selbst:

> Mein lieber, mein teuerster Freund! Welch entsetzlicher Schmerz! Warum sollen Hunde und Katzen leben[22] und Menschen wie Hartmann müssen sterben. Ich erinnere mich an seinen letzten Besuch in Petrograd [...]. Da lehnte sich Witjuschka plötzlich an eine Mauer, gerade gegenüber der Annenkirche, und wurde ganz bleich. Ich kenne solche Zustände aus eigener Erfahrung und fragte ihn (ganz ruhig): »Was ist los?« – »Ich kann nicht atmen«, antwortete Witjuschka. Da ich die Nervosität und das Herzklopfen der Künstler aus Erfahrung kenne, sagte ich (immer noch mit der gleichen Ruhe): »Bleib' ein Weilchen stehen, mein Lieber, dann gehen wir weiter.« Das war alles was wir sagten, über eine Sache, die unseren lieben Freund für immer unter die Erde gebracht hat. Was für ein Narr ist doch der Mensch im Allgemeinen! Wenn ich mir jetzt diese Unterhaltung ins Gedächtnis rufe, komme ich mir ganz erbärmlich vor, dass ich mich wie ein Feigling benommen habe. Weil ich fürchtete, Hartmann zu erschrecken, habe ich mich wie ein dummer Schuljunge verhalten. Generalissimus, glauben Sie mir: ich habe Hartmann gegenüber wie ein wahrer Narr gehandelt. Hilflos, wie ein Tölpel, der nicht die Kraft hat, zu helfen.[23]

Da sich Stassow zu diesem Zeitpunkt gerade in Wien aufhielt, verfasste Mussorgski selbst die Zeitungsnotiz zum Ableben Hartmanns mitsamt kurzem Nachruf (↦ Dok. 1).[24] Stassow schickte eine Woche später aus Wien einen Nekrolog für die *Sankt Petersburger Nachrichten* (↦ Dok. 3), umfangreiche Würdigungen folgten in größerem Abstand (↦ Dok. 4, 6, 7). In beiden Männern entwickelten sich Pläne, Hartmanns Gedenken zu sichern: Stassow durch eine Ausstellung, Mussorgski durch eine große Komposition.

Von der Musik zur Kunst: Mussorgski und Stassows »Troika«

Für Mussorgski wurde in den 1870er-Jahren der Austausch gerade mit Künstlern statt mit Musikerkollegen sehr bedeutsam. Zu Letzteren fühlte er sich zunehmend distanziert. Die zeittypischen Künstlerbünde änderten ihre Zusammensetzung. Das seit Stassows Rezension von 1867 sogenannte »Mächtige Häuflein«, also jene gegen die in den Konservatorien von Petersburg und Moskau gepflegte, akademische Ästhetik opponierende Komponistengruppe um Balakirew, war Mussorgskis musikalische Heimat: Eine im Wunsch nach Eigenständigkeit der russischen Musik geeinte und von manchen gemeinsamen ästhetischen Idealen getragene Zusammenkunft autodidaktischer Tonsetzer.[25] Doch in den 1870er-Jahren gestattete die sich immer stärker abzeichnende Verschiedenheit der einzelnen Mitglieder nicht mehr, von einer Gruppe Gleichgesinnter zu sprechen: Balakirew stürzte in eine tiefe Schaffenskrise und isolierte sich lange Jahre komplett von der Außenwelt in der polnischen Provinz; Rimski-Korsakow, mit dem Mussorgski von Herbst 1871 bis Juni 1872 ein Zimmer geteilt hatte, heiratete und holte die in den autodidaktischen Anfängen versäumte akademische Ausbildung privatim nach, um eine Kompositionsprofessur in Petersburg anzutreten; Cui verfasste nach der Uraufführung des *Boris Godunow* Anfang 1874 eine Kritik, in der er nach einer kleinteiligen Abwägung von Gelungenem und Misslungenem dem Komponisten Unreife und zu große Eilfertigkeit vorwarf.[26] Mussorgski war teilweise persönlich gekränkt, besonders aber empfand er die unterschiedliche Kunstauffassung seiner ehemaligen Mitstreiter als Verrat an der Sache: nämlich der Erschaffung einer eigenständigen russischen Kunst abseits der als Schablone empfundenen akademischen Traditionen und abseits der üblichen Schönheitsideale, die für ihn wie eine heuchlerische Maske den Blick auf die Wirklichkeit verstellen. Im Herbst 1875 war die innere Distanz zu seinen ehemaligen Weggefährten für Mussorgski unüberbrückbar geworden: »Das ›Mächtige Häuflein‹ ist zu einer Schar seelenloser Verräter geworden! Die ›Geißel‹ hat sich als eine Kinderpeitsche erwiesen. Teilnahmslosere gegenüber dem Wesentlichen des Lebens, Überflüssigere für die heutige Kunst als sie – diese Künstler – wird man, glaube ich, im himmlischen Imperium vergebens suchen.«[27]

Die durch Stassow vermittelte Begegnung mit bildenden Künstlern wie Hartmann bot Mussorgski eine willkommene Alternative zur diffundierenden russischen Komponistenlandschaft, sowohl auf menschlicher Ebene als auch im Hinblick auf ästhetische Verbündete. Stassow erblickte die kulturelle Zukunft Russlands ohnehin über die Grenzen der einzelnen Künste hinweg. Er sah sie verwirklicht im Schaffen einiger weniger Fortschrittlicher, die er um sich scharte und miteinander bekannt zu machen versuchte: eine Art Networking im Dienste der gemeinsamen nationalen Sache. Die drei Köpfe, welche für ihn die russische Kunst am stärksten in die Zukunft zogen, bezeichnete er privat als Troika, als Dreiergespann: der Bildhauer Mark Antokolski, der Maler Ilja Repin – und der Komponist Mussorgski. In der Tat fühlte sich Mussorgski mit dieser Zuordnung nicht unwohl; er pflegte zu Repin – der wenige Tage vor dem Tod des Komponisten das berühmte Porträt malen würde – seit 1870 engen Kontakt und bewunderte dessen Bilder für ihre Lebensnähe und Unmittelbarkeit. Zur Erstausgabe von Mussorgskis Liederzyklus *Kinderstube* steuerte Repin das Titelblatt bei. Stassow versuchte Repin auch mit Hartmann bekannt zu machen. Am 4. Juli 1872 berichtete Repin, dass er mit Hartmann zwar aus Zeitmangel noch nicht bekannt geworden sei, aber heute dessen Volkstheater anschauen wolle, denn »es wird gelobt.«[28]

Dem Bildhauer Antokolski gestand Stassow am 21. Mai 1873: »Ich sage Ihnen offen: Sie, Repin oder Mussorjanin zu verlieren wäre jetzt für mich ein solcher Verlust, dass ich mit ihm nichts vergleichen könnte, und ich kenne auf der ganzen Welt keinen Verlust, der sich jetzt für mich damit vergleichen ließe [...] Das unsterbliche Schaffen, dessen ich unglücklicherweise abhold bin, das ich aber bei Ihnen dreien finde – das ist alles, was mich nunmehr beschäftigt.«[29] Seinem Bruder Nikolai Stassow beschrieb er am 9. August desselben Jahres sein Verhältnis zu diesen drei Künstlern, an die sich seine Hoffnungen und Erwartungen knüpften, mit folgenden Worten: »Das ist nämlich meine ganze Gesellschaft, meine Küken, meine Schule, meine Schüler – das sagen und schreiben sie mir sogar selbst.«[30]

Repin fühlte sich Stassow eng verbunden, er berichtete diesem stets von seinen Plänen und Vorkommnissen, und auf seiner großen Auslandsreise nach Frankreich und Italien 1873/74 ließ er regelmäßig Grüße an Mussorgski ausrichten. Aus Paris schrieb er am 11. Dezember 1873:

> Vielleicht genießen Sie bereits die Oper von Modest Petrowitsch – Sie Glücklicher! Und ich würde jetzt so gern russische Musik hören, und besonders die Musik von M. P. Mussorgski, als den Extrakt der russischen Musik (wage ich zu denken); so oft tauchen seine Themen in meinem Gedächtnis auf und dann auch viele andere, auch Ihre wunderbaren poetischen Abende, die wir gemeinsam in großer Gesellschaft verbrachten; die Morgendämmerung schien uns bereits mit schwachem Licht ins Zimmer und verschmolz harmonisch mit dem Licht der Kerzen, auch sie, schien es, wollte diese wunderbaren Sachen hören, die Morgendämmerung einer neuen Epoche der Musik, und die Klänge flossen immer schöner, immer berückender und immer bedeutender, und wir wollten nicht auseinandergehen. Bei der Rückkehr nach Hause ging schon die Sonne auf, alles ringsum war so seltsam, so außergewöhnlich, und das Leben schien so bezaubernd, so voller Bedeutung, dass die alten Ideale lächerlich wirkten im Vergleich zu den lebenden echten Menschen. Ob sich diese wunderbare Zeit des Lebens im Kreis naher Menschen wiederholen wird, des eigentlichen, nationalen, eigenständigen Lebens![31]

Auch Antokolski, der permanent im Westen lebte, lässt in seinem opulenten Briefwechsel mit Stassow[32] in genau derselben Zeit, also Anfang der 1870er-Jahre, immer wieder Grüße an Mussorgski ausrichten, erkundigt sich nach dessen Befinden und dem Fortgang seiner Werke, begeistert sich für den Erfolg des *Boris Godunow*, vermisst die Musik. Später zeigt er sich von Krankheit und Tod des Komponisten erschüttert, nimmt nur aus der Ferne an der Einweihung des Grabdenkmals teil und bedankt sich für Stassows 1881 publiziertes Lebensbild des Komponisten. Stassow hatte sich wiederholt gewünscht, dass Antokolski, ähnlich wie Repin mit seinen Ölporträts, den Künstlerkreis in Stein verewigte, doch weigerte sich der Bildhauer und verteidigte sich: »Sie bedauern, dass ich keine Büsten gemacht habe: weder von Mussorgski, noch von Hartmann. Ich bedaure das auch, aber, mein Gott, muss man das wirklich nur bedauern, wenn man auf das Vergangene zurückblickt? [...] Sie wissen gut, dass mich das Schicksal fern von Russland geworfen hat, und natürlich kann man Büsten unmöglich in Abwesenheit machen, und sie jetzt nach dem Tode (von Hartmann) machen möchte ich nicht.«[33] Ein direkter Kontakt zwischen Mussorgski und Antokolski hat sich trotz der gegenüber Stassow geäußerten Hochachtung anscheinend nicht ergeben; Antokolski berichtet sogar von einem langen Brief, den er endlich geschrieben und dann doch zerrissen hatte, weil er sich in philosophischen Fragen verloren habe.[34]

Mussorgski wollte Stassows Troika personell erweitern, die Kunst und Musik um die Literatur: Für ihn gehörte der junge Dichter Arseni Golenischtschew-Kutusow mit ins Boot, mit dem er ab Herbst 1874 eine Wohnung teilen würde wie einige Jahre zuvor mit Rimski-Korsakow. Am 19. Juni 1873 schreibt er Stassow: »Ich träume von einem *Viergespann*.«[35] Doch Stassows Verhältnis zur Literatur und speziell zu diesem Dichter war kühl und distanziert. Es blieb also bei der »Troika«. Mussorgski sah sich innerhalb dieses Dreigespanns nur als ein »Seitenpferd«, wie er am 13. Juni 1873 in einem Brief an Repin, der für ihn das Zentrum darstellte, plastisch schildert, nachdem er dessen Porträt von Stassow gesehen hatte:

> So also steht es, prächtiges *Mittelpferd*! Das Dreiergespann, wenngleich nicht ganz einträchtig, zieht alles, was es zu ziehen gilt. Es zieht sogar, ohne daß man Hand anzulegen braucht: es sieht und beobachtet, aber nicht *nur das*. Wenn es sich an eine Arbeit macht, hat es schon die nächste im Sinn, die es noch weiter voranbringen wird. So also steht es, Mittelpferd. »Nun, auch wir verneigen uns ehrerbietig vor Dir.« Wie haben Sie doch da unseren Herrn und Meister Wolodimir [Stassow] gemalt! Schon jetzt ist er aus der Leinwand mitten ins Zimmer

getreten; was wird erst, wenn das Bild einmal gefirnißt ist? Leben, Kraft – zieh, *Mittelpferd*, ohne Müdigkeit zu kennen! Ich aber, in meiner Eigenschaft als *Seitenpferd*, ziehe hier und da mit, damit es keine Lücke gibt – ich fürchte die Peitsche. Sagen Sie mal, Sie *Mittelpferd Ilja Jefimowitsch*, ist Europa tatsächlich besser als die Tartarei, die in den Büchern Rus, Russija und Rußland genannt wird? Mir persönlich wird es von den russischen Zuständen recht übel, aber nur deshalb, weil ich als *Seitenpferd* die Peitsche fürchte. Und ließe es sich leicht leben – wenn? Nun denn, in den Staub mit ihnen! [...] Ich bin sehr froh, daß Sie nach Europa hinausgereist sind, aber ich werde mich noch mehr freuen, wenn Sie, nachdem Sie sich umgesehen und alles angeschaut haben, sich an einem einsamen Ort niederlassen, um sich der Arbeit zu widmen. Zieh, *Mittelpferd* – die Fuhre ist schwer, und an Schindmähren ist wahrlich kein Mangel.[36]

Was Mussorgski hier entwirft, ist eine Metapher für die wenigen russischen Künstler in Stassows Sinne, die – in Abwendung von Europa – unter großen Anstrengungen die russische Kultur fortentwickeln, wobei es neben manchen starken auch viele schwache und unbrauchbare Mitstreiter gibt. Von Repins berühmtem Gemälde *Die Wolgatreidler* (s. Abb. 2), das noch im Jahr seiner Entstehung auf der Wiener Weltausstellung 1873 gezeigt wurde und dort Furore machte, besaß Mussorgski eine Reproduktion, die er beim Schreiben seines Briefes betrachtete, und anhand der dort dargestellten Arbeiter entwickelt er seine Metapher weiter:

Welch unerschöpfliches Erz ist doch [...] für den, der alles Echte erfassen will, das Leben des russischen Volkes! Man braucht nur ein bißchen zu stochern, schon kann man vor Freude hüpfen – wenn man ein wahrer Künstler ist.

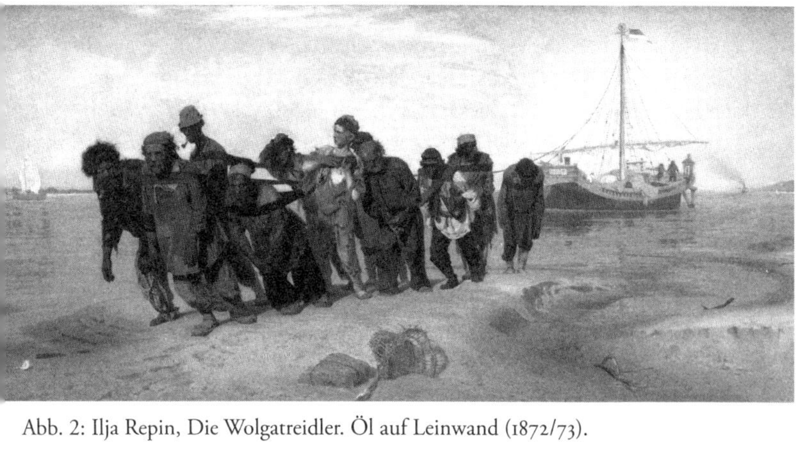

Abb. 2: Ilja Repin, Die Wolgatreidler. Öl auf Leinwand (1872/73).

> Das zeigen beispielsweise in Ihrem Bild »Die Wolgatreidler« (sie stehen mir vor Augen) sowohl der Stier, der Ziegenbock und der Hammel als auch die Schindmähre und weiß der Teufel, was es dort sonst noch an Haustieren gibt. Die Musiker aber begnügen sich nur mit dem Wechsel der Harmonien und erblicken ihr Gewerbe in der Handhabung technischer Besonderheiten, »in der Einbildung, Typen zu gestalten.« Wie traurig ist das doch. Der Maler versteht es längst, die Farben zu mischen, und handelt nach freiem Ermessen, sofern Gott ihm Verstand gegeben hat. Unser Bruder Musikus aber tüftelt und nimmt Maß, und nachdem er Maß genommen hat, fängt er von neuem an zu tüfteln – das ist *kindlich*, die reinste Kinderei![37]

Den eigenen Musikerkollegen, die nur an ihrer Technik tüfteln würden, statt über Inhalte nachzudenken, stellt Mussorgski also die bildenden Künstler gegenüber, deren Kunstauffassung er sich verbunden fühlt. Repin nimmt für ihn in dieser Hinsicht eine analoge Position wie Hartmann oder der Bildhauer Antokolski ein.

Auch mit Stassow diskutierte Mussorgski über den Zustand der russischen Gegenwartsmusik durch Vergleich mit den anderen Künsten, so etwa in einem Brief vom 13. Juli 1872. »*Sagen Sie*, wenn ich den Gesprächen junger Künstler – Maler oder Bildhauer – zuhöre, selbst den monumentalen Mischa [i. e. Michael Mikeschin] nicht ausgenommen, warum kann ich dann ihrer Denkweise, ihren Überlegungen und Bestrebungen sehr wohl folgen und höre selten von technischen Dingen reden – es sei denn, daß es ganz unumgänglich ist? Warum aber, *sagen Sie mir*, wenn ich unserer musikalischen Bruderschaft [i. e. das ›Mächtige Häuflein‹] zuhöre, stoße ich selten auf lebendiges Denken, sondern immer mehr auf die Schulbank – auf technische Dinge und musikalische Vokabeln?«[38] Das Technische war Mussorgski als Selbstzweck zuwider, er lehnte seine Zurschaustellung ab und erblickte in akademischen Techniken und Gattungen künstlerischen Stillstand: »Ich bin nicht gegen Sinfonien, sondern gegen die Sinfoniker – jene unverbesserlichen Konservatoren. *Sprechen Sie mir*, teurer généralissime, also nicht mehr davon, weshalb unsere Musiker häufiger von Technik als von den historischen Zielen und Aufgaben reden, denn das kommt *davon*. Aber dennoch quält mich der Gedanke: warum leben Plastiken wie ›Iwan III.‹ und ›Iwan IV.‹ und besonders ›Jaroslaw‹ von Antokolski, warum Bilder wie Repins ›Wolgatreidler‹ […] und sind so lebendig, daß einem beim ersten Anblick derselben unwillkürlich der Gedanke kommt: ›Gerade euch wollte ich sehen!‹ Und warum fehlt es aller neueren Musik, trotz mancher vortrefflicher Qualitäten, an solchem Leben?«[39]

Der Wunsch nach Leben und Wahrheit, die aus dem Volk, seinen Gebräuchen, seiner Lebensweise, seinen Ausdrucksformen gewonnen werden soll, wurde insbesondere durch Stassow, teilweise in Anlehnung an den materialistischen Philosophen Nikolai Tschernyschewski (1828–1889), als künstlerischer »Realismus« verstanden: ein Begriff mit einer schwer abzugrenzenden Vielfalt von Aspekten, der durch seine Usurpation in der sowjetischen Doktrin des Sozialistischen Realismus kaum noch unproblematisch benutzt werden kann (vgl. S. 160f.). Tschernyschewski hatte 1855 in seiner gegen Hegel und den Idealismus gerichteten Dissertation *Die ästhetischen Beziehungen der Kunst zur Wirklichkeit* postuliert, dass das Kunstschöne in der objektiven Wirklichkeit liege, die es nicht zu verbessern gelte, und dass ästhetische Befriedigung nicht aus idealen Formen, sondern aus der Lebensnähe resultiere.[40] Tatsächlich steht Mussorgski mit seinem Wunsch nach unmittelbarer Wiedergabe des ungeschönten, also nicht durch klassizistische Normen idealisierten Lebens diesen Gedanken sehr nah. Die folgende Stelle aus einem Brief von 1868, als er gerade an einer rezitativisch angelegten Vertonung von Gogols *Heirat* saß, in der vokale Kantabilität weitgehend preisgegeben wurde, kann eine Ahnung geben, was damit bei ihm gemeint sein mag:

> Was ich möchte, ist folgendes: Meine handelnden Personen sollen auf der Bühne so sprechen, wie lebendige Menschen reden, aber dabei so, daß Charakter und Kraft der Intonation der handelnden Personen, gestützt vom Orchester, welches das musikalische Gewebe ihres Sprechens bildet, ihr Ziel direkt erreichen, d. h., *die Töne der menschlichen Rede*, als äußere Erscheinungsformen des Denkens und Fühlens, sollen, ohne Übertreibung und Zwang, zu einer wahrheitsgetreuen, genauen, aber künstlerischen, hochkünstlerischen *Musik* werden.[41]

Mussorgski war sich aber bei aller Unmittelbarkeit, bei allem Naturalismus der Darstellung sehr wohl bewusst, dass Kunst nicht bei einer Widerspiegelung oder gar Imitation des Äußeren stehen bleiben kann, sondern dass sie höheren Zielen dient. Der Verzicht auf eine polierte, oberflächliche Schönheit zugunsten tieferer Wahrheit bildete den ersten Schritt, doch steckte dahinter immer das subjektive, an psychologischen Dimensionen orientierte Ausdrucksbedürfnis des Künstlers:

> Hinter dem Flittergold konventionsverhafteter, quasi-künstlerischer Mittel und unbedingter und deshalb ganz und gar unkünstlerischer Formen hat die Menschheit sich selbst versteckt […]. Die Sache ist ganz einfach: der Künstler kann der Außenwelt nicht entfliehen, und selbst in den Nuancen des subjektiven Schaffens spiegeln sich Eindrücke der Außenwelt. Nur: lüge nicht – sag die

> Wahrheit. Aber diese einfache Sache ist schwer zu verwirklichen. Die künstlerische Wahrheit duldet keine vorgefaßten Formen; das Leben ist mannigfaltig und sehr oft launisch; es ist verlockend, gelingt aber selten, eine Erscheinung des Lebens oder einen Typ in der Form zu schaffen, die ihm eigen ist und die bislang noch kein anderer Künstler geboten hat.[42]

Die Beziehung zum Volk, ja das Völkische, das durch Stassow so penetrant und durch spätere sowjetische Kommentatoren erneut als Wahrzeichen von Mussorgskis Schaffen bezeichnet wurde, ist daher auch keine politische und nur bedingt eine soziale, sondern vor allem ein Schulterschluss im Geiste: »Nicht Bekanntschaft schließen mit dem Volk, sondern mich mit ihm verbrüdern, danach dürste ich: schrecklich, aber schön!«[43] Dieser zivilisatorische Gegenentwurf ist ein typisches Merkmal und eine Auswirkung der russischen Identitätskrise im mittleren 19. Jahrhundert, die verschiedene Nationalismen hervorrief, darunter die von Mussorgski beschworene Besinnung auf das Volkstümlich-Russische als das dem Europäischen Entgegengesetzte. »Realismus« bei Mussorgski meint also nur sehr vordergründig eine naturalistische Wiedergabe ungeschminkter sozialer Wirklichkeit, tatsächlich aber blickt der Komponist vor allem in die Seelen seiner Objekte.

Dass Mussorgski die Repin'schen Wolgatreidler in Anlehnung an Stassows Bild vom Dreiergespann ebenfalls mit Tieren vergleicht, ist kein Zufall. Seine Vorliebe für Tierdarstellungen äußert sich mitunter ganz konkret musikalisch; so merkt er 1871 in einem Brief an Stassow mit Blick auf die Papageien-Erzählung des Zarensohns Fjodor in *Boris Godunow* an: »Das ist schon das siebente Tier, das von mir liebevoll besungen wird; in historischer Reihenfolge sind ans Licht gesprungen: 1. eine *Elster*, 2. ein *Ziegenbock*, 3. ein *Käfer*, 4. ein *Enterich*, 5. eine *Mücke nebst Wanze*, 6. ein *Käuzchen nebst Spatz* und 7. selbiger *Papagei*.«[44] Gleichsam von außen bestätigt wird das parabolische Sprechen in Tierbildern, auch in Bezug auf das eigene Umfeld und die eigene Person, durch eine Karikatur des Malers Konstantin Makowski auf das Mächtige Häuflein aus dem Jahr 1871 (s. Abb. 3). Borodin hat diese Karikatur seiner Frau wie folgt beschrieben:

> Bei den Makowskis sah ich den Entwurf einer Karikatur unseres Kreises. Bach [Stassow] ist im Zentrum des Bildes, als russischer *muzhik* [Bauer] gekleidet. Er zeigt einen Bär, den er an der Leine führt. Bach spielt auf der Trompete des Ruhms, die er in der Hand hält. Hartmann, verkleidet als kleiner Affe, sitzt auf der Trompete. ([Fußnote:] Über seinem gebeugten Kopf schimmert ein Nimbus, der auf seine spirituellen Qualitäten und seine »Heiligkeit« deutet.) Auf Bachs

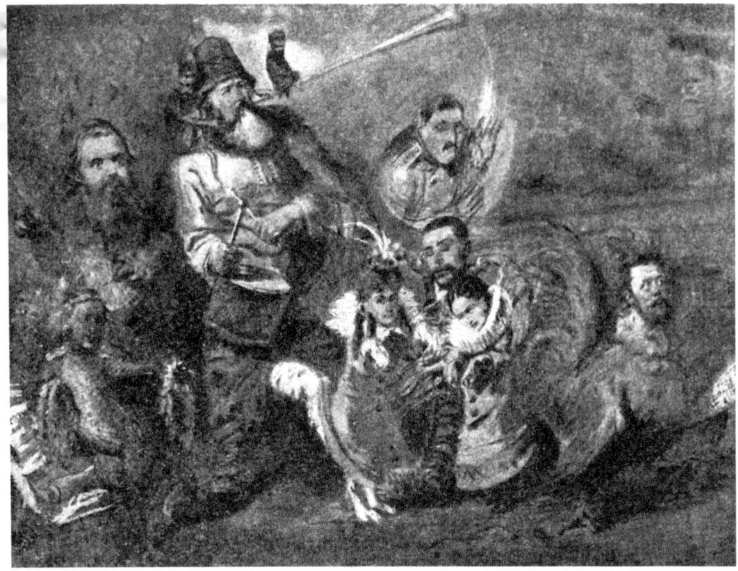

Abb. 3: Konstantin Makowski, Karikatur des Mächtigen Häufleins (1871). Original verschollen.

> rechter Schulter sitzt Antokolski verkleidet als Mephistopheles. Der Bär ist natürlich Mili [Balakirew], der einen Taktstock in der Hand hält. Cui ist als Fuchs dargestellt, der mit seinem Schwanz wedelt und in seinen Vorderpfoten Lorbeerkränze hält, die für seine Favoriten bestimmt sind; riesige, bedrohlich entblößte Klauen schmücken die Tierpfoten. Modinka [Mussorgski] ist ein Hahn, der gewichtig stolziert. Korsinka [Rimski-Korsakow] ist als Hummer dargestellt, der mit einer Schere Bachs Hand hält und mit der anderen Schere Nadeschda Purgold umarmt. Die Purgold-Schwestern sind als kleine Schoßhündchen porträtiert, in Kleidern und zur Unterhaltung der anderen tanzend. Ich werde gezeigt mit Uniform und Brille; meine Hände halten sich die Ohren zu, und ich fliehe vor diesem Durcheinander. Ein paar Verbesserungen sind geplant; Mili soll rote Handschuhe bekommen und ich werde in eine chemische Retorte gesteckt. Diese ganze Allegorie kann wie folgt erklärt werden: Die Makowskis hegen einen Groll gegen den ganzen Zirkel außer mir, und deswegen sehen sie mich isoliert.[45]

Nicht erwähnt hat Borodin den Komponisten und Musikkritiker Alexander Serow, der in der oberen Bildecke auf Wolken thront und Blitze schleudert.

Mussorgski war bekannt für seine Lust an der Satire. Unmittelbar während der Arbeit an den *Bildern einer Ausstellung* beschäftigte er sich mit einer musikalischen Farce, vergleichbar seiner berühmten *Schaubude* für Klavier und Gesang vom Juni 1870, in der einige musikalische Widersacher amüsant durch den Kakao gezogen wurden. Diesmal sollten zu einem Text seines Dichterfreunds Arseni Golenischtschew-Kutusow unter dem Titel *Der Krebs* (oder *Der Nesselberg*) Tiergestalten für Menschen stehen. Am 20. Juni 1874 schrieb er Stassow darüber: »Die Sache mit dem ›Krebs & Co‹ muß überdacht werden. Besonders der ergötzliche ›Bannfluch‹ des Krebses gegen den Hahn. Das ließe sich wahrscheinlich ziemlich schnell *zusammenbrauen.*«[46] Krebs war der Spitzname für den Tschaikowsky nahestehenden Kritiker Hermann Laroche, der dem Mächtigen Häuflein und speziell Mussorgski gegenüber eine offen ablehnende Haltung einnahm.

Dieses Vorhaben blieb Fragment, aber es zeigt, dass die Nennung von Tieren bei Mussorgski eine vieldeutige Angelegenheit ist: Tiere sind nicht allein Vorwand für exzentrische psychologische Porträts, sondern auch Sinnbilder für Menschentypen und ganz besonders ironische Masken bei der kolloquialen und künstlerischen Auseinandersetzung mit den Personen in seinem Umkreis. Wenn es darum geht, das Sujet der 4. Nummer in den *Bildern einer Ausstellung*, *Bydło*, zu dechiffrieren, muss dieses metaphorische Band zwischen Tier und Mensch beachtet werden (s. S. 47ff.).

Stassow schätzte Repins *Wolgatreidler* außerordentlich. Die vielen Erwähnungen dieses Werks in seinen zahlreichen Publikationen zur russischen Kunst lassen sich hier nicht wiedergeben, doch zeigt er gerade an ihm auf, wie die neue russische Nationalkunst aus der wahrheitsgemäßen Beschäftigung mit dem einfachen Volk hervorgeht – und zwar ohne dabei sentimentale Reaktionen der städtischen Oberschicht hervorrufen zu wollen, sondern als Wiedergabe des Unverfälschten, Urwüchsigen, Autochthonen und ganz besonders der menschlichen Charaktere, die unausgesprochen wohl eine Alternative zu dem (vom Westen adaptierten) Modell des großstädtischen Bürgertums darstellen. In unserem Zusammenhang ist jedenfalls etwas Spezielles bedeutsam: die Wortwahl, die Stassow bei der Beschreibung des Gemäldes für die Treidler findet, indem er ihnen den »Ausdruck der Stumpfsinnigkeit und eines gänzlich tierischen Lebens« entnimmt: »Und diese ganze Gesellschaft schweigt: sie verrichtet in tiefer Stille ihren Ochsendienst.«[47] Mussorgskis oben skizziertes Bild von den Künstlern als Lasttieren, die die schwere Fuhre der russischen Kunst ziehen, mag also eine gewollte Analogie zu den geschundenen Treidlern von

Repins Gemälde sein. Dass bei Stassow die Vokabel »Ochse« fällt, macht stutzig – vielleicht ist dies ein Schlüssel zum Verständnis von *Bydło*. Es mag sein, dass im Klavierzyklus nicht nur die Bildwelt von Hartmann, sondern ein wenig auch die von Repin einen Nachhall gefunden hat.

Hartmanns Gedenkausstellung

Auf Betreiben Stassows wurde am 8. Februar 1874 in der Petersburger Akademie der Künste eine Ausstellung aller grafischen Arbeiten Hartmanns eröffnet, deren Verkaufserlöse der Witwe des Künstlers zugutekommen sollten.[48] Diese hatte am 31. Januar 1874 selbst ein entsprechendes Gesuch eingereicht, dem am 1. Februar 1874 stattgegeben wurde.[49] Zu diesem Zeitpunkt war alles wohl schon längst von Stassow vorbereitet worden, wie der folgende Entwurf für eine Zeitungsannonce in den *St. Petersburger Nachrichten* und der *Börsenzeitung* zeigt, der zunächst von einer Eröffnung mitten im Januar ausgeht – eine Woche, bevor das Gesuch der Witwe überhaupt eingereicht wurde: »Am ~~Mittwoch den 23. Januar~~ Freitag den 8. Februar wird in den Sälen der Kaiserlichen Akademie der Künste eine ~~kostenfreie~~ Ausstellung von Zeichnungen und Aquarellen des verstorbenen Akademiemitglieds Viktor Alexandrowitsch Hartmann durch die St. Petersburger Gesellschaft der Architekten eröffnet. Zum Umfang der Ausstellung gehören: Architekturzeichnungen, Programme, Risse, Ansichten und Landschaften, Kostüme und Dekorationen für die Inszenierung der Oper ›Ruslan‹ und des Balletts ›Trilby‹, Zeichnungen von Möbeln, Geschirr etc. Eintritt 10 Kopeken.«[50]

Der Ausstellungskatalog informierte in einer Kurzbiografie über das Leben Hartmanns (↦ Dok. 5) und listete detailliert sein gesamtes künstlerisches Werk auf, sowohl die 400 ausgestellten wie auch etliche nicht ausgestellte Arbeiten, mit Preisangabe oder mit namentlicher Nennung der jetzigen Besitzer.[51] Der Verfasser dieses unbebilderten Kataloges von 32 Seiten ist nach Aussage Stassows er selbst gewesen (↦ Dok. 9); in einer Bibliografie der 1880er-Jahre wird allerdings der Kunsthistoriker Nikolai Petrowitsch Sobko (1851–1906) als Autor genannt, der wie Stassow in der Kaiserlichen Öffentlichen Bibliothek arbeitete.[52] Stassow selbst merkte in einem Aufsatz zur Ausstellung an: »Der Katalog wurde sehr sorgfältig hergestellt und auf eigene Kosten gedruckt von N. P. Sobko.«[53] Vermutlich hat Sobko bei der systematischen Erfassung und Beschreibung der Objekte seine Hand im Spiel gehabt, zumal sich seine handschriftlichen

Aufzeichnungen zum Katalog erhalten haben.[54] Die längeren Textpassagen dagegen stammen vermutlich doch von Stassow, die vorangestellte Biografie mit ziemlicher Sicherheit. Da dieser Katalog eine außerordentliche bibliografische Rarität darstellt (er scheint in keiner einzigen westlichen Bibliothek nachgewiesen), sei die an seiner Gliederung ablesbare Struktur der Ausstellung im Folgenden kurz wiedergegeben. Die hier ergänzte Angabe der jeweils zugehörigen Katalognummern in eckigen Klammern lässt quantitative Rückschlüsse zu.

A. Architekturentwürfe, originale Aquarelle, Zeichnungen und Skizzen sowie Fotografien von Bauten und Zeichnungen, die in der Kaiserlichen Akademie der Künste in den Sälen um den Zirkel ab dem 8. Februar 1874 ausgestellt sind.

   I. Arbeiten, die in Russland entstanden, vor der Auslandsreise (1860–1864) [Nr. 1–23]

   II. Arbeiten, die im Ausland (1864–1868) und im Polnischen Reich entstanden (1868)
   [ohne Ortsangabe: Nr. 24–26]
   a) In Frankreich (1864–1867) [Nr. 27–146]
   b) In Italien (1867–1868) [Nr. 147–164]
   c) Im Polnischen Reich (1868) [Nr. 165–181]

   III. Arbeiten, die in Russland entstanden, nach der Rückkehr aus dem Ausland (1869–1873)
   [Vignetten und Theaterdekorationen: Nr. 182–226]
   Zeichnungen und Aquarelle [Nr. 227–262]
   Architekturentwürfe [Nr. 263–400]

B. Entwürfe und Zeichnungen, die sich nicht in der Ausstellung befinden

   I. Entstanden vor der Auslandsreise (1856–1864) [Nr. 1–8]
   II. Entstanden im Ausland (1867) [Nr. 9]
   III. Entstanden nach der Rückkehr aus dem Ausland (1868–1872) [Nr. 10–15]

Da auch lange nach der Eröffnung noch weitere Bilder zur Ausstellung hinzukamen[55] und andererseits der Verkauf der Exponate nicht protokolliert wurde, bildet dieser Katalog nur ungefähr den Werkbestand ab. Was Mussorgski tatsächlich sehen konnte, lässt sich nur mit annähernder Sicherheit sagen; seine tiefsten Eindrücke von Hartmanns Kunst scheint er, wie sich zeigen wird, eher nicht in den Ausstellungssälen der Petersburger Akademie, sondern im privaten Kreis empfangen haben. Ungeachtet dessen ist es diese Ausstellung, auf die sich der Titel von Mussorgskis Klavierzyklus bezieht. Welche Einblicke in die Aberhundert Exponate hat der Komponist gewählt – und mit welcher Absicht?

Russland und der Westen: Hartmanns Sujets als Klavierzyklus

Werkidee und Entstehung

Ausgehend von der Gedenkausstellung ein musikalisches Epitaph zu schreiben, war möglicherweise nicht Mussorgskis eigener Einfall, sondern eine Idee von Stassow. Dieser schrieb Anfang 1903, im Vorfeld der russischen Erstaufführung, an den Konzertveranstalter Arkadi Kersin: »ich könnte, denke ich, einige Zeugnisse mehr geben, da ich die gesamte (postume) Ausstellung Hartmanns ausgedacht und organisiert habe, und dann, angesichts der Begeisterung Mussorgskis über die vielen feinen Werke unseres verstorbenen gemeinsamen Freundes, riet ich meinem unbezahlbaren Mussorjanin, seine Eindrücke zu skizzieren – in einer musikalischen ›Suite‹, was er auch tat.«[56]

Wann Mussorgski tatsächlich zu komponieren begann, lässt sich nicht exakt rekonstruieren. Von Anfang Mai 1874 bis zum 2. Juni entstanden die ersten vier Lieder des Zyklus *Bez solnca* (*Ohne Sonne*).[57] Es steht zu vermuten, dass die eigentliche Arbeit an den *Bildern* erst im Anschluss daran erfolgen konnte. Das wichtigste Dokument ist ein vermutlich am 12. Juni 1874 entstandener, mehrteiliger Brief an Stassow:

> Mittwoch,
> irgendein Datum im Juni 74
>
> Mein lieber généralissime, Hartmann kocht, wie Boris gekocht hat – Klänge und Gedanken hängen in der Luft, ich schlucke sie und übersättige mich, kaum schaffe ich es, alles aufs Papier zu kritzeln. Ich schreibe die 4. Nr. – die Überleitungen sind gut (über die »Promenade«). Ich möchte es rasch und sicher beenden. Meine Physiognomie ist in den Zwischenspielen zu sehen. Bis jetzt halte ich es für gelungen. Ich umarme Sie und denke, dass Sie mich segnen – also geben Sie mir Ihren Segen!
>
> Mussorjanin

Die Benennungen sind kurios: »Promenade (in modo russico)«; Nr. 1 »Gnomus« – Intermezzo (»Intermezzo« steht nicht drüber); Nr. 2 »Il vecchio castello« – Intermezzo (ebenfalls ohne Überschrift); Nr. 3 »Thuilleries (dispute d'enfants après jeux)«; mitten ins Gesicht[58] Nr. 4 »Sandomirzsko bydło« (le télègue) (le télègue ist natürlich nicht darüber geschrieben – dies nur unter uns). Wie herrlich arbeitet es sich!

Mussorjanin

Dazu sollen noch Witjuschkas Juden kommen.[59]

Zu diesem Zeitpunkt lag also knapp die Hälfte der späteren *Bilder einer Ausstellung* vor. Wie die Datierung 22. Juni 1874 am Ende des Autographs zeigt, folgte der Rest binnen zehn Tagen – Mussorgski muss tatsächlich wie besessen gearbeitet haben. Am 1. Juli 1874 schreibt Stassow an Rimski-Korsakow begeistert von der Fertigstellung der *Bilder*: »Mussorjanin hat endgültig den letzten Federstrich an seinem Stück über Hartmann getan. Den zweiten Teil kennen Sie noch nicht und da sind, glaube ich, die besten Stücke.«[60] Auf dem Titelblatt ist vom Komponisten eine persönliche Widmung an Stassow mit Datum 27. Juni 1874 sowie der Vermerk »Zum Druck« am 26. Juli 1874 angebracht worden (s. S. 143). Dass Mussorgski sein Werk als vollgültig und abgeschlossen betrachtete, geht auch aus seinem eigenhändigen Werkverzeichnis hervor, das er am 26. August 1878 an Stassow schickte: Dort verlieh er den *Bildern einer Ausstellung (zum Gedenken an Hartmann)* die Opusnummer 11.[61] Warum diese »Erinnerung an Hartmann« trotz der im Uraufführungsjahr des *Boris* gestiegenen Reputation des Komponisten dennoch nicht publiziert wurde, ist schwer erklärbar (s. S. 136f.).

Zur Identifikation der Bildvorlagen

Seit der Musikforscher Alfred Frankenstein 1939 in einem fundamentalen Aufsatz die Zuordnung von Hartmanns erhaltenen oder namentlich bekannten Bildern zu Mussorgskis Klavierwerk diskutiert hat,[62] steht diese schablonenartig fest, sie wurde durch den Begleittext der sowjetischen Faksimile-Ausgabe umfassend bestätigt.[63] Japanische Enthusiasten haben mit großem Aufwand und meist zweifelhaften Resultaten versucht, in russischen Archiven weitere Werke von Hartmann aufzuspüren, mit denen die Lücken geschlossen werden können, die seit Frankensteins Aufsatz geblieben sind.[64] Doch ist in jüngster Zeit durch eine kunsthistorische Studie eine dieser Zuordnungen widerlegt worden und ein neues Bild womöglich identifiziert. Anlass genug, das Thema nochmals anzugehen.

Authentische Hinweise auf die den Musikstücken zugrunde liegenden Bilder von Hartmann gibt es von Mussorgski und von Stassow. Der Komponist hat durch die Satz-Überschriften, durch verbale Zusätze im Autograph und ein paar briefliche Äußerungen eher spärlich auf seine Vorlagen hingewiesen; es war ihm offensichtlich kein großes Bedürfnis, für die Rezipienten eine konkrete Verbindung zu Hartmanns Bildern herzustellen. Wladimir Stassow hat Mussorgskis knappe Hinweise erläuternd erweitert. Abgesehen von dem kleinen Briefwechsel mit Rimski-Korsakow äußerte er sich erstmals öffentlich 1881 in der großen biografischen Skizze über Mussorgski. Hier wird der Zyklus nur ein einziges Mal und ganz am Rande erwähnt, und zwar gattungsmäßig nicht gerade korrekt als »eine Klaviersuite unter dem Titel ›Bilder einer Ausstellung. Erinnerung an Viktor Hartmann‹«. (Vielleicht ist Stassows Fehlinterpretation des Zyklus als »Suite« dafür ursächlich verantwortlich, dass der Erstdruck 1886 dann daraus »eine Serie von 10 Stücken« macht.) Immerhin fügt Stassow aber, verbannt in eine Fußnote (!), die folgenden Grundinformationen zum Werk hinzu:

> Nach dem Ableben von Viktor Hartmann hatte ich im Frühjahr 1874 in den Räumen der Akademie der Künste eine Ausstellung mit all seinen Zeichnungen und Aquarellen organisiert. Mussorgski, der Hartmann sehr mochte und von seinem Tod tief betroffen war, hatte die Idee, die besten Bilder seines verstorbenen Freundes »musikalisch nachzuzeichnen« und sich auch selbst als einen Ausstellungsbesucher einzubringen, in dem während seines Rundgangs (»*Promenade*«) freudige und traurige Erinnerungen an den hochbegabten Künstler lebendig werden. Es handelte sich um folgende Bilder: 1. »Gnomus« (ein Gnom, der ungeschickt auf krummen Beinen einhergeht), 2. »Il vecchio castello« (ein mittelalterliches Schloß, vor dem ein Troubadour ein Lied singt), 3. »Tuileries. Disput d'enfants après jeux« (Allee im Tuileriengarten mit spielenden Kindern und jungen Gouvernanten), 4. »Bydlo« (ein polnischer Leiterwagen auf riesigen Rädern, bespannt mit Ochsen), 5. »Das Ballett der nicht ausgeschlüpften Küchlein«, 6. »Zwei polnische Juden, der eine reich, der andere arm«, 7. »Limoges. Le marché« (französische Weiber streiten sich auf dem Markt von Limoges), 8. »Catacombae« (römische Katakomben, Anm. des Komponisten: »Der schöpferische Geist des verstorbenen Hartmann führt mich zu den Schädeln, ruft sie an, die Schädel beginnen langsam aufzuleuchten«), 9. »Die Hütte der Baba-Jaga auf Hühnerfüßen«, 10. »Das Große Tor von Kiew« (Entwurf Hartmanns für einen Architekten-Wettbewerb in Kiew).[65]

Ausgeweitet werden diese kurzen Beschreibungen in Stassows Vorwort zum Erstdruck von 1886 (↦ Dok. 8). Ausführlich äußert sich Stassow nochmals Anfang 1903 zu den Bildvorlagen (↦ Dok. 9). Arkadi Kersin plante damals eine erste öffentliche Aufführung der *Bilder einer Ausstellung* in dem von ihm und seiner Frau Maria geleiteten Moskauer Musikzirkel (s. S. 138), und er wandte sich an Stassow, mit dem er schon seit Jahren über Musik korrespondierte und den er als Freund Mussorgskis kannte, mit der Bitte um Informationen aller Art. Stassow teilte unter Hinweis auf die Broschüre zur Gedenkausstellung mit: »In diesem Katalog sind auf vielen Seiten (Nr. 33, 36, 176, 177, 224, 225, 226, 239, 247, 264–269) jene Bilder von Hartmann beschrieben, die Mussorgski damals in seinem wunderbaren, originellen Werke malte, zur Zeit seiner prächtigen ›Promenade‹ durch diese Ausstellung.«[66] Diese Katalognummern betreffen zwar viele, aber nicht alle von Mussorgskis Stücken.

Wenn man diese verstreuten Informationen synoptisch gegenüberstellt, zeigt sich zum einen, zu welchen Stücken aus Mussorgskis Zyklus tatsächlich Bildvorlagen dokumentiert sind, und zum anderen, auf welche Weise Stassow die poetischen Inhalte immer detaillierter beschreibt.

Nr.	Mussorgski	Katalog 1874 (nach Stassow 1903)	Stassow 1881	Stassow 1886	Stassow 1903
1	Gnomus	Nr. 239 [Nr. 239: »Gnom« – Kinderspielzeug (Zeichnung in Sepia). Angefertigt für den ersten Weihnachtsbaum im Club der Künstler im Jahr 1869.«]	ein Gnom, der ungeschickt auf krummen Beinen einhergeht	Die Zeichnung stellt einen kleinen Gnom dar, der linkisch auf missgestalteten Beinen einhergeht.	Dieser »Gnom« war ein Kinderspielzeug, angefertigt und aus Holz gemacht, nach der Zeichnung von Hartmann, für den Weihnachtsbaum im Club der Künstler 1869. – Das war etwas in der Art eines »Nussknackers« für das Aufbrechen von Nüssen, die dem Gnom in den Mund gelegt wurden. Der Charakter der Musik ist schwer, fremdartig, (der Gnom schreitet gleichsam auf seinen krumen Beinen), und zugleich kreischt er gleichsam etwas mit wilder Stimme.
2	Il vecchio Castello	–	ein mittelalterliches Schloß, vor dem ein Troubadour ein Lied singt	Ein mittelalterliches Schloss, vor dem ein Troubadour sein Lied singt.	[…] eine alte Burg, vor der ein Troubadour sein halbtrauriges mittelalterliches Lied singt.
3	Tuilleries (Dispute d'enfants après jeux)	Nr. 33 [Nr. 33: »›Jardin des Tuilleries‹ (Bleistiftzeichnung)«]	Allee im Tuileriengarten mit spielenden Kindern und jungen Gouvernanten	Eine Allee des Gartens der Tuilerien mit einer Vielzahl von Kindern und Kindermädchen.	[…] der Garten der Tuilerien in Paris, wo Hartmann viele fröhliche französische Kinder gezeichnet hat, mit ihren jungen Kindermädchen. – Eine lebhafte Szene.

Nr.	Mussorgski	Katalog 1874 (nach Stassow 1903)	Stassow 1881	Stassow 1886	Stassow 1903
4	Bydło	–	ein polnischer Leiterwagen auf riesigen Rädern, bespannt mit Ochsen	Ein polnischer Karren auf riesigen Rädern, gezogen von Ochsen.	Auf Hartmanns Bild war ein polnischer Leiterwagen dargestellt, bespannt mit zwei Ochsen und in breitem Trab sich bewegend, auf riesigen Rädern, 2 Ellen im Durchmesser, mit Lärm und Krachen.
5	Ballett der unausgeschlüpften Küken [russ.]	Nr. 224, 225 [Nr. 209–226: »Aquarellzeichnungen für die Inszenierung des Balletts ›Trilby‹ im Großen Theater in St. Petersburg im Jahr 1870«]	–	Ein Bild von Hartmann für die Inszenierung einer pittoresken Szene aus dem Ballett »Trilby«.	1870 entwarf Hartmann Kostüme für eine Aufführung im Marientheater in Petersburg, das hübsche Ballett »Trilby«. Neben anderem gab es in diesem Ballett eine ganze Gruppe von kleinen Eleven und Elevinnen der Theaterschule, die als Kanarienvögel gekleidet waren und lebhaft über die Bühne rannten. Andere waren in Eier gesteckt, wie in einen Harnisch.
6	»Samuel« Goldenberg und »Schmuÿle«	Nr. 176, 177 [Nr. 176: »Reicher Jude, mit Pelzmütze« Nr. 177: »Armer Sandomierzer Jude«]	»Zwei polnische Juden, der eine reich, der andere arm« [anstelle des Titels]	Zwei polnische Juden, ein reicher und ein armer.	Zwei Juden, die Hartmann 1868 auf seiner Reise nach der Natur gezeichnet hatte: der erste ein reicher dicker Jude, selbstgefällig und fröhlich, – der andere arm, dürr und klagend, fast weinend. Mussorgski hat sich sehr an der Expressivität dieser Bilder begeistert, und Hartmann schenkte sie umgehend seinem Freund, Mussorgski.

Nr.	Mussorgski	Katalog 1874 (nach Stassow 1903)	Stassow 1881	Stassow 1886	Stassow 1903
7	Limoges. Le marché (La grande nouvelle) [mit verworfenen Dialogen im Autograph]	–	französische Weiber streiten sich auf dem Markt von Limoges	Französische ältere Frauen, die erbittert auf dem Markt streiten.	Im Jahr 1866 (Goldmedaille der Akademie der Künste) hat Hartmann recht lange in Limoges (im Süden Frankreichs) gelebt und dort eine Menge von Architektur- und Genrebildern gezeichnet. Unter anderem zeichnete er (hervorragend) den »Markt von Limoges« mit einer Volksmenge, die schreit, streitet, plappert und zankt.
8	Catacombae (Sepulcrum romanum) [Cum mortuis in lingua mortua] [mit Notiz im Autograph]	Nr. 36 [Nr. 36: »Das Innere der Pariser Katakomben mit den Figuren von Hartmann, dem Architekten Kenel und des Führers, der eine Leuchte hält (Aquarell).«]	römische Katakomben, Anm. des Komponisten: »Der schöpferische Geist des verstorbenen Hartmann führt mich zu den Schädeln, ruft sie an, die Schädel beginnen langsam aufzuleuchten«	Auf Hartmanns Bild ist er selbst dargestellt, die Pariser Katakomben im Licht einer Laterne betrachtend. In der originalen Handschrift hat Mussorgski über das Andante h-Moll geschrieben: »Der Schöpfergeist des verstorbenen Hartmann führt mich zu den Schädeln, er ruft sie an – die Schädel leuchten still auf.«	Hartmann hatte eine Galerie der »Katakomben« gemalt, wo zwischen einer Reihe von Schädeln auch eine entzündete Lampe sichtbar war, oben. Mussorgski hat in seinem Manuskript dazugeschrieben: »Der Schöpfergeist des verstorbenen Hartmann führt mich zu den Schädeln, er ruft sie an, die Schädel leuchten still auf« … (Sepulchrum Romanum – ein Friedhof, oder Katakomben aus römischer Zeit, in Paris; aber in den Noten steht irrtümlich »Sepulchrum Komanum«.)

Nr.	Mussorgski	Katalog 1874 (nach Stassow 1903)	Stassow 1881	Stassow 1886	Stassow 1903
9	Die Hütte auf Hühnerfüßen (Baba-Jaga) [russ.]	Nr. 247 [Nr. 247 und 248: »›Die Hütte der Baba-Jaga auf Hühnerfüßen‹«, Uhr im russischen Stil des 14. Jahrhunderts, aus Bronze mit Email.«]	–	Hartmanns Zeichnung zeigte eine Uhr in Gestalt der Hütte der Baba-Jaga auf Hühnerfüßen. Mussorgski ergänzte die Fahrt der Baba-Jaga im Mörser.	Der Flug der Baba-Jaga im Mörser, wobei sie mit Besenschwüngen ihre Spur fegt (Allegro con brio). Sie kommt an ihrer Hütte an (»Andante«). Danach wieder ihr Flug im Mörser.
10	Das Heldentor (in der alten Hauptstadt Kiew) [russ.]	Nr. 264–269 [Nr. 264–269: »Steinernes Stadttor in Kiew im russischen Stil, mit einer kleinen Kirche im Inneren, das die städtische Duma im Jahr 1869 anstelle des hölzernen zu errichten vorschlug, zum Gedenken an das Ereignis vom 4. April 1866.«]	Entwurf Hartmanns für einen Architekten-Wettbewerb in Kiew	Hartmanns Zeichnung zeigte sein Projekt für ein Stadttor in Kiew, in altrussischem massiven Stil, mit einer Kuppel in Form eines slawischen Helms.	Ein ausgezeichnetes Werk von Hartmann, das Mussorgski sehr liebte. Großartige bildliche Musik von Mussorgski in der Art des »Slavsja«

Die Kunsthistorikerin Natalja Mutja hat in ihrer Aufarbeitung von Hartmanns gesamtem Schaffen 1999 erstmals im Detail nachgewiesen, welche dieser Vorlagen erhalten und identifizierbar sind, welche dagegen ganz unbekannt, nur vage erahnbar oder nur durch Reproduktionen bekannt.[87] Im Folgenden sollen die einzelnen »Bilder« von Mussorgskis Zyklus im Hinblick auf ihre Vorlagen und poetischen Inhalte betrachtet werden. Inwiefern deckt sich die tatsächliche oder vermeintliche Bildvorlage mit Mussorgskis Titelgebung und mit Stassows programmatischen Hinweisen?

Die einzelnen Sujets

Gnomus

Die im Katalog angegebene Sepiazeichnung befindet sich Natalja Mutja zufolge heute im Museum der Russischen Akademie der Künste in St. Petersburg unter der Bezeichnung »Teufelchen« oder »Entwurf eines Schirms« (s. Abb. 4).[68] Diese skizzenhaft unfertige Zeichnung lässt allerdings keinen geschnitzten Nussknacker erkennen, sondern hinter einer Art ornamental-dekorativem Paravent den bemützten Kopf, die Füße und die haltende Hand eines durch Spitzohren und Knollennase als Fabelwesen gekennzeichneten Männleins. Das Gesicht ist in der unteren Hälfte vom Schirm verdeckt und der Ausdruck daher nur schwer zu deuten: möglicherweise ein Lächeln, möglicherweise aber auch eine überdimensionale Träne auf der Wange zeigend. Angesichts der tragischen Intensität der Musik und des Nachdrucks auf Bewegungsmustern (die ein Nussknacker kaum evoziert) scheint Mussorgski der Gedanke an eine Spielzeugfigur jedenfalls sehr fern zu liegen, unabhängig davon, ob sie mit der besagten Zeichnung übereinstimmt oder nicht.

Jelena und Nina Wassiljewa vermuten, dass Mussorgski Hartmanns weihnachtlichen Nussknacker, der vielleicht mit Hintergedanken an E.T.A. Hoffmanns berühmte Erzählung entstand, als Symbol für die Kindheit insgesamt betrachtet hat und bei seiner musikalischen Umsetzung die grausame Härte von Hartmanns frühem Verlust beider Eltern porträtieren wollte.[69] Stassows Hinweise auf physische Missgestalt, Hinken und Kreischen widersprechen einer solchen Deutung. Möglicherweise hat Mussorgski noch eine andere Inspirationsquelle gehabt: Hartmanns Darstellungen des bösen Zauberers Tschernomor für eine Inszenierung von Glinkas Oper *Ruslan und Ljudmila*. Diese wären als Schnittpunkt von Musik(theater) und Bildkunst, zudem verbunden mit einem gemeinsam verehrten Meisterwerk, ein idealer Startpunkt für den Gedenkzyklus.

Il vecchio Castello

Unter den Reiseeindrücken aus Frankreich und Italien, die in der Ausstellung hingen, befand sich kein Bild, das die genannten Motive (Burg und Troubadour) in sich vereinen würde. Die Vorlage ist also ganz unbekannt. Die einzigen Einträge mit der passenden Bezeichnung *zamok* (Schloss) sind zwei Zeichnungen aus Cadouin in der Dordogne (Aquitanien), die vermutlich die damals noch nicht restaurierte Abtei samt Säulenreihen und Mönchen darstellen. Katalog Nr. 125: »Schloss mit einem Turm mit spitzzulaufendem Dach und Wand mit Tor. – Säulengalerie als Durchgang und zwei in ihr stehende Mönche.«; Nr. 126: »Schloss mit zwei Türmen, einer davon mit spitzzulaufendem Dach.« Die Musikalisierung der Szenerie durch einen – geografisch immerhin nach Aquitanien gut passenden – Troubadour ist wohl eine Idee des Komponisten, ebenso wie die geografisch weniger passende Verlagerung nach Italien durch die Sprachwahl im Titel. Das italienische Kolorit wird allerdings durch den Siciliano-Rhythmus wieder bestätigt. Die Themen dieses Bildes sind also zum einen der (nicht für Mussorgski, aber für die Romantik typische) Blick auf ein südeuropäisches, jedenfalls romanisches Mittelalter, zum anderen eine Psychologisierung dieser Szenerie durch die im Lied implizierte Person des Troubadours.

Tuilleries (Dispute d'enfants après jeux)

Es ist kein Bild von Hartmann bekannt, das Kinder und Kindermädchen in den Pariser Gärten zeigen würde. Vermutlich wurde Mussorgski von diversen Zeichnungen angeregt, die entweder Pariser Ansichten oder Kinderszenen zeigen. Natalja Mutja erwägt als solche Darstellungen die aquarellierten Zeichnungen »Zwei Mädchen« (aus Kat. Nr. 29) und das nicht im Katalog aufgeführte »Kinder mit Greisin«, die beide im Russischen Museum aufbewahrt werden.[70] Der Park selbst findet sich unter Katalog Nr. 33: »›Jardin des Tuilleries‹ (Bleistiftzeichnung)«. Die Schreibung »Tuilleries« (statt des üblichen »Tuileries«) ist, wenn auch nicht sehr häufig, auf französischen Stichen und Plänen vom 17. bis zum 19. Jahrhundert durchaus belegt, so auch im Abbildungsteil von Diderots *Encyclopédie*. Hartmann beschriftete seine Zeichnung französisch ebenfalls in dieser

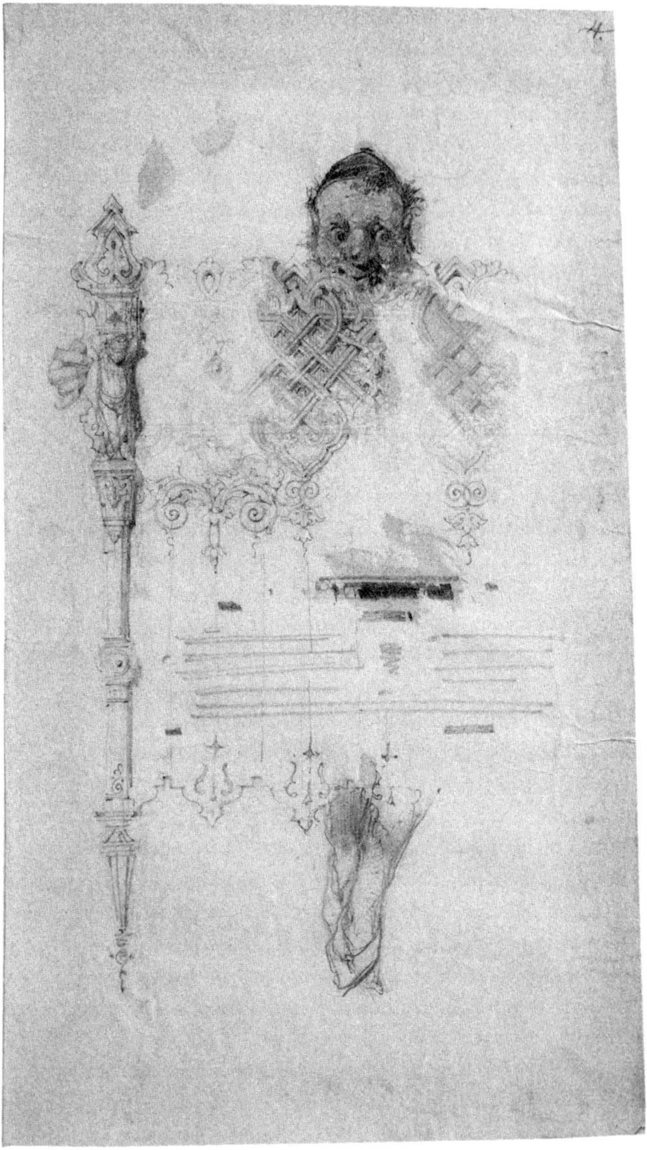

Abb. 4: Viktor Hartmann, Gnom. Kinderspielzeug (Entwurf eines Schirms) Sepia-Zeichnung (1869).

Form. Es handelt sich demnach bei Mussorgskis Orthografie nicht um einen Fehler, sondern um eine historische Schreibvariante.

Dass er mit diesem Bild Hartmann als Gartenarchitekten ehren wollte, ist eine nur auf Entwürfe für einen Zoo und für Bühnendekorationen gestützte, also eher abwegige Vermutung.[71] Das verbindende Element ist nicht der Park, es sind die Kinder. Mussorgski hatte ein besonderes Verhältnis zu Kindern und ihrer Vorstellungswelt. Leonid Sabanejew sprach ihm eine »unendlich liebevolle und innige künstlerische Gestaltung von Äußerungen der Kinderseele« zu: »Auf diesem Gebiete ist er von niemandem erreicht worden und übertrifft selbst weit die größten Vorbilder (Schumann).«[72] Sein nur wenige Jahre vor den *Bildern einer Ausstellung* entstandener Liederzyklus *Die Kinderstube* ist eines der erstaunlichsten Dokumente einer kompositorischen Beschäftigung mit der Innenwelt von Kindern, ohne ihnen die Projektionen der Erwachsenen überzustülpen. »Sie ähneln eher der Art von Liedern, die Kinder möglicherweise über ihre Erlebnisse schreiben würden, hätten sie die technischen Fähigkeiten dazu.«[73] Mussorgski selbst war sich dieses Umstands bewusst: »Mag meine Musik nun einfältig sein oder nicht, in der ›Kinderstube‹ bin ich aber wohl kein Dummkopf, da ich die Kinder verstehe und in ihnen Menschen mit ihrer eigenständigen kleinen Welt und keine unterhaltsamen Puppen erblicke – und dies dürfte wohl kaum von der Dummheit des Komponisten zeugen.«[74]

Hartmann war mit diesen Stücken eng verbunden: Zum einen hatte der Komponist das zweite Lied, das von der Bestrafung des In-der-Ecke-Stehens handelt, Ende 1870 Hartmann gewidmet. Zum anderen berichtet Stassow von Hartmanns Wunsch, diese Lieder künstlerisch umzusetzen: Er »wurde nicht müde zu versichern, daß Mussorgskis *Kinderstube* nicht nur ein musikalisches Meisterwerk, sondern eine zutiefst wahrheitsgetreue Szenenfolge sei. Mehrfach setzte er sich dafür ein, die *Kinderstube* im ›Künstlerklub‹ mit Kostümen und Bühnenbild durch eine begabte junge Schauspielerin oder Sängerin szenisch aufzuführen.«[75] Unter zwei nicht ausgeführten Liedern einer weiteren Serie von Kinderliedern, *Auf der Datscha* genannt, befindet sich auch eines mit der Bezeichnung »Streit zweier Kinder«. Auf dem Klavier mag davon etwas gerettet worden sein: Der französische Untertitel *Dispute d'enfants après jeux* spricht nicht, wie Stassow in seinen Hinweisen, von fröhlichen, sondern von streitenden Kindern im Pariser Park.

Bydło
Die Bildvorlage ist unbekannt, da der Ausstellungskatalog unter den Bildern und Skizzen aus Polen keinen Ochsenkarren oder Ähnliches nennt. Dass Mussorgskis polnischer Titel entgegen Stassows programmatischen Hinweisen nicht den Karren, sondern das Vieh meint, ist selten beachtet worden. In seinem Brief an Stassow nennt er allerdings beides: sowohl »Sandomirzsko bydło« (Vieh in Sandomierz) als auch – in Parenthese und ausdrücklich nicht für die Publikation gedacht – »le télègue«, also die französisierte Variante des russischen *telega*, das für »Karren« steht. Falls gar kein Karren unter Hartmanns Bildern war, sollte es sich dann überhaupt nur um ein Symbol handeln? Man könnte an eine Anspielung auf Puschkins Gedicht *Telega žizni* (Der Karren des Lebens, 1823) denken, den wohl berühmtesten Karren der russischen Literatur, wo metaphorisch die Tragik der unaufhaltsam verstreichenden menschlichen Lebenszeit besungen wird, was immerhin zur Todesthematik des Gedenkwerks wie auch in Mussorgskis anderen Werken dieser Zeit gut passen würde.[76] Aber die erhaltenen Quellen lassen solche literarischen Bezüge doch eher unwahrscheinlich erscheinen.

Bisher scheint nicht bemerkt worden zu sein, dass die Vokabel »bydło« von Mussorgski zwar in ihrer polnischen Form benutzt wird, sie aber auch in einer russischen Form »bydlo« (sowie in weiteren slawischen Sprachen) existiert. Bei der sprachgeschichtlichen Wanderung vom west- zum ostslawischen Raum hat dieses Wort seinen Inhalt gewandelt: Von der ursprünglichen Bedeutung »Besitz, Gut« leitete sich im Polnischen die Bedeutung »Haustiere, Vieh« ab, woraus im Ukrainischen eine Übertragung erfolgte auf »Leute, die dem Vieh vergleichbar sind«; die russische Wortbedeutung hat sich dann fast ganz auf diese Ebene verlagert und meint so viel wie »Leute, die eine schwere körperliche Arbeit verrichten und auf niedriger sozialer Stufe stehen« oder »geistig schwach entwickelte Leute, die sich fremder Macht unterwerfen und ausbeuten lassen« – oder schlicht »Pöbel, Plebs«.[77]

Dergestalt taucht die an sich seltene Vokabel beispielsweise 1871 im Roman *Im Strudel* des realistischen Schriftstellers Alexei Pissemski auf, dessen schonungslose Szenen aus der Provinz Russland als »verwildert, rückständig und perspektivlos« zeigen.[78] Noch näher an Mussorgski heran führt eine Stelle aus einem der wichtigsten Texte für die russische Intelligenzija jener Zeit überhaupt, der sogenannten Bibel des Panslawismus: Nikolai Danilewskis Schrift *Russland und Europa. Eine Ansicht der kulturellen und politischen Beziehungen der slavischen Welt zur germanisch-romanischen*, die in Buchform ebenfalls 1871 erschien. In ihr werden die russische Mentalität und Kultur als kategorisch von der westlichen verschieden, Ost und West als unversöhnliche Gegensätze dargestellt. Hier nun erscheint ein bemerkenswerter Satz, in dem die besagte Vokabel ausgerechnet in einem polnischen Kontext vorkommt, aber eben nicht in der polnischen Bedeutung von Nutztieren, sondern als russische Metapher für die Unterschicht: »Das Aristokratentum, das in Europa insgesamt das Rittertum hervorgebracht hat, in England das berühmte System der Peerage, in Frankreich seinen glänzenden Hochadel und elegante, wenn auch künstliche Formen des gesellschaftlichen Lebens, selbst in Ungarn sein politisch entwickeltes Magnatentum, das derart viel getan hat für den industriellen Fortschritt des Landes und die Aufklärung des Volkes; in Polen jedoch hat das Aristokratentum die höheren Stände in Hochwohlgeborene Herren und Szlachta verwandelt, und die niederen – in Plebs.«[79]

Danilewskis einflussreiche Schrift konnte Mussorgski und seinem Umfeld nicht verborgen bleiben. Ist das musikalische Bild also eine Darstellung der polnischen Unterschicht, das Vieh eine Metapher des vom zaristischen Russland unterdrückten polnischen Volkes? Mussorgskis briefliche Formulierung »le télègue ist natürlich nicht darüber geschrieben – dies nur unter uns« hat Spekulationen hervorgerufen, dass der eigentliche Sinn des Stückes bewusst verborgen wurde.[80] Sogar Hartmanns Skizze einer Militärexekution in Sandomierz wurde mit *Bydło* in Verbindung gebracht.[81] Doch die Hypothese, dass hier ein politischer Subtext vor der Zensur geheim gehalten werden musste, ist schwer zu bekräftigen, schon deswegen, weil sich der Komponist von der polnischen Kultur ja ausdrücklich distanzierte, sowohl religiös wie historisch-politisch: Nirgends wird das deutlicher als im *Boris Godunow*, wo die Polen als katholische Usurpatoren und Erzfeinde des russischen Zarentums und der Orthodoxie porträtiert werden. Eine Empathie mit der unterdrückten polnischen Bevölkerung unter russischer Fremdherrschaft kann in den *Bildern einer Ausstellung* also nicht vorliegen, eine satirische Verspottung ist es aber gewiss auch nicht. Was ist es dann? Hat das Motiv eine Beziehung zu Hartmann selbst?

Hartmanns Aufenthalte im damals russischen Teil Polens samt der Heirat und der künstlerischen Eindrücke zumal aus Sandomierz bilden die allgemeine Folie für Mussorgskis Bilderwahl: Die Begegnung mit dem Polnischen ist ein charakteristisches Element in Hartmanns Leben und Schaffen, fügt sich also gut in ein Gedenk-Panorama, ebenso wie später die

Sandomierzer Juden. Darüber hinaus hatte sich Hartmann persönlich bei der Entstehung des Polenaktes in der revidierten Fassung von *Boris Godunow* eingebracht, insbesondere bei der Szene am Brunnen, es gab also eine konkrete künstlerische Interaktion bezüglich polnischer Thematik. Aber herrscht denn in *Bydło* überhaupt wie im Polenakt der Oper überhaupt polnisches Kolorit? Die spezifische Szene ist doch in erster Linie eine aus der Schwere des bäuerlichen Alltags.

Die Vermutung liegt nahe, dass Mussorgski kein pittoreskes Polenbild wiedergeben wollte, sondern eine bildliche Metapher für die »Schwerstarbeit« in der Kunst: eine Metapher für den auch Hartmann umfassenden Freundeskreis um Stassow, in dem die Zukunft der russischen Kunst wie von unter der Knute ächzenden Lasttieren nach vorne gezogen wurde. Sollte diese These zutreffen, dann hätte Mussorgski in *Bydło* viel weniger Hartmanns polnisches Landleben als Repins Wolgatreidler vor Augen gestanden (s. Abb. 2, S. 27).[82]

Ballett der unausgeschlüpften Küken / *Балетъ невылупившихся птенцовъ*
Der berühmte Choreograf Marius Petipa schuf 1870 nach dem Roman *Trilby, ou Le Lutin d'Argail* von Charles Nodier (1822) das Ballett *Trilby*, zu dem Julius Gerber die Musik schrieb; es wurde am 17. Januar 1871 in St. Petersburg uraufgeführt. Gerber (1831–1883) war seit 1867 kompositorisch mit Ballettmusiken hervorgetreten, ab 1871 lehrte er Violine und Viola am Moskauer Konservatorium und war zugleich Musikinspektor der Kaiserlichen Moskauer Theater. Mit Cesare Pugni oder Ludwig Minkus teilt er das Schicksal von (reinen) Ballettkomponisten, mitsamt den Tanzstücken in Vergessenheit zu geraten; bekannt ist Gerber heute allenfalls noch für seine Mitwirkung an Tschaikowskys *Schwanensee*. *Trilby* spielt wie viele andere Ballette seiner Zeit in einem fremden, oft exotischen Land und verarbeitet zudem ein fantastisches Sujet. Allerdings ist Nodiers von Walter Scott inspirierter Roman, der unter schottischen Fischern spielt, hier in ganz anderes Ambiente verlegt worden: in die Schweizer Bergwelt. Der Legende nach besitzt hier jede Hütte einen Hausgeist, einer davon ist der Feuergeist Trilby. Dieser verliebt sich in die Bäuerin seiner Hütte, verlässt dafür seine eigene Kolibri-Gefährtin, verwandelt die Bäuerin ebenfalls in einen Kolibri, um mit ihr das Zauberreich zu betreten. Dort fliegt der Schwindel jedoch auf, Trilby stirbt, die Bäuerin heiratet ihren Verlobten Wilhelm. Die Rezensenten bewunderten die fantastischen Szenen, neben denen die in der Schweizer Realität spielenden Teile des Balletts als reine

Routine verblassten.[83] Viktor Hartmann hatte mit seinen Kostümentwürfen – seine erste Arbeit als Theaterdekorateur – wohl kräftig zum Erfolg der »Zauberwelt« beigetragen: Er schuf neben Feuergeist, Kolibris, Elfen auch Kanarienvögel (einer als Advokat) und aus den Eiern schlüpfende Küken.[84] Katalog Nr. 209–226: »Aquarellzeichnungen für die Inszenierung des Balletts ›Trilby‹ im Großen Theater in St. Petersburg im Jahr 1870«. Zwei Aquarelle können als unmittelbare Anregung gelten, da die entsprechenden Figuren noch in ihren Eierschalen stecken. Nr. 224: »Kanarien-Jungtiere, eingeschlossen in Eier wie in Harnische. Statt eines Kopfputzes Kanarienköpfchen, bekleidet wie Helme, bis zum Hals.« Nr. 225: »Dasselbe. Auf den Köpfen Kanarienflügelchen.« Die beiden Aquarelle haben sich erhalten (St. Petersburg, Puschkin-Haus und Theaterbibliothek; s. Abb. 5).[85] Mussorgski greift vordergründig Hartmanns Wirken als Kostümdesigner auf, seine zur Fantastik neigende Fantasie. Hintergründig schuf er wohl einen Kommentar zum Sujet des Kinderballetts. Dass die unausgeschlüpften Küken symbolisch für die unrealisierten Pläne des Künstlers Hartmann stehen sollten, ist schon angesichts des humoristischen Charakters dieses Stückes eine abwegige Vermutung.[86]

»Samuel« Goldenberg und »Schmuÿle«

Es ist mittlerweile klar, dass die beiden Aquarelle, die sich in der Moskauer Tretjakowski-Galerie erhalten haben und seit Alfred Frankensteins Aufsatz von 1939 als Bildvorlagen betrachtet wurden, nicht die von Hartmann geschenkten Bilder waren, die Mussorgski inspiriert haben (s. Abb. 6 und 7). Nr. 176: »Reicher Jude, mit Pelzmütze« und Nr. 177: »Armer Sandomierzer Jude« waren laut Katalog beides Bleistiftzeichnungen, jeweils signiert mit »Victor«, und beide laut Katalog Eigentum von Mussorgski. Wie die Kunsthistorikerin Mutja gezeigt hat,[87] kann kein Zweifel daran bestehen, dass das bekannte Aquarell, welches vermeintlich den armen Juden zeigt, in Wirklichkeit das Porträt eines italienischen Bauern ist, nämlich Katalog Nr. 46: »Alter italienischer Bauer in roter Weste, der neben seiner Last ausruht.« Das Aquarell eines Juden mit Pelzmütze dagegen ist motivisch mit der uns unbekannten Zeichnung wohl eng verwandt.

Die Wahl dieser Bilder erklärt sich, da sie Mussorgski von Hartmann geschenkt worden waren, von selbst. Seine Begeisterung für das Sujet dagegen und die Zusammenstellung der beiden Porträts zu einer musikalischen Szene bedürfen des Nachdenkens. Sollte es sich symbolisch um »die Abhängigkeit des schöpferischen Menschen, des Künstlers von den

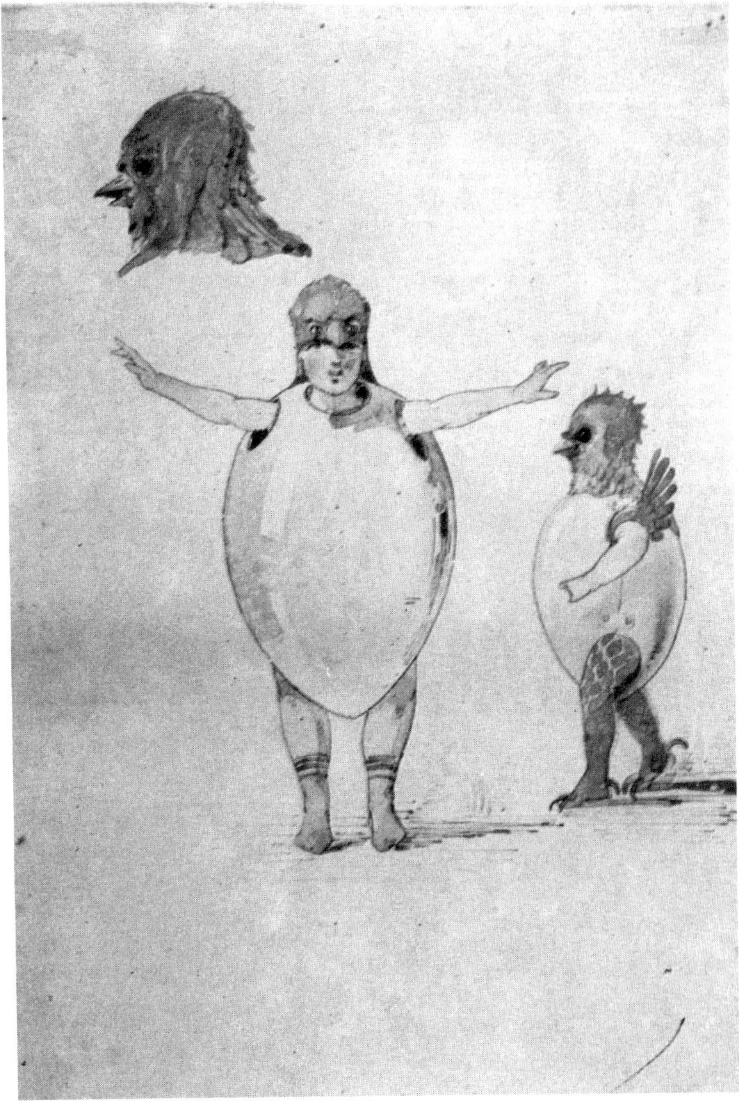

Abb. 5: Viktor Hartmann, Kanarien-Jungtiere, eingeschlossen in Eier wie in Harnische. Entwurf für Bühnenkostüme zum Ballett »Trilby« von Julius Gerber. Aquarell (1870).

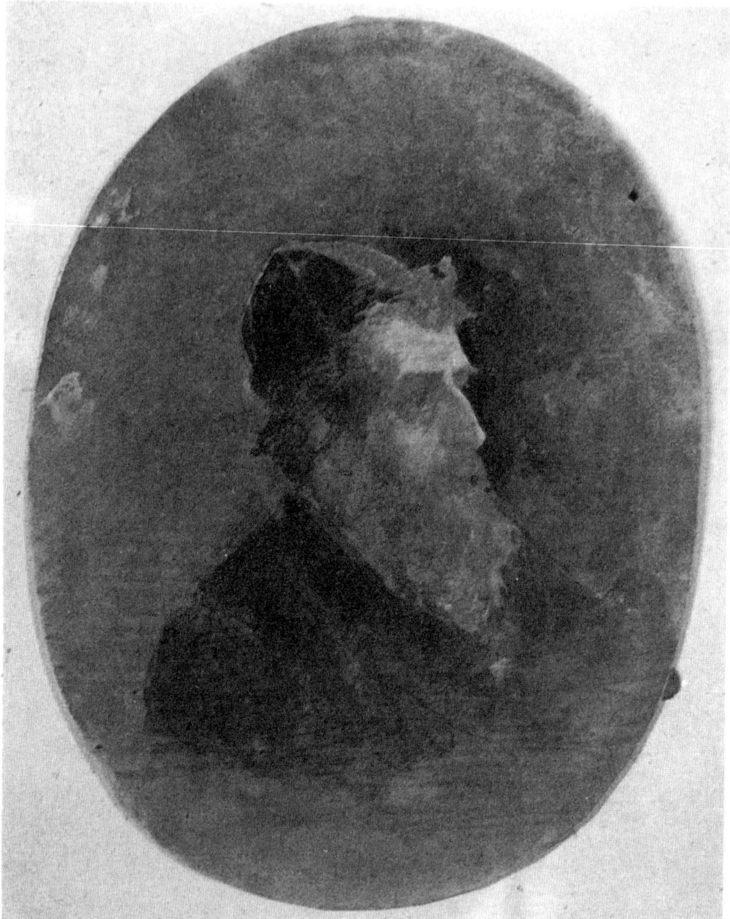

Abb. 6: Viktor Hartmann, Jude mit Pelzmütze. Bleistift, Sepia, Lack (1868?).

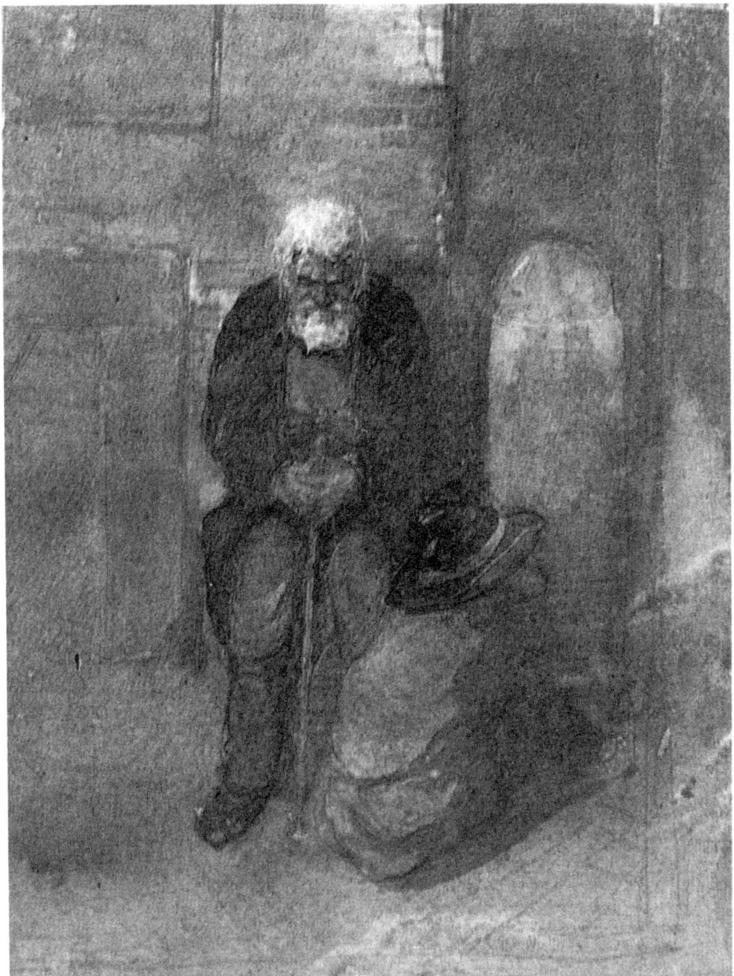

Abb. 7: Viktor Hartmann, Alter italienischer Bauer in roter Weste, der neben seiner Last ausruht. Bleistift, Aquarell (1868?). In der Mussorgski-Literatur wurde dieses Bild bislang irrtümlich als armer Jude aus Sandomierz gedeutet.

Mächtigen dieser Welt«[88] handeln? Wohl kaum. Hartmanns Porträts veranlassten Mussorgski vielmehr, zwei Facetten des »Jüdischen« musikalisch zu charakterisieren.

In sowjetischer Zeit ist der Titel dieses Bildes oft redaktionell verändert worden, indem statt Mussorgskis originalen Eigennamen nur noch Stassows neutrale Umschreibung (»zwei Juden«) abgedruckt wurde: eine Veränderung, die dieser schon in seiner biografischen Skizze von 1881 vorgenommen hatte. Was aber war an den vom Komponisten gewählten Namen zu zensieren? Vieles spricht für die These, dass Mussorgski durch die beiden mit Anführungszeichen speziell hervorgehobenen sprachlichen Varianten ein und desselben jüdischen Vornamens gleichsam zwei Seiten einer Medaille zu erkennen geben wollte.[89] Ebenso wichtig ist die Erkenntnis, dass wie in der zaristischen Gesellschaft allgemein so auch bei Mussorgski der hohe Respekt vor der alttestamentarischen hebräischen Hochkultur, beispielsweise in Form des Syngogalgesanges, die tiefe Verachtung für die tatsächlich im Alltag lebenden Juden nicht ausschloss.[90] In der deutschen Übersetzung geht die sprachliche Unterscheidung des Russischen zwischen *evrej* (Hebräer) und *žid* (Jude) verloren, die diesem Denkmodell zugrunde liegt und die sich ganz genau so in den Einträgen des Ausstellungskataloges von 1874 widerspiegelt, wo der reiche Jude als *evrej* und der arme als *žid* geführt wird. Es ist zu bezweifeln, dass Mussorgski mit seinem Doppelporträt der beiden polnischen Juden eine antisemitische Karikatur geschaffen hat. An dieses sechste musikalische Bild, dessen inhaltliche Zusammenstellung auf Mussorgski allein zurückgeht, müssen also auch moralische Maßstäbe angelegt werden (s. S. 98ff.).

Limoges. Le marché (La grande nouvelle)

Die Bildvorlage zu diesem Stück ist nicht zu ermitteln: Es gab laut Katalog zwar Skizzen aus Limoges, aber ohne dass streitende Menschen erwähnt wären. Hartmann hatte sich dort vor allem mit architektonischen Details der Kathedrale Saint-Étienne beschäftigt (Katalog Nr. 56–112). Vermutlich wurde auch hier eine Szenerie nach Mussorgskis eigenen Gedanken »verlebendigt«. Tatsächlich hat er im Autograph an den Anfang des Stücks zusätzlich zur Überschrift eine fiktive dramatische Szene in Klammern gesetzt, genauer: zwei Varianten davon, da Mussorgski das ursprünglich am unteren Rand einer Seite begonnene Stück ganz ausstrich und dann nochmals auf der folgenden Seite neu begann. Doch auch dort strich er die zweite kleine verbale Szene aus. Der erste Entwurf lautete:

Nr. 7 Limoges, der Markt.
(Die große Neuigkeit: Herr Pimpant de Panta-Pantaléon hat gerade seine Kuh wiedergefunden, ›die Flüchtige‹. »Ja, Madame, das war gestern.« – »Nein, Madame, das war vorgestern.« – »O ja, Madame, das Biest lief in der Nachbarschaft herum.« – »O nein, Madame, das Biest lief überhaupt nicht herum.« – usw.)

Die zweite Version greift dieselbe absurde Szene auf, verzichtet aber auf deren Dialoge und baut sie weiter aus:

Nr. 7: Limoges. Der Markt (die große Neuigkeit).
(Die große Neuigkeit: Herr de Puissangeout hat gerade seine Kuh ›die Flüchtige‹ wiedergefunden. Aber die guten Damen von Limoges sind in dieser Sache überhaupt nicht einig, weil sich Madame de Remboursac eine schöne Zahnreihe aus Porzellan geleistet hat, während Herr de Panta-Pantaléon noch immer seine störende Nase trägt – päonienfarben.)[91]

Beide Texte waren immerhin in Tusche in der Partitur-Reinschrift niedergeschrieben, sie hatten demnach konzeptionell einen viel höheren Stellenwert als vergleichbare andere Anmerkungen in Bleistift. Diese verworfenen Texte vermitteln uns (unfreiwillig) einen Eindruck von der so sehr auf menschliche Charaktere und Verhaltensweisen bezogenen Fantasie Mussorgskis, die sich über die Hartmann'schen Vorlagen, von denen sie ursprünglich inspiriert gewesen sein mochte, weit hinwegsetzt und zu etwas Eigenem ausbaut. Wie beim alten Schloss, den Tuilerien und dem Ochsenkarren ergänzt Mussorgski Landschaften und Objekte um menschliches Personal, um Figuren, sodass jeweils kleine theatralische Szenen entstehen.

Catacombae (Sepulcrum romanum)

Die Identifikation der Bildvorlage ist eindeutig. Katalog Nr. 36: »Das Innere der Pariser Katakomben mit den Figuren von Hartmann, dem Architekten Kenel und des Führers, der eine Leuchte hält (Aquarell).« Hartmanns Aquarell (s. Abb. 8) entstand mutmaßlich unter dem persönlichen Eindruck eines Besuchs der Pariser Katakomben, gemeinsam mit seinem Landsmann Wassili Alexandrowitsch Kenel (1834–1893), der ebenfalls von der Akademie der Künste nach dem Architekturstudium ins Ausland geschickt worden war. Mussorgskis lateinische Titelformulierung impliziert, dass die Pariser Katakomben eine römische Vergangenheit haben. Das ist jedoch falsch: Das unterirdische Gangsystem entstand durch Abbau hauptsächlich von Gips, es diente nie als Begräbnisstätte. Ein kleiner Teil dieser Minen wurde in den 1780er-Jahren mit den Gebeinen von etwa 6 Millionen Toten angefüllt, die sich vor allem auf dem Cimetière

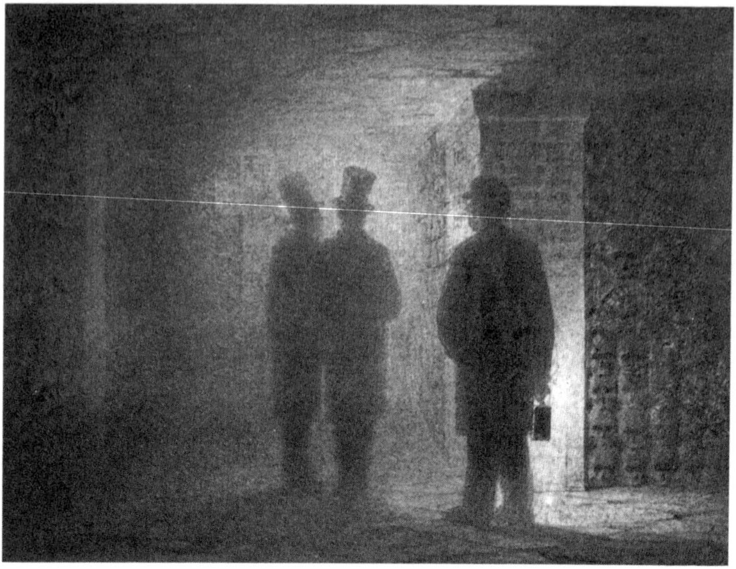

Abb. 8: Viktor Hartmann, Innenansicht der Pariser Katakomben mit den Figuren von Hartmann, dem Architekten Wassili Kenel und einem Führer mit Laterne in der Hand. Aquarell (um 1864/65).

des Innocents in Massen angestapelt und dabei zu großen Hygiene- und Platzproblemen geführt hatten; Hauswände waren unter dem Druck der Knochenmassen eingestürzt. Fraglich ist, ob Hartmann die Pariser Katakomben überhaupt persönlich kennengelernt hat, denn sie waren in den 1860er-Jahren nur viermal pro Jahr geöffnet.

Ein Eindruck von Aussehen und Atmosphäre dieser Katakomben ließ sich damals auch anders erlangen: Der berühmte Fotograf Nadar erhielt 1860 die Erlaubnis, in den Katakomben zu fotografieren und dafür auch mit dem Einsatz künstlichen Lichtes zu experimentieren. In seiner Autobiografie beschreibt Nadar die Besichtigungen in den 1860er-Jahren als eine bunte Mischung von 400–500 Personen, die sich durch die Gänge drängt.[92] Seine 1861 entstandenen Fotos dienten als Vorlagen für Illustrationen in Zeitschriften, beispielsweise im Oktober 1865 in einem Bericht über die Katakomben in *Le Monde illustré*, wo die Bildlegenden ausdrücklich auf Nadar verweisen.[93] Es gab auch ganz freie Neuinterpretationen dieser Fotos: Der für seine Ansichten des alten Paris bekannte Graveur

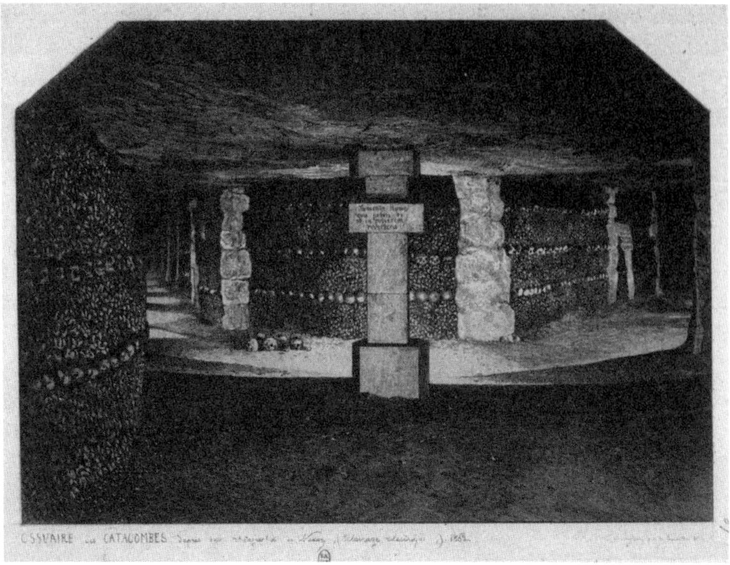

Abb. 9: Alphonse Martial Potémont, Beinhaus der Katakomben, nach zwei Fotografien von Nadar (1862).

Alphonse Martial Potémont kombinierte 1862 auf einer Radierung zwei an unterschiedlichen Stellen aufgenommene Katakombenfotos von Nadar zu einer Art Panoramasicht[94] (s. Abb. 9). Im Zentrum dieser Radierung steht eines der auffälligsten Monumente der Katakomben, der sogenannte Pilier du Memento – ein markanter, schmuckloser, dreieckiger Pfeiler mit verbreiterter Basis und Kapitell, der ringsum eine Quertafel mit Aufschrift trägt und nun gleichsam monumentalisiert den Raum beherrscht, dessen Wände vom Boden bis zur Decke mit Schädeln angefüllt sind.[95] Wie andere Stützelemente wurde dieser Pfeiler unter dem zuständigen Ingenieur Louis-Étienne François Héricart-Ferrand errichtet, dessen 1815 erschienene Beschreibung der Katakomben erläutert, dass die Pfeiler ausschließlich aus statischen Gründen errichtet wurden, wobei die Proportionen einfach und streng, aber edel und dem Ort angemessen sein sollten.[96]

Vielleicht steht im Hintergrund von Hartmanns Aquarell dieser Pilier du Memento, allerdings ohne dass seine Aufschrift erahnbar wäre: »Memento, homo, quia pulvis es et in pulverem reverteris.« (»Gedenke,

Mensch, dass du Staub bist und wieder zu Staub werden wirst.«) Stattdessen trägt in Hartmanns Bild der Pfeiler im rechten Vordergrund (unlesbare) Inschriften, obwohl es in den Katakomben gar keinen solchen Pfeiler zu geben scheint, der auf zwei Seiten derartig beschriftet wäre (es gibt vierseitig beschriftete Pfeiler von anderer Art). Kurzum, Hartmann hat sich bei seinem Aquarell dieselben künstlerischen Freiheiten genommen wie die französischen Illustrierten, und möglicherweise hat er sein Aquarell überhaupt nur anhand solcher Illustrationen geschaffen. Diese Vermutung wird noch dadurch gestützt, dass die Positionierung der mit Zylinder und Frack bekleideten Besucher in Rückenansicht auf Hartmanns Bild mit derjenigen eines Nadar-Fotos sehr große Übereinstimmungen aufweist.

Und noch etwas scheint bemerkenswert: Die erstmals unterirdisch eingesetzte künstliche Beleuchtung verleiht Nadars Katakombenfotos eine besondere mystische Aura, da das Licht auf mysteriöse Weise aus verschiedensten, unsichtbaren Quellen gespeist wird. Auch Hartmanns Aquarell hat neben der sichtbaren Laterne noch eine andere, unerklärliche Lichtquelle hinter den Figuren der beiden Architekten, die verdeckt (also absichtlich versteckt) wird. Es ist dieses Schimmern, das Mussorgski zu einer poetischen Eingebung verhalf, die sich als Marginalie im Autograph findet: »Schön wäre ein lateinischer Text: Der Schöpfergeist des verstorbenen Hartmann führt mich zu den Schädeln, er ruft sie an, die Schädel leuchten still auf.«[97] Stassow griff diese Notiz in seiner Vorbemerkung zum Erstdruck auf. Das »stille Leuchten« der Musik geht also über Hartmanns künstlerische Umsetzung der mystisch leuchtenden Gebeine zurück auf Nadars elektrische Beleuchtung!

Neben dem Licht ist ein wichtiges Element der künstlerischen Aussage das Motiv lateinischer Grabinschriften, die Hartmann wohl frei hinzugefügt hat. Die Präsenz des Lateinischen erklärt jedenfalls Mussorgskis Assoziation mit der römischen Antike (*Sepulcrum romanum*), die eine kulturhistorische Dimension eröffnet, ebenso wie seinen Wunsch, für das Nachspiel einen lateinischen Titel finden zu wollen, wie er in der Partitur mit Bleistift vermerkt: »NB: Lateinischer Text: mit den Toten in einer toten Sprache«.

Katakomben stehen einerseits für Tod, andererseits für geschichtliche Tiefe. Vielleicht hatte Mussorgski gehört, dass Hartmann auf der Pariser Weltausstellung die Reproduktion der Kalixtus-Katakomben bewundern konnte, die der Vatikan oberirdisch hatte errichten lassen – ohne Knochen und Schädel.[98] Stassow wiederum war 1872 nach Kertsch ans Schwarze

Meer gereist, um die dort aufgefundenen Katakomben mit Fresken zu inspizieren, und veröffentlichte darüber 1875 einen Aufsatz.[99] Es ist anzunehmen, dass Mussorgski davon wusste. Dennoch sind es wohl andere, inhaltlich näherliegende Gründe, warum in dieser Gedenkkomposition die Idee des Todes mit einem Bild thematisiert wird, das den verstorbenen Freund bereits in einer mystisch anmutenden Totengruft zeigt.

Die Hütte auf Hühnerfüßen (Baba-Jaga) /
Избушка на курьихъ ножкахъ (Баба-Яга)
Die Identifizierung der Bildvorlagen, eine Bleistift-Zeichnung und ein Aquarell, ist eindeutig. Katalog Nr. 247 und 248: »›Die Hütte der Baba-Jaga auf Hühnerfüßen‹, Uhr im russischen Stil des 14. Jahrhunderts, aus Bronze mit Email.« Die Zeichnung wird in der Russischen Nationalbibliothek in St. Petersburg aufbewahrt; das mit »24. Juni 1870« datierte Aquarell, vermutlich Mussorgskis Inspirationsquelle, hat sich nur in einer Farblithografie erhalten, die 1875 publiziert wurde[100] (s. Abb. 10). Hartmanns Entwurf einer Dekorationsuhr, die in Form der auf Hühnerfüßen stehenden Holzhütte der russischen Märchenhexe Baba-Jaga gestaltet ist, vollzieht innerhalb des Zyklus durch Märchensujet und Dekor die Wende von europäischen Bildern hin zu russischen. Die Figur der Baba-Jaga ist ein sehr prägnantes, aber auch sehr vieldeutiges Wesen der slawischen Mythologie, das zwar oft, aber beileibe nicht immer als Inkarnation des Bösen und des Todes beschrieben wird: eine hexenartige Alte, die im Wald haust, in einem Mörser mit Stößel durch die Luft reitet, ihre Spuren mit einem Besen verwischt und Kinder einfängt, um sie zu verspeisen.[101] Hartmanns Uhr greift ein übliches Attribut der Baba-Jaga auf, ihre typische Behausung – die Hütte auf Hühnerfüßen. Architektonisch wohl auf Getreidespeicher auf Stelzen zurückgehend, wurde sie in der slawischen Mythologie zur Schwelle vom Diesseits zum Jenseits zwischen Himmel und Erde, die Baba-Jaga damit zu einer Mittlerin zwischen Leben, Tod und Totenreich.

Schon diese Hinweise würden genügen, um die Funktion des Bildes als Scharnier zwischen Katakomben (Tod) und Heldentor (Wiederauferstehung im geschaffenen Kunstwerk) zu begreifen. Aber die Beziehung zu Hartmann ist noch viel unmittelbarer. Stassow hat in ausführlicher Weise von seiner ersten, spektakulären Begegnung mit dem jungen Architekten berichtet, als Hartmann auf einem Ball der Akademie der Künste in der verblüffenden Verkleidung der Baba-Jaga erschien und mit seinen Eskapaden das Aufsehen der ganzen Festgesellschaft erregte (↱ Dok. 7).

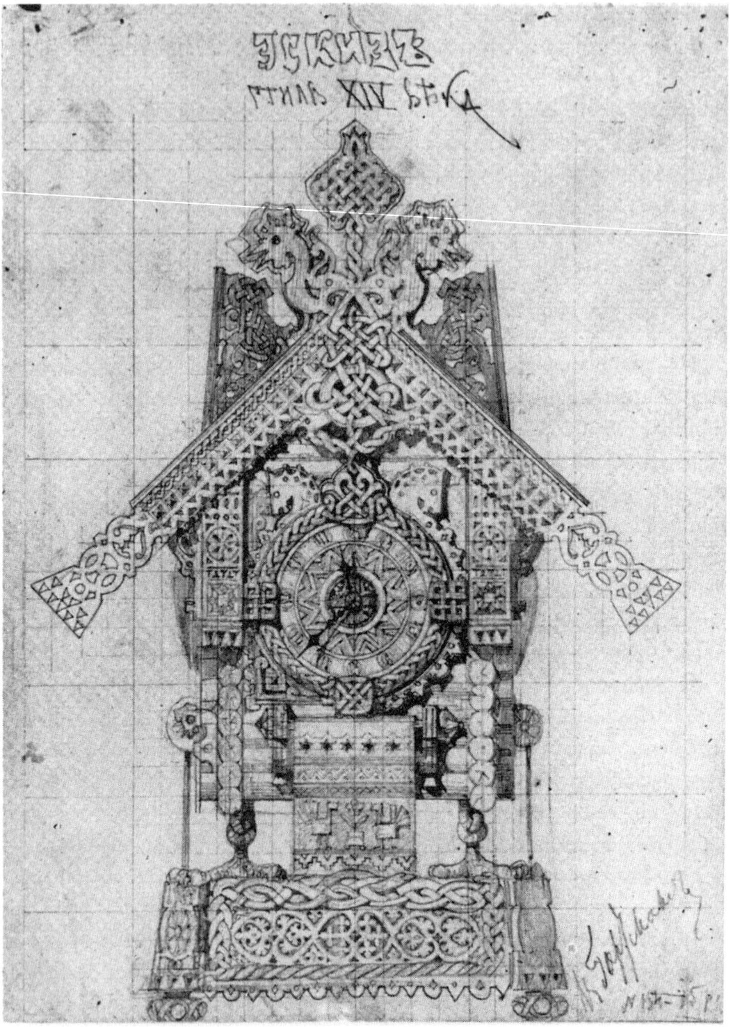

Abb. 10: Viktor Hartmann, Die Hütte der Baba-Jaga auf Hühnerfüßen – Uhr im russischen Stil des 14. Jahrhunderts. Bleistift (1870).

Natürlich musste Mussorgski diese exzentrische Episode seiner beiden Freunde bekannt sein. Was bedeutet, dass dieses musikalische Bild nicht nur irgendeine russische Thematik aufgreift, sondern so etwas wie ein Alter Ego Hartmanns darstellt – auf dem Weg vom Tod zum ewigen Leben.

Das Heldentor (in der alten Hauptstadt Kiew) /
Богатырскія ворота (въ стольномъ городѣ во Кіевѣ)
Auch hier bereitet die Zuordnung von Musik und Bildvorlage keine Probleme. Katalog Nr. 264–269: »Steinernes Stadttor in Kiew im russischen Stil, mit einer kleinen Kirche im Inneren, das die städtische Duma im Jahr 1869 anstelle des hölzernen zu errichten vorschlug, zum Gedenken an das Ereignis vom 4. April 1866.« Hartmanns Entwürfe für ein Stadttor in Kiew, von dem sich neben Reproduktionen nur ein Original erhalten hat,[102] zeigen einen Torbogen auf Säulen, die halb im Boden versunken scheinen; der Bogen trägt einen kleinen Kirchenraum mit einem Dach aus durchbrochenem Holzschnitzwerk in Form einer Spitzenhaube (*kokošnik*). Im Rund des Torbogens steht in altkirchenslawisch das Bibelwort »Gesegnet der da kommt im Namen des Herrn« (Lk. 13, 35). Der an das Tor angefügte Glockenturm läuft in ein Dach in Form eines slawischen Kriegerhelms (*šlem*) aus, wie ihn beispielsweise Iwan IV. »der Schreckliche« trug.[103] Dieser Entwurf entstand für einen Wettbewerb, der nach dem misslungenen Attentat auf Zar Alexander II. im Jahr 1866 ausgeschrieben und später zurückgezogen wurde (s. Abb. 11).

Stassow hat Hartmanns Entwurf, zu dem auch Aufrisse und Querschnitte mit dem Kircheninneren existierten, mehrmals beschrieben: »Eines meiner Lieblingswerke war immer die Zeichnung des ›Kiewer Tors‹ […]. Mich begeisterte das Neuartige und Originelle dieser architektonischen Schöpfung: hier besteht das Untere aus Säulen und Massen im byzantinischen Stil, gleichsam zur Hälfte in der Erde versunken (ein Verfahren der römischen und byzantinischen Kunst, die Hartmann nicht gesehen, aber Gott weiß durch welche Begabung erahnt hat), und das Obere aus russischen Formen: steinernen, massiven, von einem slawischen Helm abgeschlossen, und hölzernen, geschnitzten, die in der Form einer wunderbaren, prächtigen, farbigen Kopfhaube erscheinen.«[104]

Bei der Suche nach historischer Tiefe stößt Hartmann seine Säulen tief in den Boden, Mussorgski dagegen wühlt in der Sprachgeschichte: Eine adäquate Übersetzung seines altertümelnden russischen Titels ist fast unmöglich. Der »Bogatyr« ist ein kraftstrotzender Ritter aus russischer

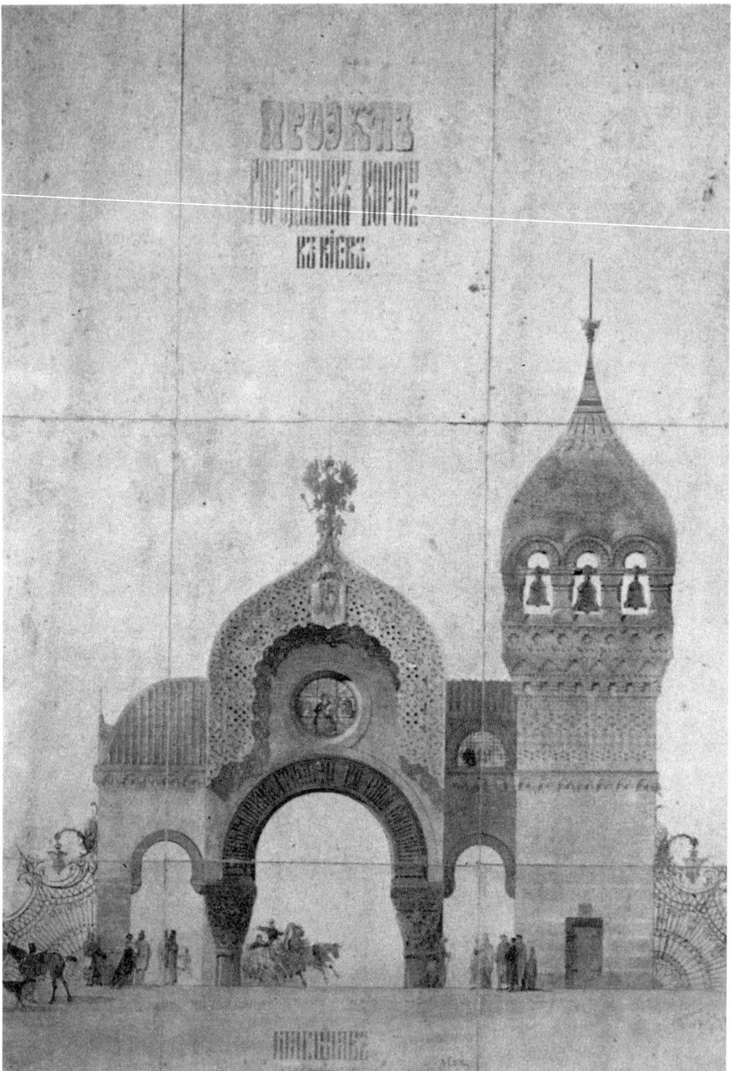

Abb. 11: Viktor Hartmann, Steinernes Stadttor in Kiew im russischen Stil, mit einer kleinen Kirche im Inneren. Bleistift, Aquarell (1869).

Märchen- und Legendenzeit, also eher ein Recke als ein einfacher Held. Die Formulierung in der Klammer lautet wörtlich: »in der Residenzstadt in Kiew«, wobei das für Residenzstadt gewählte Wort, eigentlich »Thronstadt«, schon zu Mussorgskis Zeit veraltet war. Die gleichsam episierende Wiederholung der Präposition »in« schlägt ebenfalls eine Art Märchen- und Legendenton an, sie spielt also auch im sprachlichen Duktus auf die mittelalterliche Epoche der Kiewer Rus an, des ältesten religiösen und politischen Zentrums Russlands.

Der russische Stil gebiert in Hartmanns Tor also – sowohl durch den Anlass der Zarenhuldigung als auch durch die metaphorisch dargestellten historischen Schichten von den byzantinischen Wurzeln über die mittelalterliche Vergangenheit des Kiewer Reichs bis hin zur russischen Gegenwart mit ihrer prachtvollen Verschmelzung von wehrhaftem Zarentum, festlicher Kirche und traditionsverhaftetem Volk – ein zutiefst symbolisches und vor allem nationalistisches Denkmal. Das Tor ist ein bildliches Äquivalent jener ideologischen Doktrin, mit der sich das russische Zarentum seit Nikolai I. selbst definierte: Orthodoxie, Autokratie und Volkstum (s. S. 133ff.). Im Kiewer Tor manifestiert sich jubelnd die aus geschichtlicher Tiefe geborene Vision eines spirituell und politisch (und künstlerisch!) ebenso starken wie autarken Russland. Es ist eine konservative Utopie.

Zum Verhältnis von Vorlagen und Programm

Mussorgski hat durch seine Wahl und Modifikation der Hartmann'schen Bilder versucht, direkt auf die Person des Künstlers Bezug zu nehmen, Elemente seiner Biografie und seines Charakters aufzugreifen. Zugleich thematisiert er seine persönliche Freundschaft und wohl sogar den Künstlerkreis, durch den er mit Hartmann verbunden war. Als Komponist, der vorrangig in dramatischen Szenen denkt (in Opern und Liedern), reichert er die vorgefundenen Bilder wo immer nötig durch menschliche Figuren an, sei es als Kompilation, sei es durch freie Neuerfindung, die sich am deutlichsten in den hinzugedachten »Dramoletten« offenbart.

Die sowjetische Musikforscherin Wera Wasina-Grossman vermutet, dass Mussorgski manche seiner Stücke gar nicht über wirkliche Bilder komponierte, sondern über Erzählungen Hartmanns, beispielsweise seiner Erlebnisse in Frankreich im Fall des Jahrmarktes von Limoges, zu dem keinerlei Bildquelle bekannt ist, ja nicht einmal von Stassow wirklich impliziert wird – ein Umstand, der durch die frei erfundenen programmatischen Streitgespräche in Mussorgskis Autograph noch wahrscheinlicher wird. »Es ist sehr gut möglich, dass dies einfach die Aufzeichnung einer humoristischen Episode ist, die Hartmann dem Komponisten erzählte. Und das zeugt davon, dass der Bilderzirkel des Zyklus nicht einfach ein Reflex der Ausstellung ist, sondern tatsächlich eine ›Erinnerung an Hartmann‹, wie es in der Widmung des Zyklus auch heißt.«[105]

All diese Zuordnungsschwierigkeiten und Abweichungen zwischen Vorlagen und musikalischen Bildern lassen den Schluss zu, dass Mussorgski an einer eindeutigen Identifikation überhaupt nur zum Teil gelegen war, entgegen dem, was der Titel seines Klavierzyklus vermuten lässt. Warum? Zum einen mag sich hier eine gewisse Scheu angesichts der vielen Freiheiten im Umgang mit den konkreten Vorlagen zeigen, die teils gar nicht in der Weise existiert haben, wie die Partitur glauben macht. Zum anderen ist diese zum Symbolischen neigende Unklarheit aber auch ein poetischer Zug, eine schumanneske Wendung in eine Innerlichkeit, ins Hermetische. Denn während manche von Hartmanns Werken eine gewisse Bekanntheit gehabt haben mögen, waren viele andere keinem größeren Publikum je zu Gesicht gekommen. Die Beziehung der Musik zu Hartmanns Bildwelt ist daher eine sehr private. Nur im engsten Freundeskreis waren manche inhaltlichen Dimensionen des Werkes überhaupt bekannt oder erahnbar. Das Andenken an den Freund und Mitkämpfer für die Sache der russischen Kultur hat Mussorgski bewusst kryptisch gestaltet, codiert. In dieser Verschlüsselung von Botschaften äußert sich die Intimität der menschlichen Beziehungen einerseits und andererseits die gleichsam geheimbündlerisch gepflegte Kunst- und Weltanschauung eines kleinen Kreises von Eingeweihten, die wir mühsam aus Briefen rekonstruieren müssen.

Im Anschluss an Emilia Fried hat Michael Struck, ausgehend von den in der älteren Mussorgski-Literatur extrem unterschiedlich beschriebenen Bild-Ton-Beziehungen, die vielen Differenzen zwischen den Bildvorlagen und Mussorgskis Überschriften samt programmatischer Notizen sowie Stassows mal das Bildliche, mal die Musik betreffenden Beschreibungen untersucht und den grundsätzlichen Schluss gezogen, dass die *Bilder einer Ausstellung* gar keine Programmmusik im Sinne von Bildvertonungen sind. Von Hartmann gingen demnach nur außermusikalische Ideen aus, die Mussorgski zu eigenen Tonbildern anregten: »Ihr Programm existiert nur im Wort und unterscheidet sich im Sujet wesentlich von den Bildern Hartmanns. Auch in den ›Promenaden‹ schildert sich Mussorgskij nicht selbst beim Betrachten der realen Hartmann'schen Ausstellungsexponate, sondern fordert den Hörer auf, ihm in die Ausstellung seiner Bilder zu folgen, die er in der Verbindung von Wort und Musik vor ihm ausbreitet.«[106]

Dies trifft einen ganz wesentlichen Punkt, der in vielen musikpädagogischen und populären Darstellungen tendenziell übersehen wird, wenn das Werk als Musterbeispiel für Programmmusik gelten soll: Der Komponist gibt uns eben keine musikalischen Illustrationen, keinen »Führer durch die Ausstellung«.[107] Sein Aufgreifen der Hartmann'schen Sujets bezieht sich weniger auf das vordergründig Dargestellte als auf eine hinter den Bildern liegende Gedankenwelt, die durch die Motive vermittelt wird. Es wäre allerdings zu kurz gegriffen, Hartmanns Vorlagen bei der Deutung des Werkes ganz auszuklammern, denn auch diese stehen – und nicht immer nur in Mussorgskis Lesung – für Ideen. Daher führt es auch an der Sache vorbei, Hartmanns Kunstwerke, wie oft geschehen, als auf einer unvergleichlich niedrigeren Stufe stehend zu bezeichnen und den Vergleich von Vorlagen und Musik als »inadäquat und unangemessen«.[108]

Wie also lässt sich die Zusammenstellung dieser zehn Bilder dann als Ganzes deuten, wie ihr tatsächliches »Programm« verbalisieren: nicht nur in Bezug auf das Gedächtnis des zu ehrenden Künstlers, sondern auch vor dem Hintergrund der beschriebenen Auseinandersetzung der russischen Künstler mit dem Westen und der westlichen Kultur, die alle außer Mussorgski selbst vor Ort erfahren hatten? Es ist an der Zeit, in die Musik selbst zu blicken.

Zur Musik

Ein Werk im Abseits

Mussorgskis *Bilder einer Ausstellung* heben sich in ihrer Bedeutung, in ihren Dimensionen und in ihrer Stilistik weit von seinen anderen erhaltenen Klavierwerken ab. Diese sind fast ausschließlich einzeln stehende Miniaturen, eigentlich Petitessen. Dabei hatte er das Komponieren als Dreizehnjähriger tatsächlich auf dem Klavier, seinem eigenen Instrument, mit einer Fähnrichspolka (*Porte-enseigne Polka*, 1852) begonnen. Er pflegte zwar das Klavierspiel bis zum Ende seines Lebens intensiv, insbesondere als auf Gesellschaften bewunderter Unterhalter mit halb-improvisierter Tanzmusik sowie als Begleiter von Sängerinnen und Sängern, doch bedachte er das Klavier als Komponist nur mit Nebenwerken: mit weiteren Kleinformen wie dem *Souvenir d'enfance* (1857), zwei Scherzi (1858), dem *Impromptu passionné* (1859), dem *Kinderscherz* (1859/60), nochmals *Kindheitserinnerungen* (*Njanja und ich, Die erste Strafe*, 1865), einer *Rêverie* (1866) oder den Charakterstücken *La Capricieuse* (1865) und *Die Näherin* (1871). Viele dieser Stücke blieben zu Lebzeiten ungedruckt. Der Versuch, eine Sonate (für Klavier zu vier Händen) zu schreiben, endete 1860 als Fragment aus Allegro und Scherzo.

Allein Mussorgskis *Intermezzo in modo classico* von ca. 1863 kann als größeres Klavierwerk vor den *Bildern einer Ausstellung* gelten. Es ist auch das einzige, das sich stilistisch nicht in den gesamteuropäischen Mustern der Salonmusik des mittleren 19. Jahrhunderts bewegt, sondern gleich mit einem gravitätischen Unisono anhebt, das »chorisch« beantwortet wird – wie später das Thema der *Promenade* (Notenbeispiel 1). Das Stück zeugt einerseits von seiner damaligen Auseinandersetzung mit Bach, andererseits weist es typische Stil-Eigenheiten des »Mächtigen Häufleins« auf.[1] Wie Stassow überliefert, hatte Mussorgski dieses *Intermezzo* als »russisch im Geheimen« bezeichnet und die Inspiration dazu während eines Besuches bei seiner Mutter auf dem Lande im Gouvernement Pskow erhalten: An einem sonnigen Wintertag sah er dort eine Reihe von Bauern schwer durch den hohen Schnee stapfen. »›Das alles zusammen bot ein Bild‹, so erzählte Mussorgski, ›das schön und malerisch, aber auch ernst und gleichzeitig

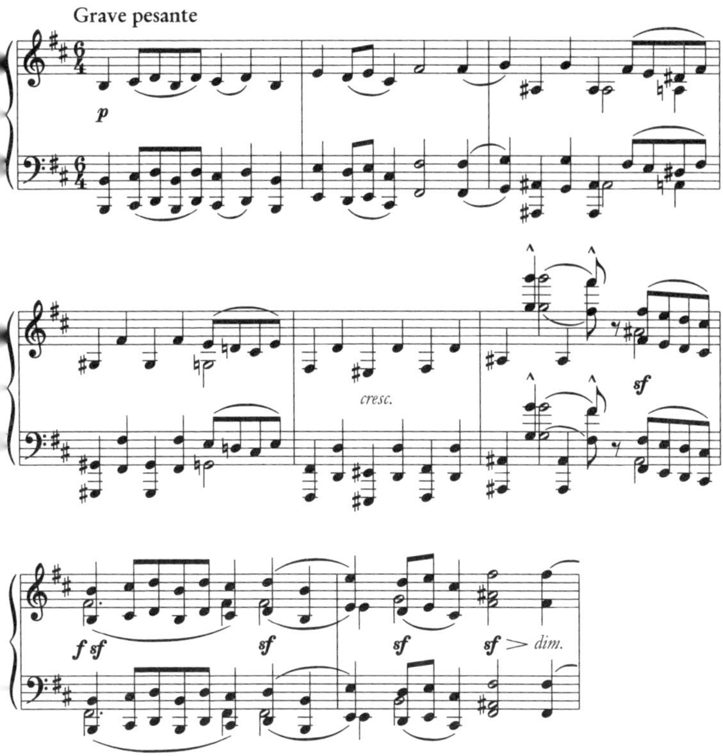

Notenbeispiel 1: Mussorgski, »Intermezzo in modo classico«, T. 1–8.

heiter war. Und plötzlich‹, so fuhr er fort, ›zeigte sich in der Ferne eine Gruppe junger Bauernmädchen, die mit Liedern und Gelächter auf einem ausgetretenen Pfad immer näher kam. Dieses Bild verwandelte sich in meinem Kopf in seine musikalische Entsprechung, so daß sich wie von selbst und völlig unerwartet die erste von oben nach unten schreitende Melodie à la Bach formte: die fröhlichen, lachenden, jungen Mädchen erschienen mir in Gestalt einer Melodie, aus der ich später den Mittelteil oder das Trio aufbaute. Und das alles *in modo classico*, d. h. in Entsprechung zu meinen damaligen musikalischen Exercitien. So ist also mein Intermezzo auf die Welt gekommen.‹«[2] In Mussorgskis Umfeld wurde dieses Intermezzo, das er 1867 für Orchester bearbeitete und Borodin widmete, ganz besonders geschätzt, sicherlich wegen des russischen Tonfalls und vermutlich, weil die Geschichte mit der ländlichen Inspiration allgemein bekannt war.

Aber trotz dieses fernen Vetters stehen die *Bilder* seltsam isoliert in Mussorgskis Klavierwerk, und eigentlich nicht nur in seinem: Es fällt schwer, diesem Werk, in dem »alles ungewöhnlich«[3] ist, überhaupt ein anderes an die Seite zu stellen. Begriffe wie »Album« oder »Suite«, mit denen die *Bilder* schon in der Erstausgabe und in Stassows Erinnerungen bezeichnet wurden, treffen Form und Inhalt nur ungenügend. Es handelt sich um einen auf mehreren Ebenen planmäßig konstruierten Zyklus aus programmatischen Miniaturen, die durch eine poetische Idee ebenso wie durch musikalische Brücken miteinander verbunden sind. Wenn man ein bekanntes Vorbild benennen möchte, liegt wohl Schumann mit seinen poetischen Zyklen wie den *Papillons* op. 2 oder den *Davidsbündlertänzen* op. 6 am nächsten, vor allem aber sein *Carnaval* op. 9, denn auch dort bilden Selbstporträt, poetische Bilder, der Gedanke an Freunde und die musikalisch-thematische Substanz eine komplexe zyklische Einheit, ganz zu schweigen von der Bezeichnung »Promenade« (Nr. 18) in Schumanns Zyklus. Daneben könnte auch ein heute obskures Klavierwerk aus Mussorgskis näherer Umgebung als unmittelbare Inspiration neben Schumann gedient haben (s. S. 124ff.).

Die Wiederkehr der *Promenade* in der Mitte der *Bilder einer Ausstellung*, die Transformation des Promenaden-Themas in mehreren Zwischenspielen sowie dessen Integration in das Schlussstück stellen die sichtbarste äußere Zyklusklammer dar. Auch die Tonartendisposition, der Wechsel von langsamen und schnellen, dunklen und lichten Stücken sowie das Aufgreifen mancher melodischer Wendungen sorgen für Balance und Zusammenhalt. Und wie bei Schumann geht es dabei nicht nur um größere musikalische Strukturen, sondern auch um größere inhaltliche Dimensionen. So stellte die sowjetische Pianistin Maria Judina anlässlich ihrer eigenen Aufnahme des Werkes klar: »Der Form nach ist dies ein Zyklus. Keine Suite, wie er gelegentlich von Mussorgskis Zeitgenossen naiv genannt wurde, sondern tatsächlich ein Zyklus. Der Begriff ›Zyklus‹ beinhaltet bereits für sich in seiner Benennung Vorstellungen von Vielfältigkeit, Architektonik, Synthese und großem Maßstab.«[4]

Die folgende Betrachtung der Musik, die weniger die Beleuchtung von Details als ein Verständnis des großen Ganzen anstrebt, beginnt mit der *Promenade* und ihren vielgestaltigen Varianten und führt dann über die einzelnen Bilder zur Frage nach der zyklischen Einheit in der Vielfalt – und damit zurück zu den inhaltlichen Deutungen, die im ersten Kapitel angesprochen wurden.[5]

»Promenade« und Zwischenspiele

»Promenade«

Wie wir gesehen haben, bezeichnete Mussorgski in seinem während des Komponierens geschriebenen Brief an Stassow die *Promenade* als ein Selbstporträt, das seine räumliche Bewegung beim Spaziergang in der Ausstellung versinnbildlicht (s. S. 35f.). Die *Promenade* eröffnet den Zyklus als eigenständiges, geschlossenes Stück, sie »bildet eine Art epischen Prolog«,[6] ein »monumentales Epigramm des ganzen Zyklus«.[7] Auch ohne die kuriose (weil im Italienischen fehlerhafte) Vortragsanweisung *Allegro giusto, nel modo russico; senza allegrezza, ma poco sostenuto* tritt das russische Kolorit dieses Selbstporträts unmissverständlich zutage. Es ist eine motivisch in sich symmetrisch (je nach Betrachtungsweise differierend) strukturierte, aber in asymmetrische Taktmaße gegossene Phrase:

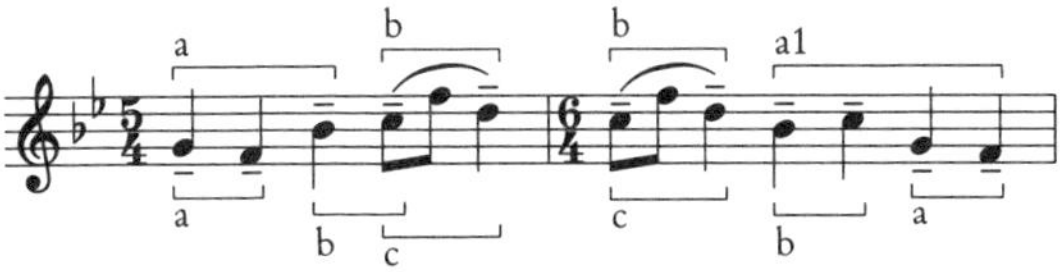

Notenbeispiel 2: Symmetrische Struktur des Themas der »Promenade«.

Wodurch stellt sich die Konnotation des Russischen hier ein? Da ist zum einen die wie im *Intermezzo in modo classico* episierende Einstimmigkeit, die etwa auch den Anfang von Borodins *Lied des dunklen Waldes* aus dem Jahr 1873 oder seiner h-Moll-Sinfonie kennzeichnet – welche übrigens gerade deswegen im Russischen den Spitznamen »Die Heldische« (»Bogatyrskaja«) trägt, also mit demselben Begriff wie das *Heldentor* bezeichnet wird, weil das wuchtige Schreiten der Legenden-Recken gleichsam klingend vor Augen steht (Notenbeispiel 3).

Dann basiert die Melodik der *Promenade* auf für russische Volkslieder typischen Dreiton-Strukturen aus Sekunde und Quarte, wie sie etwa auch im berühmten *Lied der Wolgatreidler* hervortreten, das Balakirew 1866 in seine Sammlung russischer Volkslieder aufgenommen hatte (Notenbeispiel 4). Zudem imitiert die *Promenade*, ebenso wie Balakirews *Wolgatreidler*, den charakteristischen Wechsel von solistischem Vorsänger und chorischer Antwort (*zapev* und *pripev*), wie er gerade im volkstümlichen Gesang auftritt. Außerdem spiegelt der Wechsel von 5/4- und 6/4-Takt die asymmetrische Metrik russischer Volkslieder wider, speziell jene charakte-

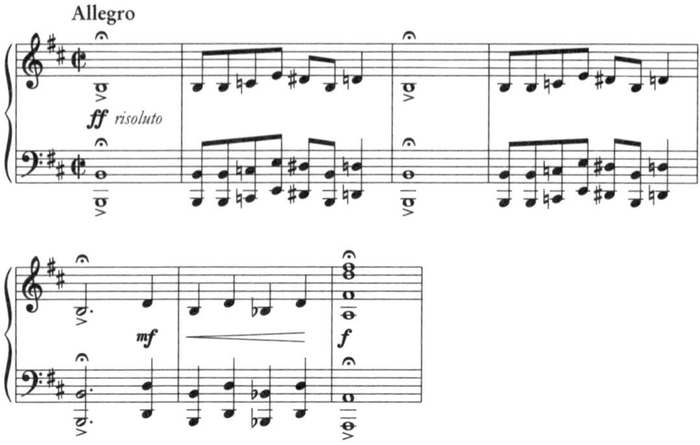

Notenbeispiel 3: Borodin, 2. Sinfonie, I. Satz, T. 1–7.

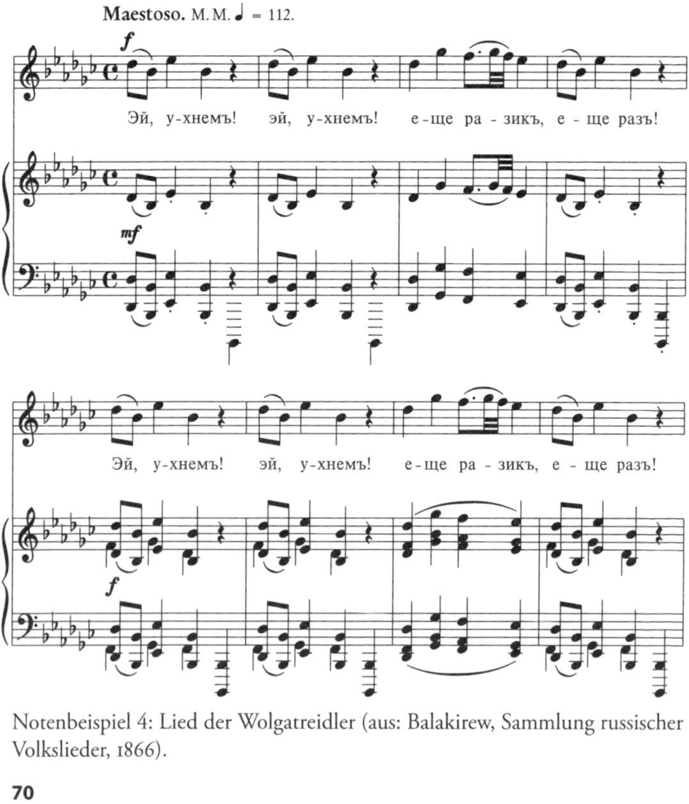

Notenbeispiel 4: Lied der Wolgatreidler (aus: Balakirew, Sammlung russischer Volkslieder, 1866).

ristischen 11/4-Strukturen, die später beispielsweise auch Rimski-Korsakow in seinen Opern *Schneewittchen* und *Sadko* in Chorszenen anwendete.

Der gravitätische, diatonisch strahlende und akkordisch triumphale Charakter der *Promenade* weist schließlich wohl nicht zufällig eine gewisse melodische Verwandtschaft mit dem berühmten Huldigungschor (*Slava*) aus der Krönungsszene der Oper *Boris Godunow* auf, wie Alfred Schnittke herausgearbeitet hat (Notenbeispiel 5).[8] Diese melodische Nähe impliziert eine semantische Affinität, die schließlich im hymnischen, von Glockenklang und Kirchengesang durchzogenen *Heldentor von Kiew* explizit werden wird. Anders als im Ruhmeschor der Oper verwendet Mussorgski hier kein konkretes Zitat, ebensowenig wie im Hymnus und Kirchengesang des *Heldentors*. Er erzeugt nationales Kolorit also nur in Anlehnung an die genannten Eigenheiten russischer Volksliedtypen, die aber zugleich verdichtet werden. Diese Verdichtung wird besonders deutlich, wenn man ein mögliches Vorbild aus der 1872 (!) erschienenen Sammlung ukrainischer Volkslieder von Alexander Rubez gegenüberstellt (hier zum besseren Vergleich transponiert, ohne Textierung, Notenbeispiel 6).[9] Diese ebenfalls halbtonlose, pentatonische, aus Quarten und Sekunden bestehende, symmetrisch konstruierte Phrase ist durch Pausen in gleiche Stücke getrennt, während diese in der *Promenade* wie ineinandergeschoben wirken. Harmo-

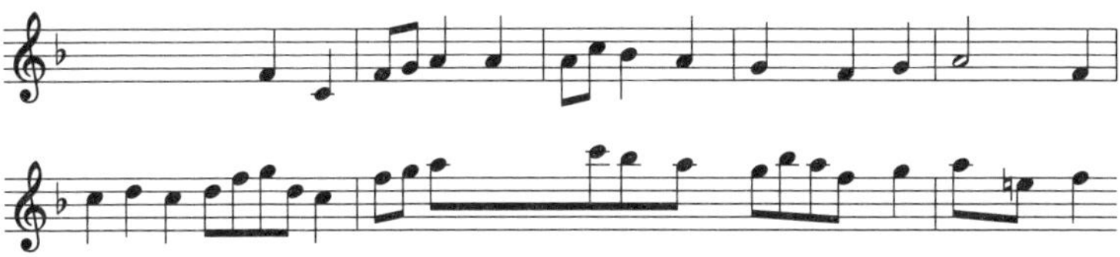

Notenbeispiel 5: Vergleich des Themas der »Promenade« mit dem »Slava«-Chor aus »Boris Godunow« (nach Šnitke 1954).

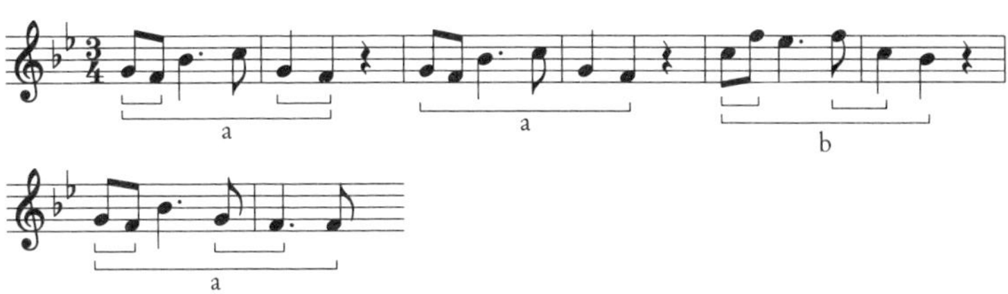

Notenbeispiel 6: »Blagoslovi, mati, vesnu zaklikati« aus der Volksliedsammlung von Alexander Rubez, 1872 (transponiert).

nisch meidet das Promenadenthema die traditionellen Kadenzstufen europäischer Kunstmusik, es steuert stattdessen oft die Nebenstufen an. Im weiteren Verlauf der *Promenade* findet die thematische Entwicklung auf Grundlage der genannten Dreiton-Strukturen statt. Die – wie in praktisch allen Stücken des Zyklus stark verkürzte – Reprise in Takt 21 wird kunstvoll vorbereitet durch den wiederkehrenden Sekundfall des Themenkopfs schon ab Takt 18.

Was die *Promenade* also letztlich vorführt, ist das prototypische Konzentrat aus Merkmalen russischer Volkslieder, die eben nicht zitiert werden, sondern deren Essenz sie destilliert, kondensiert, potenziert. Noch »russischer« geht es nicht. Und doch setzt der Komponist »in modo russico« zusätzlich darüber. Ob Mussorgski die Vokabel »russico« absichtlich oder versehentlich gewählt hat, ist eine offene, aber seltsamerweise extrem selten gestellte Frage. Korrekt müsste es im Italienischen ja »russo« heißen. Vielleicht erklärt sich das »russico« als Versuch des Komponisten, in Unterscheidung zum russischen Adjektiv »russkij« (russisch) das auf das Staatsgebilde bezogene Adjektiv »rossijskij« (russländisch) zu imitieren, also ganz bewusst das Nationale als den Nationalstaat zu verstehen.[10] Der Musikwissenschaftler Levon Hakobian hat dagegen die Hypothese aufgestellt, dass der Komponist hier einen Neologismus geschaffen haben könnte, indem er das Russische (»russo«) mit dem Ländlich-Bäuerlichen (»rustico«) zu einer unlösbaren Verbindung »russico« amalgamierte.[11] Damit wäre die wahre russische Kultur als die traditionelle Kultur der bäuerlichen Lebenswelt definiert. Beide Hypothesen finden in Mussorgskis Denken Rückhalt, sodass wir zumindest vermuten dürfen, der Komponist handelte bei seiner sprachlichen Neuschöpfung nicht unabsichtlich. (Diese Feststellung ist umso wichtiger, als das Klischee vom ungebildeten oder gar »dummen« Komponisten Mussorgski noch allzu verbreitet ist.)

Wie Alfred Schnittke in seiner umfassenden Analyse der *Bilder* festgestellt hat, vereinheitlicht die *Promenade* die buntscheckige Bilderwelt des Zyklus nicht nur äußerlich durch ihre (transformierte) Wiederkehr, sondern auch dadurch, dass sie semantisch einen roten Faden legt, der funktional meist als Kontrast angelegt ist: »Die Gestalt der Promenaden ist episch-national, eine Exposition der Gedanken und Gefühle von Mussorgski selbst. Die Musik der Promenaden ist erfüllt von beseelter Menschlichkeit und lyrischer Wärme. […] Wo immer die Promenaden erscheinen, in welcher verwandelten oder transformierten Gestalt sie auch immer vor unseren Augen im Verlauf des Zyklus auftreten, überall bedeutet ihr Erscheinen eine Rückkehr zum Leben, zur Realität«.[12] In diesen Zeilen schwingen natürlich die stereotypen Postulate des sogenannten sozialistischen Realismus mit, der zum Zeitpunkt von Schnittkes Aufsatz das sowjetische Musikleben bleiern lähmte; zu fragen wäre, welche »Lebensrealität« in den Promenaden und Zwischenspielen eigentlich gemeint ist.

Der ostdeutsche Musikforscher Dieter Lehmann hat in einer eng an Schnittke angelehnten Untersuchung der *Promenaden* dargestellt, dass Mussorgski in den Zwischenspielen bewusst auf Distanz zum salonhaften Tonfall und dem lyrischen Subjektivismus der russischen Klaviermusik gehen wollte: Zwar ist die Ich-Bezogenheit seines ritornellartigen Selbstporträts unvermeidlich, aber dennoch bemühte er sich, »den egozentrisch-subjektiven Faktor in der musikalischen Aussage zu Gunsten des Objektiv-Allgemeingültigen so weit als möglich auszuschließen. Zur musikalischen Darstellung persönlicher emotionaler Haltungen gelangt der Komponist durch Objektivierung der eigenen Erlebnisse, das heißt im vorliegenden Falle der gewonnenen Eindrücke von den Bildern Hartmanns. Er projiziert seine Gedanken und Empfindungen in ein Objekt Mussorgski und stellt sie dar, wie sie sich ihm in diesem Objekt zu erkennen geben.«[13] Das Mittel zur Objektivierung und Anbindung an die russische Lebenswirklichkeit sieht Lehmann in den Anleihen beim russischen Bauerngesang und epischen Lied, wodurch es Mussorgski gelang, »die auf Objektivierung gründende Darstellung persönlicher geistiger und emotionaler Haltungen musikalisch zu konsolidieren. Von einem subjektiven Charakter der Promenaden kann somit keine Rede sein.«[14]

Auch in Lehmanns Deutung zeichnen sich nur zu deutlich Prämissen des sozialistischen Realismus ab; sie scheint in einigen Punkten stimmig, zwingt aber die Bedeutungsebenen der Musik ganz unnötig in ein Korsett. Mussorgskis »Lebenswirklichkeit« ist eben doch viel mehr ein subjektiv erträumtes Reich als ein objektiver Zustandsbericht; seine Zwischenspiele sind der seismografisch feine Widerhall des Betrachteten im betrachtenden Subjekt. Ganz zu schweigen von der in den eigentlichen *Bildern* extremen Fixierung auf alles Pychologische, auf das komplexe, mal heitere, mal abgründige menschliche Innenleben, demgegenüber alles lautmalerische Ambiente zur Staffage verblasst.

Die Wiederholung der Promenade nach dem sechsten Bild, durch die der Zyklus in zwei Teile gegliedert wird (wie es Stassow in seinem Brief an Rimski-Korsakow auch ausgedrückt hat, s. S. 36), erfolgt nicht ganz wörtlich. Es handelt sich um eine einerseits intensivierte, andererseits gestraffte Variante des Eingangsstückes. Die eröffnende Einstimmigkeit ist nun oktaviert, die Akkorde der chorischen Antwort sind verdickt, der Bass erhält im Mittelteil mehr fließende und springende Achtelbewegungen statt statischer Viertel, sodass das Gesamtbild festlicher und opulenter wirkt. Dieses strahlende Klangsymbol für das National-Russische schlechthin tritt also in der Zyklusmitte, nach dem Eintauchen in verschiedene Bildwelten, nochmals gestärkt hervor, was schon auf den Triumph am Ende vorausdeuten mag.

Zwischenspiele

Dass Mussorgski die Zwischenspiele brieflich als »Intermezzi« bezeichnet, könnte möglicherweise ein begriffliches Echo des in Teilen sinnverwandten *Intermezzo in modo classico* sein. Dass sie weder Überschrift noch Tonartenvorzeichnung haben, entspricht ihrer reduzierten Funktion als Reflexion über das Gesehene ebenso wie ihre schwankende Tonalität, die bisher nur selten thematisiert worden ist. Auch hierin unterscheiden sie sich von der Wiederkehr der eigentlichen *Promenade* als eigenständiges, geschlossenes Stück in der Zyklusmitte. Dass Rimski-Korsakow in der Erstausgabe der *Bilder* alle Zwischenspiele mit der Bezeichnung »Promenade« versah, ignoriert diesen Bedeutungsunterschied und sicherlich auch die dahinterliegenden Intentionen des Komponisten. Auch die Entscheidung von Pawel Lamm, in der ersten kritischen Ausgabe nach dem Autograph (1932) die Zwischenspiele mit Tonartenvorzeichnungen zu versehen, widerspricht Mussorgskis Absicht, diese kleinen Brücken zwischen den Bildern in einer Art Schwebezustand zu belassen.

Wie nun gestaltet Mussorgski diese Zwischenspiele, wo platziert er sie (und wo nicht), wie sind sie mit den vorausgehenden oder nachfolgenden Stücken verbunden – und wie viele gibt es überhaupt? Diese Fragen berühren das Verständnis für das Zyklusganze, das sich im Überblick wie folgt darstellt:

Titel	Tempo	Tonart	Takt-art	Takt-anzahl	Schluss
Promenade	Allegro giusto	B-Dur	$^5/_4$, $^6/_4$	24	Attacca
1. Gnomus	Sempre vivo	es-Moll	$^3/_4$	99	Fermate
(Intermezzo)	Moderato comodo	Es-Mixolydisch / As-Dur	$^5/_4$, $^6/_4$	12	Attacca
2. Il vecchio Castello	Andantino	gis-Moll	$^6/_8$	107	Fermate
(Intermezzo)	Moderato non tanto	H-Dur / Fis-Mixolydisch	$^5/_4$, $^6/_4$	8	Attacca
3. Tuilleries	Allegretto non troppo	H-Dur	C	30	–
4. Bydło	Sempre moderato	gis-Moll	$^2/_4$	64	Fermate
(Intermezzo)	Tranquillo	d-Moll / A-Dur / A-Phrygisch	$^5/_4$, $^6/_4$	10	Attacca
5. Ballett der unausgeschlüpften Küken	Vivo	F-Dur	$^2/_4$	42	Attacca
6. »Samuel« Goldenberg und »Schmuÿle«	Andante. Grave	b-Moll	C	25	Fermate
Promenade	Allegro giusto	B-Dur	$^5/_4$, $^6/_4$	25	Fermate, Attacca
7. Limoges. Le marché	Allegretto vivo	Es-Dur	C	40	Attacca
8. Catacombae	Largo	h-Moll	$^3/_4$	30	Attacca
[Cum mortuis in lingua mortua]	Andante non troppo	h-Moll / H-Dur	$^6/_4$	20	Fermate
9. Die Hütte auf Hühnerfüßen	Allegro con brio	»C-Dur«	$^2/_4$	211	Attacca
10. Das Heldentor	Allegro alla breve	Es-Dur	C	174	Fermate

Der sowjetische Musikforscher Viktor Bobrowski hat der Gesamtanlage von Mussorgskis Klavierzyklus eine eigene Analyse gewidmet. Er unterscheidet zunächst fünf vollgültige Erscheinungen des »Refrains« (die beiden *Promenaden* und die drei zwischen ihnen liegenden Zwischenspiele) von zwei bedingten: Durch den lateinischen Titel rücke die Verwandlung des Promenadenthemas in *Cum mortuis in lingua mortua* in die Nähe eines eigenen Bildes, die synthetisierende Wiederkehr dieses Themas im *Heldentor* dagegen komme einer »Ersatzreprise« des Refrains gleich.[15] Somit werden Rondomerkmale und Variationsprinzipien im Zyklus kombiniert – das Thema der *Promenade* kehrt nicht einfach wieder, sondern entwickelt sich zugleich, zudem haben die Episoden insgesamt größeres Gewicht als das »Ritornell«.

Bobrowski versucht (nicht ganz zwanglos), auf allen Ebenen die Planmäßigkeit hinter der zunächst willkürlich scheinenden Vielfalt von Bildern und »Refrain« aufzudecken. Das betrifft zunächst den offensichtlichen konstanten Wechsel von schnellen (Nr. 1, 3, 5, 7, 9) und langsamen Stücken (Nr. 2, 4, 6, 8). Viel weniger sicher ist, ob die nicht ganz gleichmäßige Verteilung von mehrteiligen Stücken mit Binnenkontrast (Nr. 1, 5/6, 9) gegenüber den monothematischen ohne Kontrastteil (Nr. 2–4 und 7/8) auch einem gestalterischen Willen unterliegt. Und inwiefern es einer eigenen kompositorischen Logik entspricht, dass anfangs nach jedem Bild eine Promenadenvariante folgt, ab Nr. 4 aber nur noch nach jedem zweiten, muss wohl eine ganz offene Frage bleiben.

Ihre Beantwortung ist auch abhängig davon, ob man *Cum mortuis in lingua mortua* als weiteres Zwischenspiel (nach wiederum zwei Stücken) betrachten möchte oder als Hybrid aus Bild und Zwischenspiel. Formale und inhaltliche Gründe sprechen dafür, hier in erster Linie ein letztes Zwischenspiel in Form eines Nachspiels zu erblicken, also eine besonders bedeutsame und umfassende Variation des »Ritornells«: Mussorgski hat zum einen im Autograph die Idee eines lateinischen Titels nur schwach mit Bleistift angedeutet und nicht selbst ausgeführt, das Stück ist in der Partitur genauso abgesetzt wie alle anderen Zwischenspiele auch und trägt de facto (noch) keinen Titel. Zum anderen sind die vorausgegangenen Zwischenspiele semantisch als Reflex auf das jeweils vorausgegangene Bild gedacht gewesen, und ganz genau das ist auch die Funktion von *Cum mortuis in lingua mortua*. Zum dritten folgt dieses Zwischenspiel im mittlerweile etablierten Abstand von wiederum zwei Bildern. Im direkten Einsatz der chorischen Phrase sowie dem Gebrauch leerer Oktaven ähnelt es am meisten dem Zwischenspiel nach *Bydło*. Beide verbindet zudem, dass – als unmittelbare Reaktion auf die Atmosphäre der vorausgegangenen Bilder – sowohl nach *Bydło* als auch nach *Catacombae* das Promenaden-Thema jeweils nach Moll gewendet wird. Schließlich ist *Cum mortuis in lingua mortua* wie alle vorausgegangenen Zwischenspiele tonal uneinheitlich, es bewegt sich – wenn auch eher konventionell – von h-Moll nach H-Dur.

Die Zwischenspiele blicken funktional gesehen sowohl zurück wie nach vorne: Sie überführen zum einen das zuvor »objektiv« Dargestellte in eine subjektive Gefühlswelt, auch wenn sich diese stets auf ihre paradigmatische Russizität stützt. Dieses verinnerlichte Echo ist oft als Kontrast dargestellt. Zum anderen bilden sie eine Überleitung zum folgenden Bild: Die Promenaden und Zwischenspiele leiten jeweils *attacca* in das nächste Stück über, nur bei *Cum mortuis in lingua mortua* verhält es sich umgekehrt – hier setzt die Replik auf das Grabesszenario *attacca* ein, um wie ein Nachspiel abzuschließen. Dort, wo zwei Bilder unmittelbar aufeinander folgen, gehen auch diese *attacca* ineinander über, sodass der Fluss der Musik nicht unterbrochen wird; mit einer Ausnahme: *Tuilleries* und *Bydło* trennt ein ganz gewöhnlicher Schlussstrich. Aber bezeichnenderweise erhält der Schlussklang von *Tuilleries* keine Fermate, es kommt also zu keinerlei retardierendem Innehalten. Und überdies hat Mussorgski ja den Ochsenkarren in seinem Brief (s. S. 36) mit dem Ausdruck »mitten ins Gesicht« charakterisiert, womit er den abrupten Eintritt der Musik ganz besonders hervorhob: Es handelt sich also um ein Attacca einer anderen, geradezu brutalen Art, auch diese beiden Bilder sind auf eigene Weise nahtlos miteinander verbunden, wenn auch eher in der Art eines Faustschlages.

Die verbindende Funktion der Zwischenspiele wird schließlich auch durch ihre tonale Anlage definiert. Die Tonart des ersten Zwischenspiels nach *Gnomus* wird in der Literatur mal als Es-Mixolydisch, mal als As-Dur (so bei Lini Hübsch und Michael Russ) gelesen. Warum diese Unsicherheit? Während in den tonal stabilen *Promenaden* der 3. Ton der Anfangsphrase den Grundton (und der 2. die Dominante, der 6. die Terz) klar definiert, oszillieren die Zwischenspiele in tonaler Hinsicht. So steht das erste Zwischenspiel nur scheinbar in As-Dur (der Subdominante der Grundtonart des Zyklus), da die Phrase grundsätzlich auf Es-Mixolydisch ausharmonisiert wird, also eine modale Variante der Tonika darstellt. Auch das Zwischenspiel nach *Il vecchio Castello* steht nicht wie meist angegeben in eindeutigem H-Dur (wenn man die Anfangsmelodie liest), sondern eher in Fis-Mixolydisch, jedenfalls unter Berücksichtigung der harmonischen Gestaltung und des weiteren Verlaufs der Melodie: Takt 4 schließt mit einer vollständigen Kadenz nach Fis-Dur und verlässt dieses eigentlich nicht mehr. Das Zwischenspiel nach *Bydło* beginnt zwar recht deutlich in d-Moll, öffnet sich aber jeweils zur Dominante A-Dur und löst dieses ab Takt 5 modal auf in eine Art von A-Phrygisch, bis schließlich das Anfangsmotiv des *Balletts der unausgeschlüpften Küken* als Antizipation einbricht.

Wie ist die bunte Abfolge von Tonalitäten im ganzen Zyklus zu deuten? Lini Hübsch hat als große Linie »eine auskomponierte Kadenz« erblickt: Ausgehend von der Dominante B, führt sie von der Molltonika es zum enharmonisch umgedeuteten Subdominantbereich as / gis und über die Doppeldominante F und die Dominante B zurück zur Tonika Es, um nach einem mediantischem Einschub samt neapolitanischer Wendung (von h nach C) erneut in die Grundtonart Es zu münden. Den von allen Autoren als offenen Bruch interpretierten Übergang von gis-Moll nach d-Moll sieht sie legitimiert durch die »Leittondeutung des Tones gis zu a«.[16] Der rote Faden einer großen Kadenzformel wird also durch enharmonische Umdeutungen, mediantische Wendungen und gewisse modale Ambiguitäten zu einem vielgestaltigen Tonartenfächer ausgestaltet. Bobrowski erblickt als Leitidee, »dass die tonale Entwicklung von den einfachen Tonartenbeziehungen zu den komplexeren gerichtet ist.«[17]

Die tonale Verbindung zwischen Bildern und den Promenaden-Elementen ist mal mehr voraus-, mal mehr zurückschauend. Man könnte vereinfachend auch sagen, dass sich auf tonaler und harmonischer Ebene wie auch motivisch-thematisch gleichermaßen straffere wie losere Fäden durch die *Bilder einer Ausstellung* ziehen, und dass die Vorstellung einer durchgehenden Planmäßigkeit kaum glaubhaft zu belegen ist. Michael Russ warnt insgesamt vor einer strukturellen Überinterpretation: »Wir sollten diese Denkweise nicht zu weit treiben, in vieler Hinsicht ist die Struktur der *Bilder* eher wie die Struktur einer Kunstausstellung: Es gibt stärkere und schwächere Arten, das Material zu arrangieren, aber keine ideale Art.«[18]

Die Bilder

Nr. 1: »Gnomus«

Als eines der exzentrischsten Bilder des Zyklus hat *Gnomus* die Aufmerksamkeit der Musikforscher erregt. Allgegenwärtige Tritoni und Chromatik, abrupte Wechsel von Rhythmus und Tempo – in praktisch jeder Hinsicht verweigert sich das Stück einem »easy listening«, es ist eine geradezu provozierende Herausforderung für die Analytiker. Aber über den diversen Details gerät das große Ganze mitunter aus dem Auge. Was den Eindruck der Exzentrik vor allem hervorruft, sind die absonderlichen musikalischen Gesten und die radikale Kontrastdramaturgie des Stückes. Zumindest die Anfangsidee ist nicht ganz ohne Vorbild: Mussorgski hat sich in Tonart, Oktavlage, Achtelbewegung sowie in der rund um den Achsenton der Terz *ges* symmetrisch angeordneten Einkreisung von Grundton *es* und Quinte *b* durch die chromatischen Nebentöne *d* und *c* sehr deutlich an Chopins es-Moll-Prélude aus op. 28 orientiert (Notenbeispiel 7).[19] Damit hat er zielsicher das auch in Chopins Zyklus rätselhafteste und exzentrischste Stück aufgegriffen. Doch anders als bei Chopin wird der düstere Bewegungsfluss nicht weitergeführt, sondern abrupt eingefroren. Nach dramatisch aufgeladener Fermate kehrt die Fortissimo-Geste im Piano und verlangsamt wieder, hält erneut inne, dann bricht sie wieder ungestüm aus und findet dank chromatisch absteigender motivischer Abspaltung zu einem barschen Ende auf der Dominante B, die in jähen Oktaven über die Tastatur nach oben geschleudert wird und in emphatische Stille mündet.[20] Das Ganze wiederholt sich dann in leicht verkürzter Form.

Was Mussorgski hier ausbreitet, ist der Beginn eines Mini-Dramas, ist musikalische Psychologie: Der Zwerg betritt eine imaginäre Bühne

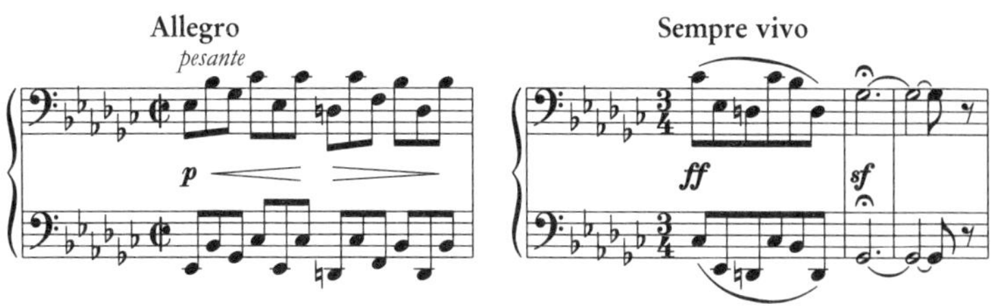

Notenbeispiel 7: Chopin, Prélude op. 28 Nr. 14, im Vergleich mit »Gnomus«.

und spielt uns eine Szene. Und so richtig es ist, den intervallischen und tonalen Strukturen dieses ersten Abschnittes von *Gnomus* mit der scharfen Lupe der Musiktheorie nachzuspüren, so wichtig bleibt andererseits die Erkenntnis, was Mussorgski eigentlich darstellen möchte und wie er es darstellt, nämlich das Psychogramm einer Bühnenfigur, die – wie im ersten Kapitel gezeigt – sich wohl doch nicht vom steifen Spielzeug-Nussknacker oder einem fast ganz verdeckten Männlein hinter einem Paravent ableitet, sondern von Glinkas bösem Zauberer Tschernomor, mit dem Hartmann durch seine Entwürfe besonders eng verbunden war. Die erste Facette des musikalischen Porträts erweist sich als cholerisch, grob, aggressiv und unberechenbar, vielleicht sogar hinterhältig. Im zweiten Abschnitt, einer über Tritonus- und Septimschritten grotesk »verfremdeten Kadenz«,[21] hören wir möglicherweise das synkopische Hinken auf krummen Beinen, von dem Stassow sprach, und wohl eher nicht die »bittere Klage«, die Schnittke trotz der forschen Straffheit dieser Passage zu erkennen glaubte.[22] Wieder ausdrucks-, ja angstvolle Pausen, dann die unvermittelte Wiederkehr der Anfangsgeste, auf neue Weise zerklüftet, das Vorschlagsmotiv *ces–b* (welches die Idee des Abwärtssteigens extrem komprimiert) aufgreifend und dieses schließlich zu grotesker Länge dehnend (T. 36 f.).

Der kontrastierende Mittelteil ist von pathetischer Düsternis, die sich zu gewaltiger Größe erheben möchte. Mit der Pendelbewegung zu Tritonus und dann Quinte greift Mussorgski ein Kernmotiv aus seinem einzigen anderen größeren Instrumentalwerk auf, nämlich der 1867 in erster Orchesterfassung beendeten *Nacht auf dem Kahlen Berge* mit ihrer Schilderung eines Hexensabbats während der Johannisnacht (Notenbeispiel 8). Diese unheilvolle, geradezu rituelle Formel[23] erklingt in hohlen Oktaven, dann wird sie in oktavierten Dezimenparallelen fortgeführt, deren un-

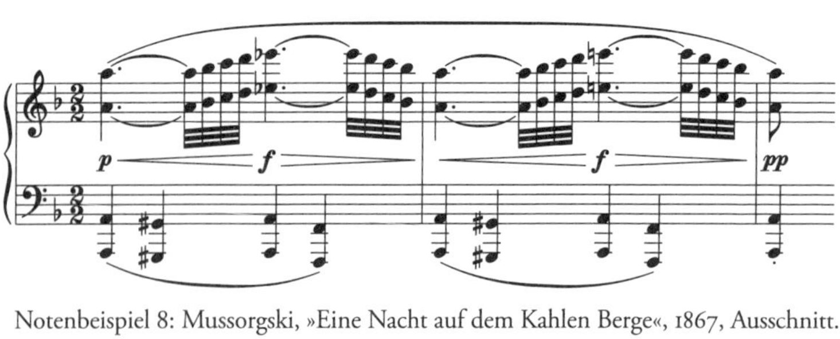

Notenbeispiel 8: Mussorgski, »Eine Nacht auf dem Kahlen Berge«, 1867, Ausschnitt.

geheure Weite in bizarrem Widerspruch zur Enge ihres chromatischen Kreisens steht. Doch das Anfangsmotiv des Gnomen schneidet wie mit dem Messer die Linie ab. Nochmals will das dumpfe Grauen anwachsen, nochmals wird es abgehackt, beim dritten Mal schließlich schon nach zwei Takten. Im Autograph hatte Mussorgski zunächst statt dieser rasiermesserartigen Schnitte gleitende Übergänge vorgesehen; sein Gespür für effektvolle Inszenierung ließ sie ihn tilgen.

Schnittke spricht hier von einer gleichsam improvisatorischen Struktur, doch ist das aus der Perspektive der Formenlehre gedacht, während es Mussorgski ganz offensichtlich um das Nachzeichnen einer imaginären Bühnenszene geht, die sich musikalisch an der Handlung orientieren muss. Aber gibt es denn eine solche »Handlung«? Vielleicht wäre es neutraler und angemessener zu sagen, dass das evozierte Seelengemälde »in Szene gesetzt« wird, dass die Musik zur »Bühne« eines Psychogramms wird. Mussorgskis Ansatz, musikalische Strukturen nicht am tradierten Formenkanon auszurichten, sondern so eng wie möglich an der je individuellen Erzählung zu orientieren, führt zu einer völlig freien Gestaltung (auf allen Ebenen), die mit herkömmlichen Methoden zu erklären so große Schwierigkeiten bereitet. Der Versuch von Gordon McQuere,[24] bei völliger Ausblendung der poetischen Idee durch Verbindung von westlichem und vor allem russischem Musikdenken die Eigentümlichkeiten von *Gnomus* musiktheoretisch zu fassen, macht das Unmögliche dieses Vorhabens deutlich: Den wirklichen Schlüssel zur Erscheinung des Werkes liefert sein Inhalt. Man könnte es (mit E.A. Poes Wendung) als »das poetische Prinzip« bezeichnen, das die *Bilder einer Ausstellung* im Großen wie im Kleinen durch und durch prägt. Wir werden immer wieder darauf stoßen.

Jedenfalls bricht sich die lange angestaute und andauernd unterbrochene, angeschwollene Kraft nun Bahn: Dezimenparallelen und die Idee des chromatischen Abstiegs aus dem ersten Teil verbinden sich zu einem lautstark-majestätischen und dabei unaufhaltsam abwärts schreitenden, ja fatalistischen Oktavenband in zwei Stimmen, die in der Wiederholung die Rollen tauschen. Auf diese apodiktische Passage folgt der Synkopen-Teil in verwandelter Form, sozusagen unter dem Diktat zurückgewichen: Das Tritonuspendel ist nun zu einer brodelnden Trillerfigur im Bass geworden, die bedrohlich an- und abschwillt, und die über ihr herabfallenden Synkopen-Akkorde zeigen sich stärker als zuvor von Pausen zersetzt. Doch der Protest erhebt sich: Der drohende Bass-Triller schwingt sich crescendierend empor, und das Synkopen-Motiv wendet sich in äußerster Anspannung nach oben und mündet in einen hart dissonierenden Akkord, Zeichen extremer Qual, verübter oder erlittener Grausamkeit. Schnittke hat als Vorbild dieser Stelle einen dramatischen Moment aus *Boris Godunow* erkannt, in der sich Boris und Schuiski gegenüberstehen.[25] Auf diese in den Raum hinausgeschriene Seelenqual – oder ist es eine Frage? – gibt es keine Replik mehr. Nach langer Pause entlädt sich die Spannung *con tutta forza*, als würde ein Glas umstürzen und seine Flüssigkeit ringsum verströmen, in einer aus der Achtelfigur des Anfangsmotivs sich zickzackartig entspinnenden, scherenförmig auseinanderstrebenden Doppellinie, die das Stück so rätselhaft beendet, wie es begonnen hat.

Wie könnte die furchtbare Dramatik und Tragik von *Gnomus* je zum Sujet einer steifen Spielzeugfigur – falls sie nicht lebendig wird wie in Hoffmanns *Nussknacker und Mäusekönig* – passen? Wie viele andere hat Schnittke diesen offensichtlichen Widerspruch einfach hingenommen: »Die beeindruckende Kraft dieses Rufmotivs ist so stark, seine Harmonik so dramatisch und angespannt, dass man für einen Augenblick unwillkürlich vergisst, dass vor uns nicht mehr als ein Kinderspielzeug ist, das nach Hartmanns Zeichnung für den Weihnachtsbaum im Club der Künstler angefertigt wurde.«[26] Viktor Bobrowski sieht, wie andere auch, hier vor allem eine kreative Umdeutung der Vorlage durch den Komponisten: »So hat [...] ein Spielzeugmodell – der Gnom – bei Mussorgski das zutiefst tragische Bild eines vom Schicksal gekränkten Menschen hervorgerufen.«[27] Unter der Perspektive einer generellen Vermenschlichung des Spielzeugs (die in der Musik und speziell im Ballett bis mindestens zu Strawinskys *Petruschka* eine lange Tradition hat, auch in Russland) scheint sich, so Schnittke, der Komponist inhaltlich frei gefühlt zu haben: »Das ganze Stück hindurch verläuft die Tendenz, die Emotionen des Spielzeug-Gnoms zu vermenschlichen, des Seelenleben aus der Position des Menschen zu kommentieren, indem die furchtbare Geschichte seines Leben erzählt wird – und zweifellos auch seines Todes!«[28] Für Maria Judina stand fest: »Das ist nicht nur ein Märchenzwerg (in der Folklore fast aller Völker). Das ist die Verzerrung der menschlichen – von Natur aus edelmütigen – Natur.«[29]

Alle diese Äußerungen laufen auf dasselbe Ergebnis hinaus: Mussorgskis *Gnomus* behandelt keinen geschnitzten Nussknacker am Weihnachtsbaum. Sollte er überhaupt eine Rolle bei der Komposition gespielt haben, so nur, weil ihm Mussorgski den Charakter jenes Zwerges einhauchte, der sowohl mit Hartmann als auch mit der Vorstellung von übermächtiger Bosheit verbunden war – Tschernomor.

Nr. 2: »Il vecchio Castello«

Das zweite Bild zeigt, so Mussorgskis Titel, ein altes Schloss oder eine alte Burg in Italien. Hörbar machen lässt sich ein solches Gebäude nicht. Stattdessen erklingt vor diesem eine in weiten Kantilenen gestaltete Melodie, die Stassow als »halbtrauriges mittelalterliches Lied« eines Troubadours bezeichnet hat, was also eher auf Burg statt Schloss schließen lässt. Alfred Schnittke nennt das Stück »eine romantische Ballade«, Lini Hübsch eine »Romanze«. Mussorgski selbst gibt uns indirekt einen Hinweis, dass hier eine Art von Ständchen gemeint ist: Unter seinen *Liedern und Tänzen des Todes* befindet sich eine im Mai 1875 entstandene *Serenade*, in der eben jene punktierten Siciliano-Rhythmen und jener ostinat repetierte trochäische Orgelpunkt auftreten wie im Klavierstück;[30] auch die darüber gestalteten Akkord-Bewegungen und manche melodische Wendung sowie die Idee des fragmentierenden Verklingens am Ende samt letztem Forte-Aufbäumen sind in der *Serenade* erstaunlich ähnlich gestaltet (Notenbeispiel 9). Während dort in einer Frühlingsnacht der Tod unter dem Fenster einer kranken jungen Frau wartet, bleibt der Inhalt des wortlosen Liedes in den *Bildern einer Ausstellung* unbekannt. Doch im Nachvollzug der musikalischen Dramaturgie dieses Stückes lässt sich zumindest so etwas wie sein typologischer Inhalt erkennen.

Diesen Inhalt als »halbtraurig« zu charakterisieren, ist vermutlich etwas zu schwach. Zwar macht sich insgesamt der Eindruck einer endlos schweifenden Gleichförmigkeit breit, der jähe Ein- oder Ausbrüche praktisch ganz fehlen (im Gegensatz zu *Gnomus*), und wohl nicht zufällig verzichtet Mussorgski abgesehen von Anfang und Schluss völlig auf dynamische Angaben (nur in T. 87 steht ein Pianissimo, das eine generelle reliefartige Unterscheidung von Melodie und Begleitung impliziert). Aber dieser außerordentlichen Gleichförmigkeit, die als Ausdruck von Melancholie verstanden werden kann, fehlen eigentlich jegliche Momente einer Auflichtung – das Zwielicht verschwindet nirgends. Ist das Lied also nicht doch eher »ganz traurig«? Es lässt sich mit Blick auf die musikalischen Strukturen jedenfalls zeigen, dass diese Musik ganz bewusst die Stagnation, die Nicht-Überwindung der elegischen Ausgangsstimmung als zentrales Konzept verfolgt.

In vielen Darstellungen (zum Beispiel bei Maria Judina) wird *Il vecchio Castello* eher beiläufig behandelt, weil alles so klar und einfach erscheint: formal eine dreiteilige Liedform in stabiler Tonalität, inhaltlich das musikalische Bild eines Sängers, der sein Lied instrumental begleitet. Das

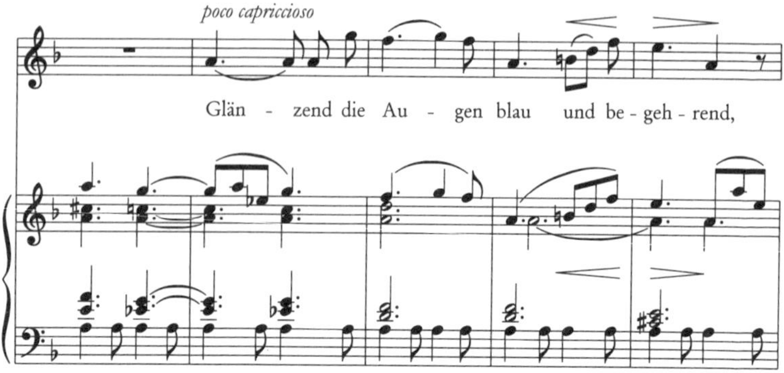

Notenbeispiel 9a: Mussorgski, »Serenade«, aus: »Lieder und Tänze des Todes«, T. 62–66.

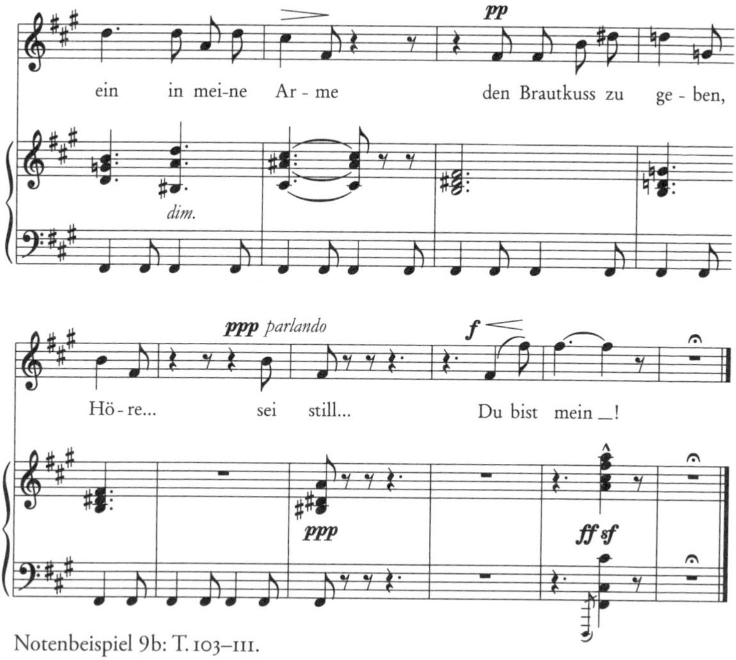

Notenbeispiel 9b: T. 103–111.

Statische und im Wortsinn Monotone hat auch zu völliger Ablehnung geführt, etwa bei Michel Calvocoressi, der das Stück als »völlig mißlungen« bezeichnete.[31] Aber diese vermeintliche Einfachheit birgt in fast jedem Punkt Widersprüche. Beispielsweise die poetische Idee vom Troubadour, der ja richtiger in Südfrankreich statt in Italien anzusiedeln wäre. Und wie darf man sich die instrumentale Begleitung, die in den ersten sieben Takten ausgebreitet wird, genau vorstellen: als eine »Gitarre«[32] oder als ein »Volksinstrument mit Bordunsaiten«?[33] Zwar spielt der Quintbordun eine wichtige Rolle, aber wohl eher abstrakt, als eine archaische Klangfarbe, denn in dieser Gestalt, wo die Oberquinte in eine flexible Oberstimmenmelodie übergeht, lässt sich kaum ein passendes (historisches) Instrument denken, allenfalls eine Drehleier. Wohl eher kommt der Gedanke an ein einfaches Blasinstrument wie eine Flöte oder Schalmei in den Sinn, die vom endlos gleichförmigen Pochen einer kleinen Trommel begleitet wird.

Auch die formale Deutung als dreiteilige Liedform gerät bei genauerer Betrachtung ins Wanken. Der erzählerische, episierende Duktus des Stückes beruht nämlich nicht nur auf dieser Konstanz des niemals verlassenen und unentwegt pochenden *gis* im Bass (vielleicht ein sehr vages Echo von Chopins sogenanntem Regentropfen-Prélude), sondern auch auf der formelhaften häufigen Wiederkehr melodischer Einheiten. Schon die in der rechten Hand *con espressione* erklingende Liedmelodie selbst greift eigentlich ziemlich genau die Kontur der Instrumentaleinleitung auf, indem ein langer Anfangston in die Oberterz aufspringt, von der aus ein langsamer stufenweiser Abstieg beginnt, um die Phrase mit einem markant fallenden Intervall zu beenden. Die kadenzierende Schlussbildung des Einleitungsthemas wird zudem als Ganzes, *en bloc* aufgegriffen, um mit ihr die meisten »Liedstrophen« abzuschließen. Schnittke sprach daher von einer rondoartigen Überlagerung der dreiteiligen Liedform. Doch hat Michael Russ auf die große Material-Verwandtschaft von Mittelteil und Rahmenteil hingewiesen, aufgrund der er daher statt einer Dreiteiligkeit eine durchgehende Folge von unregelmäßig langen und frei variierten Strophen erblickt, die von Einleitung und Coda gerahmt werden.[34] Auch das ist nur eine annähernde Beschreibung, denn die sogenannte Einleitung, das »instrumentale« Vorspiel, kehrt ja mehrmals als Zwischenspiel wieder. Dieses ritornellartige Element ist zu unterscheiden von der viel ungewöhnlicheren Idee der wiederkehrenden Schlussformel, die das gesamte Stück durchzieht. Juri Cholopow benutzt hierfür den der Dichtungstheorie entlehnten Begriff der Epipher und weist darauf hin, dass ein solches Prinzip einerseits in mittelalterlichen Sequenzen oder auch dem Palästinalied Walthers von der Vogelweide zu finden sei; andererseits wäre es in jüngerer Musik extrem selten und erst in Messiaens *Téchnique de mon langage musical* als Kompositionsprinzip anzutreffen.[35]

Auf der Mikro- wie Makroebene hat die alte Burg also formale Besonderheiten aufzuweisen. Wozu? Sowohl die ununterbrochen pochende Begleitfigur als auch die stete Wiederkehr der herabsinkenden Schlusswendung an allen Strophen- und Phrasenenden, wie überhaupt die explizit immer als Abstieg gestaltete Melodik, dienen demselben Zweck: der Schilderung eines unabänderlichen Sinkens, einer monotonen schweifenden Klage, die mit »vergeblichem Werben« und »unbeantworteter Liebe«[36] wohl wenig zu tun hat. Am Ende erstirbt das Klagelied nicht nur durch Ausdünnung und dynamische Reduktion, sondern besonders durch Zersetzung des melodischen Flusses mit Pausentakten (das gleiche Prinzip wird in *Bydło* wiederkehren). Dieses Zerfallen der kantablen Phrasen in isolierte Bruchstücke ist nicht zuletzt eine sinnbildliche Analogie zur mutmaßlich halb verfallenen Architektur: Die Musik zerbröckelt wie der Stein des Gemäuers.

Die im sogenannten Mittelteil gestaltete Idee des nicht gelingen wollenden, in matte Enttäuschung mündenden Ausbruchs aus dieser stillen Klage manifestiert sich vor allem im Bereich der Harmonik. Der eröffnende archaisierende Quint-Bordun verlässt die Szenerie nur vorübergehend, bleibt aber als klangliche Grundierung über weite Strecken präsent. Besonders apart werden die Harmonien, wenn sich über dem permanent beibehaltenen Orgelpunkt *gis* Akkorde bewegen, die zur Grundtonart in zunehmender Entfernung stehen. Nach der reinen Diatonik der linearen 1. Liedstrophe vollzieht sich in der 2. Strophe (T. 19–28) eine »normale« harmonische Entwicklung überwiegend auf den Hauptstufen der Grundtonart gis-Moll, nämlich E-Dur, dis-Moll und cis-Moll als VI., V. und IV. Stufe. Das in Takt 22 nach der Zwischendominante E-Dur vorübergehend erreichte A-Dur wird gleich darauf in der 3. Liedstrophe (T. 29 ff.) zu einer Fläche von A- und D-Dur geweitet, die zu *gis* schon in deutlicher Spannung steht; hier zeichnet sich die Dissoziation der beiden Schichten von Orgelpunkt und darüberliegender harmonischer Entwicklung bereits ab.

Ihren Höhepunkt erreicht dieses Auseinanderdriften ab Takt 55 (Notenbeispiel 10). Es handelt sich hier in der oberen Schicht zunächst um eine Sequenz mit verminderten Septakkorden (D^v → Ais-Dur, dann der-

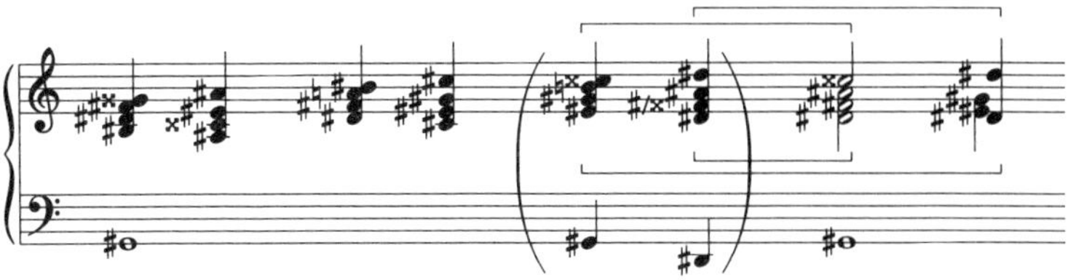

Notenbeispiel 10: »Il vecchio Castello«, harmonische Progression ab T. 55.

selbe Akkord eine kleine Terz höher: D^v → Cis-Dur), deren Verlauf von den auseinanderstrebenden Außenstimmen gerahmt wird. Zu erwarten wäre nach diesem Modell, demzufolge unter einem aufsteigenden Leitton im Diskant ein verminderter Septakkord liegt, in Takt 59 als weiterer D^v *eis–gis–h–cisis*, der sich dann in die Dominante dis / Dis der Grundtonart auflöst. Doch stattdessen setzt Mussorgski ganz unerhörte andere Klänge. Unter dem *cisis* im Diskant erscheint völlig unerwartet ein dis-Moll-Dreiklang, also eigentlich schon die Zieltonart, es erklingen Leitton und Auflösung zugleich; darunter aber tönt der Orgelpunkt *gis* weiter, sodass wir summarisch einen terzlosen Undezimenakkord über Gis mit Septime und None hören. Zwei ganze Takte lang dehnt sich dieser so sehnsuchtsvolle und spannungsgeladene Klang, um dann nicht in sein erlösendes Ziel zu münden, sondern in einen schwer deutbaren Akkord, der, was immer er musiktheoretisch sein mag, das schließlich erreichte hohe *dis* – nun endlich könnte der herausgezögerte Dominant-Dreiklang vollständig sein! – untergräbt. Es ist dieses Moment des Untergrabens, also die harmonische »Enttäuschung«, die an dieser Stelle zählt – nicht die funktionstheoretische Bezeichnung. Im Gegenteil, diese kann uns sogar in die Irre führen: So deutet Juri Cholopow diesen Akkord als durch imaginären Quintfall erreichten, aber grundtonlosen Nonakkord der Dur-Subdominante Cis[37] – ein Befund, den unser Ohr ungern teilen möchte, wenn man auf dem Klavier versuchsweise diesen Grundton *cis* im Bass ergänzt. Im hörenden Nachvollzug plausibler scheint es, das *eis* in der Oberstimme der linken Hand als einen Vorhalt zu deuten, der bis auf die Bordunquinte *dis* herabsteigen möchte, sodass sich hier also gar nicht mehr die zuvor beschädigte Dominante, sondern bereits die Grundtonart gis-Moll selbst eingestellt hätte. Aber auch das wird uns verwehrt: Chromatisch pendelnd bewegt sich der Stimmverband auf die gewöhnliche Subdominante cis-Moll zu, um dann in der altbewährten, ritornellartigen Manier die ganze Strophe in der Tonika abzuschließen.

Bleibt noch die Frage nach der unter anderem durch Titel und Rhythmik evozierten *couleur locale*. Es steht zu lesen, der Tonfall des Liedes sei viel weniger italienisch als russisch, und dies praktisch in jeder Hinsicht: »Die Mollmelodik, der Terzfall am Ende der Instrumentalmelodie, die Quartschritte und der synkopisch abwärtsgehende Quintschritt der Liedmelodie sind Elemente des russischen Volkslieds.«[38] Auch Michael Russ spricht von einem »russischen ›Lied ohne Worte‹, das stark von den Modellen der russischen Volksmusik beeinflusst«[39] sei. Und in Alexander Alexejews Geschichte der russischen Klaviermusik werden als östliche Charakteristika des Hauptthemas sogar die »Dichte« der Emotion und die gleichmäßige Triolenbildung angeführt.[40]

Aber führt uns hier nicht die Gesamterwartung an den Zyklus – ein prononciertes »Russentum« – auf eine ganz falsche Fährte? Genau umgekehrt kann man behaupten, dass Trommel-Ostinato, Siciliano-Rhythmus, Bordun-Quinten, eine Melodiebildung mit Quartsprung-Auftakt sowie die Formidee mit Ritornell und Strophen nur zu deutlich auf andere, nämlich westeuropäische Musikstile und Muster verweisen. Eine wirkliche Stilkopie zu erwarten, wäre völliger Unsinn. Nein, die alte Burg ist ein Mussorgski, der in der Sprache des Westens zu sprechen versucht, ohne sich selbst dabei ganz zu verleugnen. Wovon er aber spricht, das sind unwiederbringliche Vergangenheit und unabänderliche Vergänglichkeit.

Eine rückwirkende Deutung dieses Stückes in Anlehnung an die später entstandene *Serenade* aus den *Liedern und Tänzen des Todes* ist methodologisch sicherlich unzulässig und deren Bild vom Tod und Mädchen auch wenig passend; und doch liegt es mit Blick auf die *Serenade* nahe, angesichts der im Klavierstück auf so vielen Ebenen konstruierten Symbole für Untergang an genau diesen als eigentliches Thema zu denken: Die Burg ist letztlich ein Dingsymbol für Vergängnis selbst – und diese wird in der Musik besungen. Ein solches Thema aber bedarf keines zusätzlichen »Troubadours«, weder in der angeblichen Bildvorlage, noch im Kontext der Musik.

Nr. 3: »Tuilleries (Dispute d'enfants après jeux)«

Die inhaltliche Nähe dieses Bildes zu Mussorgskis Liederzyklus *Die Kinderstube* kam bereits zur Sprache (s. S. 46). Auch stilistisch steht das Stück Mussorgskis Kinderliedern sehr nah, besonders im ruhigeren Mittelteil. In den Terzpendeln des Anfangs wurde seit Rosa Newmarch das Wort »Njanja«, der russische Name für die Kinderfrau vermutet,[41] was zur von

Stassow beschriebenen Szenerie in Hartmanns Bild bestens passen würde. Vielleicht ruft ein durch den Streit bedrängtes Kind seine Njanja zu Hilfe? Tatsächlich könnte man ähnliche Stellen aus der *Kinderstube* anführen, beispielweise in *Vor dem Einschlafen* zu Beginn (Notenbeispiel 11) oder auch dort, wo sich das Kind an die Njanja wendet, um zu fragen, wie das Abendgebet weitergeht. Aber genauso gut könnte dasselbe Motiv ganz andere Worte und Inhalte ausdrücken, Hänseleien zum Beispiel: »näh-näh« – oder irgendein anderes asemantisches Lautpaar. Auch als Schaukeln einer Wiege wurde es schon gedeutet.[42]

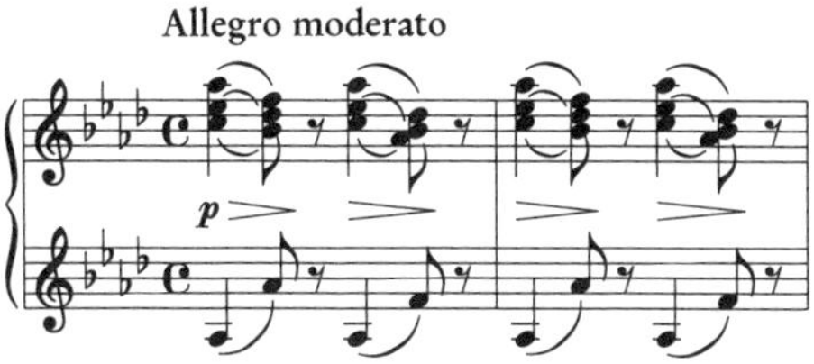

Notenbeispiel 11: Lied »Vor dem Einschlafen«, aus: »Die Kinderstube«, T. 1–2.

Kontrastiert wird dies wie ein Ostinato behandelte Ruf-Motiv von einer hastig plappernden Staccato-Sechzehntel-Kette, die schon aggressiver wirkt. Beide Motive steigern sich in mehrfachen Wiederholungen, indem sie in kürzer werdenden Abständen stufenweise immer höher steigen und dabei zugleich die harmonische Spannung zu dem ostinaten Pendeln erhöhen. Mit dem höchsten »Ruf« (*fis*^{3} in T. 13) bricht der Streit abrupt ab. Der nach kleiner Zäsur und Doppelstrich einsetzende Mittelteil bringt, wie Schnittke meint, das zärtliche Drängen der Kinderfrauen zu Gehör.[43] Auch Lini Hübsch sieht hier »ein Eingreifen der Nursen«: »eine begütigende Aufforderung an die Kinder, nun nicht mehr zu streiten, sondern ruhig weiterzuspielen oder weiterzugehen.«[44] Also ein von leisen Vorwürfen begleiteter Streitschlichtungsversuch der Erzieherin(nen).

Der Friede hält indessen nicht allzu lang, unauffällig kehren in T. 20 die Anfangsmotive zurück, schleichen sich in eine verschleierte Reprise, und bald hört die Szene auf, wie sie begonnen hat. Allerdings bilden die Abschnitte in dieser Reprise eine spiegelbildliche Umkehrung des Anfangsteiles:[45] Dort wuchs die Spannung stufenweise an, hier nimmt sie stufenweise ab (Notenbeispiel 12). Die Friedenspolitik war also doch ein Erfolg, die Gemüter beruhigen sich wieder. Dass Mussorgski ein tiefes Verständnis für die Kinderpsyche hatte, so Lini Hübsch, zeigt sich in

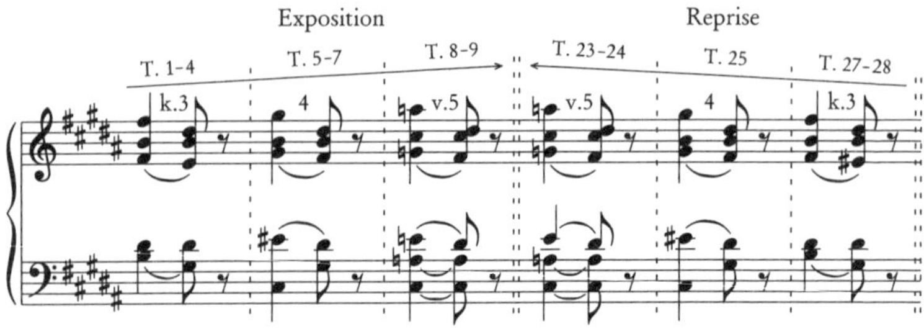

Notenbeispiel 12: »Tuilleries«, symmetrische Konstruktion (nach Trembovel'skij 2010).

dieser kreisförmigen Anlage, in der ein spielerischer Streit ebenso rasch entbrennt, wie er mit wenigen schlichtenden Worten wieder abebbt und sich am Ende in nichts auflöst.[46]
Spielt diese Kinderszene nun musikalisch erkennbar mitten in Paris? Der sowjetische Monograf Georgi Chubow will eher den Petersburger Sommergarten als die Tuilerien hören: »die Kinder und Kinderfrauen sind Russen.«[47] Auch Schnittke reklamiert dieses Stück ganz für Russland: »Es ist erstaunlich, dass Mussorgski bei der Schilderung einer Szene aus dem französischen Leben den Traditionen der russischen Kunst bis zuletzt treu bleibt. Die plagale Anlage der Tuilleries, die in der Melodie des Mittelteils eingeflochtenen Trichord-Gesangsmotive, die Quarten-Basis der Modalität – all das bezeugt, dass Mussorgski gerade aus dem Schatz des russischen Melos die Mittel und Farben für die Umsetzung einer scheinbar derart weit von der russischen entfernten Realität wie dieser Zeichnung der Tuilleries schöpfte.«[48] Sind die erwähnten Merkmale tatsächlich nur als russische denkbar?

Gerade die Frage nach den harmonischen Strukturen und der Tonalität hat die Musikforschung in *Tuilleries* umgetrieben. Zwar steht das Stück nominell in H-Dur, aber was sich in ihm abspielt, befindet sich dazu schon in den ersten Takten in gewissem Widerspruch. Beispielsweise fehlt der Leitton *ais* (bis auf einen ephemeren Moment in T. 6) zunächst vollständig, und statt der leitereigenen VI. Stufe *e* erklingt in den ersten sieben Takten immer *eis*.[49] Auch bereitet die funktionstheoretische Deutung schon der ersten beiden Akkorde Schwierigkeiten: Ist der zweite Akkord der Dreiklang der VI. Stufe gis mit hinzugefügter großer Sexte *eis* (als »Leittonschärfung zur Dominante«[50]), also die modifizierte Mollparallele, oder nicht doch die VII. Stufe der Dominanttonart Fis-Dur – also eine Doppeldominante? Juri Cholopow liest Letzteres und betrachtet eine solche Verwendung der Doppeldominante anstelle der Dominante hier als ebenso außergewöhnlich (anzutreffen erst wieder in Prokofjews *Sinfonie classique*) wie im Mittelteil die dortige Doppeldominante dis als die »alleruntypischste Tonart für einen derartigen Formteil.«[51] Michael Russ sieht als gemeinsame Basis beider Akkorde der Anfangstakte eine oktatonische Leiter (Halbton-Ganzton-Skala) auf H, aus der 6 von 8 Tönen entnommen wurden; aufgrund der völlig symmetrischen Struktur einer solchen Leiter müsse die Tonika jeweils aus dem Kontext erschlossen werden.[52] Eine andere als diese Erklärung für das Gefühl schwankender Tonalität findet der russische Musiktheoretiker Trembowelski; er kommt zu dem Schluss, dass in *Tuilleries* zwei tonikale Zentren parallel existieren: Das melodische Zentrum ist *dis*, das harmonische der H-Dur-Dreiklang, und beide können gemeinsam, aber auch unabhängig voneinander wirken.[53]

Solche und weitere Seltsamkeiten des Stückes bleiben Spezialstudien vorbehalten. Erneut müsste die hinter der analytischen Knobelei liegende Frage lauten, mit welcher Absicht, zu welchem Zweck Mussorgski solche Mehrdeutigkeiten einsetzt. Dies betrifft teilweise auch wieder die Form: Juri Cholopow wies auf die kunstvolle Gestaltung auch dieser vermeintlich bescheidenen dreiteiligen Liedform hin. Das Ende des Mittelteils verschmilzt auf ungewöhnliche Weise mit der Wiederkehr des Rahmenteils, da das zweite Thema in überleitungsartige Strukturen übergeht und die Reprise des Hauptthemas in Form von neu harmonisierten Verarbeitungssektionen des Rahmenteils eintritt: »All das bezeugt einen eleganten und virtuosen Feinschliff der musikalischen Form.«[54]

Die Musik ist hinter ihrer Fassade also alles andere als nett und harmlos. Sie präsentiert menschliche Dissonanzen, sei es auch auf der sympathischen Ebene der Kinder, und von diesen Dissonanzen spiegelt sich etwas in der komplex mehrdeutigen harmonischen und formalen Anlage wider. Bei dieser Umsetzung von Kindersprache, Kindergestik und Kinderpsyche spielt der geografische Bezug eigentlich keine nennenswerte Rolle, die Nennung der Tuilerien bildet nur nach außen einen Reflex von Hartmanns Reiseerinnerungen; die innere Brücke dagegen schlägt das Sujet der Kinderpsyche, das Hartmann so faszinierte, dass er an eine szenische Darbietung der *Kinderstube* dachte (s. S. 46).

Nr. 4: »Bydło«

Der von Mussorgski beabsichtigte extreme Kontrast zwischen den spielenden Kindern im Park und dem weder durch ein Zwischenspiel vermittelten noch durch eine Fermate oder Pause abgetrennten musikalischen Bild vom polnischen »Vieh« ist in Rimski-Korsakows Erstdruck verschwunden: Dort setzt die Musik *piano* ein, um sich in einem großen Bogen zum Fortissimo zu steigern und gegen Ende wieder in unhörbarer Ferne zu entschwinden. So schön diese geradezu cineastische Bewegung durch den Raum auch sein mag, die in Ravels Bearbeitung und den meisten anderen Ablegern natürlich übernommen wurde – sie steht der Intention des Komponisten direkt entgegen. »Mitten ins Gesicht« soll der dröhnend stampfende Bass *fortissimo* hereinbrechen. Dass diese ostinate Figur *gis–h* eigentlich eine transformierte Umkehrung des pendelnden Terzfall-Ostinatos *h–gis* aus den *Tuilleries* darstellt, also ein Verbindungsfaden zwischen den Stücken besteht, ist hinter der akustischen Kluft kaum wahrnehmbar (Notenbeispiel 13). Und wie in *Tuilleries* gibt es auch in *Bydło* eine bitonale Tendenz, also zwei tonale Zentren, nämlich gis-Moll als harmonische Tonika, aber in der Melodie der rechten Hand Dis-Phrygisch.[55]

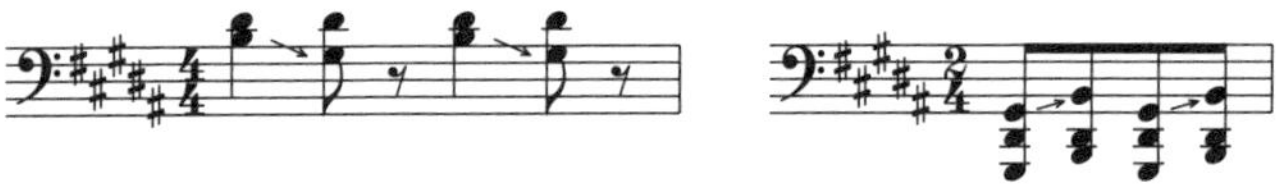

Notenbeispiel 13: Motivische Inversion zwischen »Tuilleries« und »Bydło«.

Das Thema des Stückes ist zumindest nominell das »Vieh« – erklingt es in der Musik? Mussorgskis Brief an Stassow und dessen Hinweise im Erstdruck führen uns visuell in eine andere Richtung, in die des Karrens mit riesigen Rädern. Hören wir also diesen? »Das Bewegungselement, das den Kern des Bildes bildet, ist eine Darstellung des monotonen Rollens der Räder.«[56] Die tiefen Akkorde geben demnach »die schwere, mühsame Bewegung des quietschenden Karrens«[57] wieder. Oder vielleicht doch mehr: »das Rumpeln der Räder und das Trampeln der Ochsen«?[58]

Die recht rasche Tempo-Angabe aus der Erinnerung Stassows und Rimski-Korsakows (♩= 88) macht die Zuordnung zu Getier oder Gefährt nicht leicht. Die Wucht des Stückes rührt ja nicht nur von der Dynamik her, sondern von der Massivität der tiefen Akkorde, deren Gewicht durch das permanente *tenuto* noch gesteigert wird (die tiefen Terzen in den Akkorden sind ein typisches Muster, das wir oben auch in Balakirews *Wolgatreidlern* angetroffen haben). Und im Mittelteil wählt Mussorgski eine nahezu tautologische Notation, weil die echoartig repetierende Oberstimme nicht einfach mit doppelter Halsung an die unteren Viertelakkorde anschließt, sondern diese identischen Töne sämtlich doppelt nebeneinander notiert werden, wie um die nach unten ziehende Schwere der Unterstimme optisch anzuzeigen.

Sind das nun die stampfenden Hufe der Zugtiere, die immerhin im Titel stecken und deren Trott durch das Hin und Her des anfänglichen Terzpendels gut symbolisiert würde – oder sind es die enormen Wagenräder, deren Kreisbewegung möglicherweise dort besonders gut aufscheint, wo sich vier Achtel mehrmals in gleiche Richtung bewegen (T. 42 f.)? Vielleicht trifft es der russische Forscher Grigori Golowinski am besten, wenn er vom »Rhythmus einer schweren, erschöpfenden, nie unterbrochenen Arbeit« spricht.[59]

Die Frage, was wir hören, mag in ihrem Wunsch nach Eindeutigkeit zu naiv wirken, aber sie verweist doch auf das Problem, dass das Sujet dieses Bildes eben nicht eindeutig ist, wenn man Titel, Stassows Beschreibung und die Musik selbst nebeneinanderhält. Und dabei ist der musikalische Vordergrund noch nicht einmal angesprochen: Schnittke meint, dass in diesem Stück das Lied im Zentrum steht, das in der rechten Hand gesungen wird, ein Lied, das in seiner Schlichtheit und teilweise Grobheit »etwas Raues und Archaisches« hat.[60] Dass mit der in Bass-Lage stehenden Liedmelodie wieder ein menschliches Moment eintritt, ist offensichtlich. Ähnlich wie in *Il vecchio Castello* mag man fragen, ob der fiktive Gesang sich überhaupt auf eine tatsächliche oder imaginäre Figur in der tatsächlichen oder imaginären Bildvorlage bezieht. Ist es nicht eher der Komponist selbst (also der wirkliche Mussorgski, nicht sein Alter Ego in den Promenaden), der hier in stilisierter Liedform etwas besingt, was auf Gemälden und Zeichnungen zu sehen war, die vielleicht gar kein – über Staffage hinausreichendes – Personal aufwiesen?

Was sich musikalisch in jedem Fall ausdrückt, ist eine raue Derbheit, die mit der (wie bereits dargestellt) durch die Vokabel *bydlo* im Russischen ausgedrückten Vorstellung von viehisch arbeitender Unterschicht übereinstimmt. Der Gesang aber ist ein stolzer, der trotz seiner ebenfalls durch *tenuto* hervorgehobenen Schwere oft die »aufjauchzende«[61] Quinte einsetzt, die für Rüstigkeit und letztlich innere Freiheit steht. Der Gedanke an ein Kutscherlied – Vitaly Margulis ahnt in den Pausen gar den Schluckauf des betrunkenen Wagenlenkers[62] – und der Hinweis von Lini Hübsch, dass die Melodie »aus dem Duktus des Promenaden-Themas abgeleitet«[63]

sei, lassen sich beide weiterführen. Die durch akribische Bogensetzung und Vortragsbezeichnung fast jedes einzelnen Tones gestaltete große Gesanglichkeit des A-Teils bricht nach dem Doppelstrich völlig ab: Nun folgt im oberen System eine in massigen Akkorden geführte, tendenziell abwärts gerichtete statt wie zuvor aufstrebende und in ganz entgegengesetztem Register stehende Replik auf den Sologesang, die nicht mehr fein differenziert ist, sondern (nach dem Vorbild der *Promenade*) ein Kollektiv abbildet, einen Chor. Was sich dann bei der »mit aller Kraft« vorzutragenden Wiederkehr des Liedthemas ereignet, nun wieder mit genauer Bezeichnung des Vortrags aller Noten, ist das Mit-Einstimmen aller in den ursprünglichen Gesang. Vielleicht führt es zu weit, im Mittelteil an Frauenstimmen und in der Reprise an Tenöre samt Frauen zu denken, aber Assoziationen an unterschiedliche Sängergruppen stellen sich unweigerlich ein. Und wenn die zweite Hälfte, in der die Liedphrase abgewandelt wiederkehrt, wieder nur dem Bass-Solo anvertraut ist (T. 47 ff.), drängt sich der letztlich den ganzen Zyklus durchziehende Aspekt des Verhältnisses von Individuum und Menge auf.

Bydło ist eine Art von musikalischer Volksszene mit einem Solisten. Dass mit der Vokabel »Vieh« diese Menschen gemeint sind, ist eine naheliegende Annahme, und zwar nicht im Sinne eines Herabblickens auf die polnische Kultur (wie es Michael Russ hypothetisch formuliert),[64] sondern als empathische Geste der Verbrüderung mit Werktätigen. Es scheint, dass der an Stassow verklausuliert geschickte Hinweis »le télègue« (s. S. 36) am sinnvollsten auf jenen von Mussorgski beschworenen Karren der Kunst zu beziehen ist, den die fortschrittlichen Künstler Russlands gemeinsam aus dem Dreck ziehen müssen – ganz so, wie es in Stassows Vorstellung vom Dreigespann und in Mussorgskis Begeisterung über die zerlumpten Wolgatreidler auf Repins Bild zum Ausdruck kam. Bildet die akustische Frontalattacke des überleitungs- und schonungslos »mitten ins Gesicht« prallenden Anfangs von *Bydło* nicht so etwas wie eine Analogie zu der von Mussorgski so bewunderten Lebensechtheit der Figuren von Repins Gemälden, die ihm leibhaftig aus dem Bild entgegenzutreten scheinen? Der polnische Titel dieses Bildes wäre, sollten diese Hypothesen zutreffen, letzten Endes nur eine fadenscheinige Hülle, die im Rahmen von Hartmanns Reisezielen und innerhalb der symmetrischen Anlage des Zyklusganzen eine wichtige Funktion erfüllt, hinter der sich aber ein urrussisches Thema, nämlich das von Mussorgskis Freundeskreis und seiner künstlerischen Mission verbirgt.

Das Verklingen am Schluss wird, ähnlich wie in *Il vecchio Castello*, durch einen zunehmenden Zerfall der Melodie durch Pausensetzung symbolisiert, während das Ostinato weiterläuft. Aber auch dieses wird in den letzten Takten abgebaut, auf ein tiefes Terzenpendel reduziert und schließlich ganz ausgedünnt und zu einzelnen Vierteltönen verlangsamt. Solche Gestaltungselemente einer Idee des Sich-in-der-Ferne-Verlierens gehen letztlich auf Schumann zurück, aber Mussorgski entwickelt originelle eigene Lösungen. Strawinsky hat möglicherweise hier seine Inspiration für die musikalische Darstellung des trottenden Schwarzen Reiters in seinem Ballett *Der Feuervogel* gefunden.[65] Wichtig ist jedenfalls die Erkenntnis, dass es gerade das Poetische ist, welches den einzelnen *Bildern einer Ausstellung* ihre einzigartige – und oftmals normverletzende – Gestalt gibt, sowohl im Kleinen wie im Großen.

Nr. 5: »Ballett der unausgeschlüpften Küken« / »Балетъ невылупившихся птенцовъ«

Das kleine Scherzino mit Trio in der Mitte des Zyklus wirft in Bezug auf die Bildvorlage(n) und den musikalischen Inhalt keine großen Fragen auf. Der Kontrast zum vorausgegangenen Stück ist ebenso groß wie zuvor von *Tuilleries* zu *Bydło*: Wieder wechseln Register, Klangfarbe, Dynamik und somit der ganze Ausdruck in eine radikal andere Richtung, die allerdings in dem vorausgegangenen kleinen Zwischenspiel nach der allgemeinen Auflichtung und einer direkten, montageartigen Antizipation des Anfangsmotivs schon musikalisch vermittelt wurde. Erneut handelt es sich um eine Kindersphäre, in die die Musik eintaucht. Aber diesmal ist sie, wie die Vorlage der Ballett-Kostüme, fantastisch und skurril.

Die meisten Kommentatoren legen einen Nachdruck auf die lautmalende Seite des Stückes, sei es eher generell (»Zwitschern, fröhliches Piepsen, Sprünge auf wackligen Vogelbeinen, die auseinanderdriften und ausrutschen … Es sind eher junge Vögel als Kinder.«[66]), sei es ganz konkret und ohne stärker an die Bezeichnung als Ballett zu denken (»Effektvoll perkussive hohe Klavierklänge imitieren das Klopfen der Küken, um ihre Schalen zu zerbrechen, und das kleine Kreischen, wenn sie hervorbrechen.«[67]). Insgesamt ist eine »humoristische Färbung«[68] erkennbar. Kaum gefragt wurde nach der Darstellungsabsicht solchen Humors, der mehr äußerlich auf Hartmanns Werk, mehr innerlich nochmals auf die Welt der Kinder oder aber symbolisch auf ein Erscheinungsbild von Kunst hinweisen könnte.

Für das Scherzino hat Schnittke ein Vorbild genannt, nämlich das F-Dur-Trio im Marsch des bösen Zauberers Tschernomor in Glinkas Oper *Ruslan und Ljudmila* (IV/19) (Notenbeispiel 14). Diese Nähe, sollte sie nicht zufälliger, unwillkürlicher Art sein, bringt die tanzenden Küken in Verbindung mit der anderen fantastischen Bühnenausstattung Hartmanns und ganz konkret mit Tschernomor, dem (mutmaßlich) heimlichen Protagonisten von *Gnomus*. Vielleicht handelt es sich hier um eine stilistische Übernahme eines Ausschnitts »fantastischer Musik« ohne semantische Dimension, denn der böse Zauberer-Zwerg ließe sich inhaltlich nicht leicht mit der Szene der tanzenden Küken in Verbindung bringen.

Kapriziös gestaltet Mussorgski nicht nur die ganz in den leisesten Bereich verlegte (*una corda*) musikalische Gestik, sondern auch die harmonischen Details. Während die Struktur des Hauptteils als Ganzes durchaus übersichtlich ist, zeigen sich im Inneren der jeweils viertaktigen Abschnitte mitunter unvorhersehbare Akkordfolgen. Die in der linken Hand in Takt 5–8 aufsteigende Achtelkette wechselt Halb- und Ganztonschritte in unregelmäßiger Weise ab (das erste Tetrachord wird zwar einmal wiederholt, geht dann aber in reine Chromatik über); die auf jeder zweiten Note leittönig erreichten Dreiklänge darüber stehen – neben Dominante und Moll-Tonika – auf der jeweils erniedrigten (!) II., III., V. und VII. Stufe.

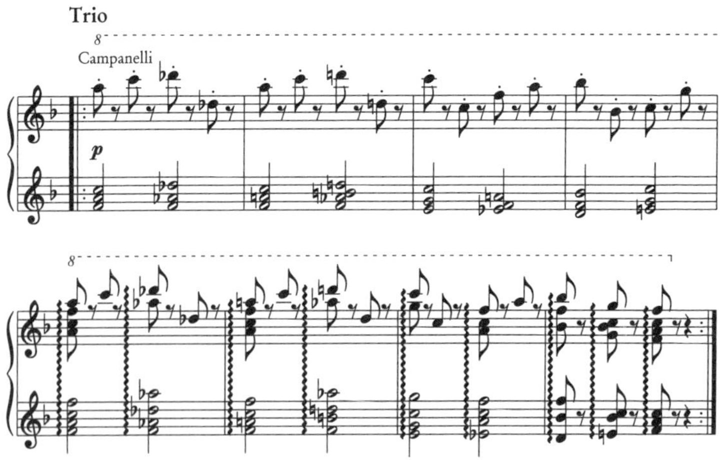

Notenbeispiel 14: Glinka, »Ruslan und Ljudmila«, Trio aus dem Marsch des bösen Zauberers Tschernomor.

Diese chaotisch wirkende Folge von Harmonien wird aber zumindest gerahmt von der Dominante C-Dur, die Funktion der Passage insgesamt ist also klar definiert.[69] Von ihrer variierten Wiederkehr in Takt 13–16 kann das nicht gesagt werden; hier behält die Achtelkette zwar konsequent dasselbe Tetrachord bei, doch in dem als Wiederholung von Takt 13 f. gedachten Zweitakter Takt 15 f. werden die beiden letzten Akkorde nicht einfach sequenziert, sondern verändert, sodass statt (verminderter) Quartsextakkorde plötzlich (übermäßige) Dreiklänge stehen – die Funktion bleibt unklar.

Das Trio mit lydischem Einschlag lebt von den zu Sekundklängen verschmelzenden Ganzton-Trillern im höchsten Register einerseits, den durch die Vorschläge tschilpenden Vogelrufmotiven der zweiten Hälfte andererseits. Beides sind ungewöhnliche motivische Bewegungen, die von einem Orgelpunkt-F und fast ostinat gleichbleibendem Begleitmuster stabilisiert werden. Lini Hübsch sieht Verbindungen des Trios zum Hauptteil in den von kapriziösen Vorschlägen (immer *f* und *c* als tonale Stützen) geschmückten Achtelfiguren sowie in der Unterstimmen-Melodie »in Form der Terzsequenz aus dem Scherzo«; die Unisono-Coda »betont noch einmal konzentriert den burlesken Eindruck«.[70] Nicht unähnlich der anderen Kinderszene in den Tuilerien ist die Schlusswendung als Verflüchtigung gestaltet.

Dass Mussorgski nur in diesem einen Stück zu einer Formschablone greift, die in der aus Beethovens Zeit stammenden Formulierung »Da Capo il Scherzino, senza Trio, e poi Coda« gipfelt, legt einen ironischen Kontext nahe: eine auch durch das kleine Format nahezu absurde klassizistisch-akademische Blaupause. Unabhängig davon, dass Hartmanns originelle Entwürfe wirklich zur Aufführung kamen oder dass musikalische Substanz aus *Ruslan und Ljudmila* entlehnt wurde, handelt es sich bei *Trilby* eben doch um ein befremdendes Sujet, das nicht recht auf das Gebiet ernster Kunstproduktion – etwa im Sinne der Werke, die den *Bildern einer Ausstellung* chronologisch am nächsten stehen: *Boris Godunow, Chowanschtschina* und die Liederzyklen – passen will und auch nichts mit der märchenhaften Fantastik der russischen Sagenwelt zu tun hat.

Hinter der Hommage für Hartmanns Einfallsreichtum könnte an dieser Stelle so etwas wie leiser Spott über eine infantile Kunst westeuropäischer Provenienz stecken. In völligem Gegensatz dazu bewegen sich Deutungen, die im *Ballett der unausgeschlüpften Küken* eine Anspielung auf das Welten-Ei oder auf gleichsam platonische, embryonale Vor-Ideen erblicken.[71] Aber sollte sich ausgerechnet hinter dieser lächerlichen Fassade ein derartiger philosophischer Inhalt verbergen?

Nr. 6: »›Samuel‹ Goldenberg und ›Schmuÿle‹«

Maria Judina verstand das Porträt der beiden Juden als einen Kontrast auf materieller Ebene, als eine Kritik vornehmlich an den Reichen, wie sie schon im Matthäusevangelium und in anderen Bibelstellen zugunsten der Armen formuliert wurde: »Reichtum und Armut, das ist ein ewiges und allbekanntes Thema. Und natürlich hat es Mussorgski erheblich breiter und tiefer gefasst als die geradlinige Darstellung einer provinziellen jüdischen Genreszene. Und dann, nach den jüdischen, so unerträglich bitteren Wendungen ewigen Leides einerseits und gröbsten, grausamsten Materialismus und Geizes andererseits, schreitet erneut – klangvoll, mächtig, tröstend, kollektiv – die erste ›Promenade‹ einher, und das sogar in noch opulenterem Gewand: ›Hier ist russischer Geist, hier duftet es nach Rus‹, doch das ist eine elementare Antithese, und wir befinden uns gleichsam erneut in der hellen, strahlenden, problemlosen Welt des Kirchengesangs und des Triumphs von Wahrheit und Liebe.«[72] Schnittke, der in seiner Analyse 1954 übrigens dasselbe Puschkin-Zitat mit dem »russischen Duft« angeführt hatte, verglich Mussorgskis hier zutage tretende Begabung zur Charakterzeichnung mit Shakespeare: »Vielleicht ist die Meisterschaft Mussorgskis als Dramaturg nirgends so stark hervorgetreten wie in diesem der ›Bilder‹. Die Shakespeare'sche Seite in Mussorgskis dramatischem Genie – die Leidenschaft für scharfe Kontraste und das Vermögen, Komisches fein anzumerken – zeigt sich in diesem Stück mit außergewöhnlicher Deutlichkeit. Dieses Werk steht vor uns als zwei Charakterstudien, die uns unweigerlich mit der Tiefe und Feinheit der psychologischen Details erstaunen.«[73] Welche Charaktere werden also gezeichnet? Sind es tatsächlich biblische Archetypen – oder gar marxistische?

Stassow schilderte in seinem Brief an Arkadi Kersin die beiden Figuren so: »der erste ein reicher dicker Jude, selbstgefällig und fröhlich, – der andere arm, dürr und klagend, fast weinend.«[74] In der ersten sowjetischen Mussorgski-Monografie benutzte Wjatscheslaw Karatygin 1922 ein Vokabular, das sichtlich von den Zeitumständen geprägt war. Er sah in diesem Bild »das Gespräch zwischen einem jüdischen ›Bourgeois‹ und einem jüdischen ›Proletarier‹, wobei die Wichtigkeit und Überheblichkeit des ersteren und die schüchterne, liebedienernde Unterwürfigkeit des zweiten beispiellos wiedergegeben werden«.[75] Beide Charaktere sind also unabhängig von ihrer monetären Lage ausgesprochen negativ gezeichnet – und beide sind Juden. Stassow hatte erstmals in seiner Mussorgski-Biografie von 1881 den Titel des Stückes ersetzt durch eine neutralere Beschreibung,

Pawel Lamm hat sie 1932 in seine kritische Ausgabe (!) übernommen, wir treffen sie noch 1960 in der Werkeinführung von Ljudmila Poljakowa sowie 1971 in der sowjetischen Gesamtausgabe von Mussorgskis Briefen und 1975 kommentarlos im Beitext zum Faksimile (!) an, Lini Hübsch hat die Zuschreibung von originalem und alternativem Titel zu Stassow und Mussorgski sogar umgekehrt. Aber die Auslöschung des originalen Titels mit den Eigennamen ändert nichts an der musikalischen Situation.

Die hier zutage tretende Darstellungsabsicht des Komponisten hat der US-amerikanische Musikwissenschaftler Richard Taruskin heftiger und deutlicher als alle anderen als antisemitisch angeprangert. Antisemitismus war unter Russlands Intellektuellen im 19. Jahrhundert sehr weit verbreitet, auch unter den Komponisten. Anders als seine Kollegen Rimski-Korsakow und Balakirew, so Taruskin, thematisierte Mussorgski in seiner Musik nicht nur die alttestamentarischen Hebräer (*evrei*), sondern auch den »gemeinen Juden« (*žid*) (s. S. 54). Diese Unterscheidung ist sogar in den Noten selbst erkennbar, da Mussorgski die *evrei* üblicherweise ganz ohne klischeehafte übermäßige Sekunden zeichnet, während die Porträts der *židy* – wie hier in den *Bildern* und in der Oper *Der Jahrmarkt von Sorotschinzy* – geradezu karikierenden Gebrauch davon machen. Für Taruskin ist »evident, dass Mussorgski Russlands am deutlichsten antisemitischer Komponist war.«[76] Seine Deutung des Porträts der zwei Juden fällt entsprechend scharf aus. Mit der Beobachtung, dass die Anführungszeichen um »Samuel« und »Schmuÿle« betonen, dass es sich um zwei Varianten ein und desselben Vornamens handelt, steht Taruskin nicht allein.[77] Aber er zieht daraus einen ungewöhnlichen Schluss in Bezug auf die Darstellungsabsicht dieses »geschmacklosen Porträts zweier widerlicher jüdischer Visagen«: »Sie sind tatsächlich ein *žid*, nicht zwei. Das Porträt ist eine schamlose Beleidigung: Egal wie würdevoll oder erudiert oder europäisiert das Äußere eines *žid* sein mag, in seinem Inneren ist er ein quasselnder quengelnder kleiner ›Schmuÿle‹.«[78]

Für den Mussorgski-Biografen David Brown ist diese Deutung einer Konflation von zwei Figuren zu einer einzigen nicht plausibel. Er versucht sie zu entkräften mit dem Hinweis, dass die beiden getrennten Bildvorlagen ja auch in der musikalischen Umsetzung zwei getrennte Charaktere bleiben; die Vornamen im Titel sollten nur den soziokulturellen Unterschied hervorheben. Dass Mussorgski bei seinen vielen Schilderungen sozial niederer Schichten diesmal einen moralischen Standpunkt eingenommen haben solle, hält er für unwahrscheinlich.[79] Etliche andere Wissenschaftler haben Taruskins Deutung ebenfalls infrage gestellt. Angesichts dieser vielstimmigen Kritik an seiner unbequemen Deutung wirft Taruskin der Musikwissenschaft insgesamt »naive Sentimentalität« vor: sie wolle nicht anerkennen, dass Musik, die wir mögen, von Menschen geschrieben sein kann, die wir nicht mögen. Stattdessen würden bedeutende Werke tendenziell wie ein »Dauerlutscher« (so einer seiner Kritiker) betrachtet: »Ist das das einzige Niveau, auf dem wir sie genießen können? Müssen wir in Kunst immer Behaglichkeit suchen?«[80] Der Zwiespalt zwischen musikalischer und moralischer Qualität lässt sich nicht auflösen.

Nur sehr selten wird die musikalische Darstellung der beiden Juden nicht als negative Zeichnung aufgefasst. Maria Judina empfand ja Mitgefühl mit dem ewigen Leid des Armen, auch wenn sie dann das Bild als ganzes antithetisch der folgenden Promenade gegenüberstellte, die für den russischen Triumph von Kraft, Wahrheit, Liebe und Kollektiv stehe – wodurch sie das Jüdische implizit erniedrigt. Vitaly Margulis bemitleidet sogar den Reichen: Er riet einem seiner Klavierschüler, der den reichen Juden so aggressiv spielte, als ob er den Klassenfeind des Kommunismus porträtieren wollte, er solle auf diese Figur anders blicken: »Nehmen wir an, dass dieser schon betagte Mann eine Tochter hat. Sie ist über 40 Jahre alt, aber immer noch nicht verheiratet. Das ist für den Juden schmerzhaft. Man muss ihn bemitleiden.«[81] Der Schüler habe danach besser gespielt. Aber hat er Mussorgski tatsächlich besser verstanden?

Kurt von Wolfurt nannte *»Samuel« Goldenberg und »Schmuÿle«*, einige Jahre vor der Ankunft des Nationalsozialismus, »[e]in Stück voll schlagendsten Witzes und kecksten Humors.«[82] Den letzten Zweifel bezüglich der parodistischen Absicht räumt ein Zeitgenosse Mussorgskis aus, und zwar in seiner 1896 erschienenen Mussorgski-Monografie der französische Schriftsteller Pierre d'Alheim, der mit der russischen Sängerin Maria Olenina verheiratet war, in Moskau und Paris lebte und gemeinsam mit ihr russische Musik und besonders Mussorgski in Frankreich bekannt machte (s. S. 137): »Es gibt nicht einen Russen, der nicht beim ersten Hören das Sujet des Stücks erkennen würde, das ›Samuel Goldenberg und Schmuyle‹ betitelt ist. Mussorgskis Genie für das Komische kann sich für alle Kapriolen der Phantasie eignen. Zwei jüdische Melodien respondieren einander – die eine ernst, imposant, sehr markant, die andere lebhaft, rasch, hüpfend, flehend – und stellen dies so dar, dass man sich bei den beiden Figuren überhaupt nicht täuschen kann, von denen der eine, der fette, wie ein Zuchthund im Karree läuft und der andere, der magere, sich überhastet, sich klein macht, sich wie ein kläffender Köter windet. Er bewegt sich komisch hin und her, sucht den Blick des Anderen, bettelt.«[83]

Wir müssen wohl damit leben, dass der Komponist hier weniger Mitleid erregen wollte als hämisches Grinsen. Es ist dabei unerheblich, ob die beiden Charaktere nun additiv für zwei Juden, für einen Juden (mit zwei archetypischen Seelen in seiner Brust) oder für »den Juden« (also das Jüdische überhaupt) stehen. Falls man Mussorgskis musikalisches Bild nicht grundsätzlich anders hören und verstehen möchte, tut sich ein Dilemma auf: Eine derart auskomponierte antisemitische Karikatur ist, selbst wenn man unsere vom Holocaust geprägte spätere Perspektive auszublenden versucht, nicht entschuldbar – auch nicht durch die Qualitäten der Musik.

Diese sind allerdings beträchtlich. Das Geschehen orientiert sich entlang linearer Sprachgesten: Der Reiche wird geschildert mit Machtgebärden in sprachnah rezitativischen, lakonischen, unharmonisierten Oktaven, der Arme drückt Kummer und Klage bis in die Vorschläge hinein aus. »Jüdisches« Kolorit entsteht durch einen schablonenartigen Orientalismus, nämlich übermäßige Sekunden und triolische (»melismatische«) Verzierungen. Abgesehen von diesem modalen Handgriff nach Patentrezept ist die psychologische Raffinesse der beiden Porträts groß. Die Sprechmelodik spiegelt diesen Kontrast wider: der Reiche in mittlerer Lage (Sprechton *des*^{1}), deutlich akzentuiert, energisch, differenziert; der Arme in hoher Lage (Sprechton *des*^{2}), rhythmisch gleichförmig, immer dasselbe wiederholend.[84]

Ein weiteres Mal macht sich Mussorgskis Sinn für szenische Abläufe in der Musik bemerkbar, indem er nach der separaten Vorstellung beider Figuren diese musikalisch aufeinander »loslässt«. Hierfür werden die beiden Themen kontrapunktisch übereinander geschichtet, in jeweils leicht vereinfachter Form. Die übermäßige Quart des Reichen in b-Moll wird enharmonisch zur Terz des Armen in des-Moll. Bei dieser Verbindung beider Themen ergibt sich eine sogenannte »Schostakowitsch-Skala« *b*–[*c*]–*des*–[*es*]–*e*–*f*–*ges*–*as*–*heses* mit verminderter Oktave.[85] Die Überlagerung der beiden Themen in ihrer je eigenen Tonalität, nämlich b-Moll und des-Moll, ist ein ausgesprochen kühner Blick in eine polytonale Zukunft, ist ein Verfahren des 20. Jahrhunderts, etwa wenn in Strawinskys *Petruschka* die Tonarten von Ballerina und Mohr im 3. Bild übereinander gelagert werden.[86] Die Idee der zwei getrennten Themen und ihre polytonale Überlagerung finden sich ähnlich auch in Schostakowitschs Präludium op. 87 Nr. 3 sowie, für uns interessanter, in Ravels 1924 fertiggestellter Oper

L'Enfant et les sortilèges in der Szene mit der Teekanne und der chinesischen Teetasse, die nach getrennter Vorstellung einen Foxtrott tanzen: Ravel hatte unmittelbar zuvor seine Orchesterversion der *Bilder einer Ausstellung* angefertigt, es könnte also eine direkte Beeinflussung hinsichtlich der Idee der bitonalen Überlagerung geben;[87] allerdings erwähnt Ravel die Idee mit dem tanzenden Teegeschirr schon im Februar 1919 in einem Brief. Durch den Kleinterzabstand der beiden Tonarten ergibt sich bei Mussorgski, wie Simon Perry hervorhebt,[88] eine Implikation von Oktatonik – jene symmetrische Halbton-Ganzton-Skala, die in der russischen Musik von Glinka bis Skrjabin und Strawinsky eine immer herausragendere Rolle spielt:

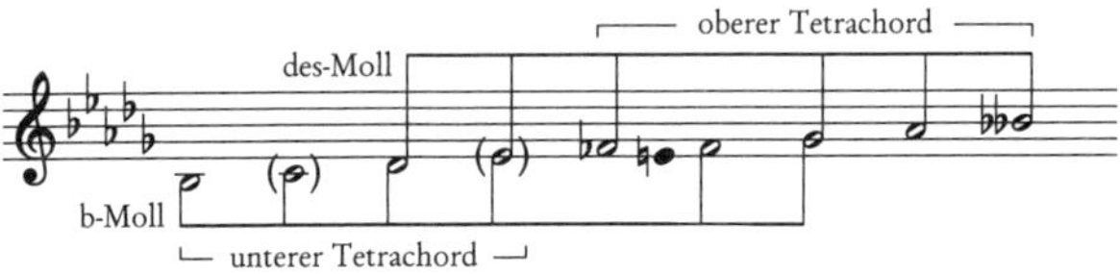

Notenbeispiel 15: Leiterstrukturen in »›Samuel‹ Goldenberg und ›Schmuÿle‹« (nach Perry 1995).

Das Aufeinander-Einschimpfen endet in Takt 21 mit dem übermäßigen Dreiklang der Dominante, dann setzt nach ausdrucksvoller Pausen-Fermate ein Schlussabschnitt ein. Der Arme verfällt in eine resignierend chromatisch absinkende, schmerzliche Klage, der Reiche scheucht ihn mit zwei barschen Gesten in machtvollem Unisono davon.[89] Hier ist Mussorgskis oft ungewöhnliche (enharmonische) Notationsweise besonders gut erklärbar: Er verwendet in Takt 26 f. entgegen dem allgemeinen Usus sowohl *fes* als auch *e*, sowohl *eses* als auch *d*, weil er rein linear denkt und unterscheidet, ob die betreffenden Töne auf- oder abwärts weitergeführt werden. In tonaler Musik würde dieses Denken üblicherweise auf Nebenstufen beschränkt bleiben und im Notenbild weder *f* als Zentrum der Dominante noch *es* als Zentrum der Subdominante chromatisch geschwächt werden, also nicht in mikroskopische Kontexte gestellt werden, die von der vorherrschenden Grundtonart zu stark wegführen.[90] Diese für Mussorgski so charakteristische Abweichung von der akademischen Norm seiner Zeit macht die Analyse vertikaler Strukturen, also die Deutung von harmonischen Zusammenhängen, mitunter außerordentlich schwierig – kein Wunder, wenn der Komponist Zusammenklänge oft genug nicht als prädeterminierte Struktur, sondern als individuelles Ergebnis linearer Stimmbewegungen betrachtete.

Nr. 7: »Limoges. Le marché (La grande nouvelle)«

Dieses »Kollektivporträt«[91] klatschender Marktfrauen steht in einer dreiteiligen Liedform, die der Komponist durch Doppelstriche und Vorzeichenwechsel klar markiert hat. Das hohe Register entspricht dem Klang von Frauenstimmen.[92] Zunächst wirkt die Szene sehr einheitlich durch die durchlaufenden 16tel-Figuren, die wie eine Tokkata anmuten, aber als Sprachimitation gedacht sind, gleichsam als Zungenbrecher. Die Motivik ist kleinteilig und wird nach Art von Bausteinen eingesetzt, die mal wiederholt, mal fortgesponnen, mal sequenziert, mal abgebrochen werden.[93] Die aggressive Hektik des verbalen Durcheinanders äußert sich besonders in den Sforzati, die auf unregelmäßige Weise die Takte zerfurchen und bei der Wiederholung von Passagen nochmals anders gesetzt werden (etwa in T. 5 und 30), sodass selbst die Ausgabe von Pawel Lamm eine Anpassung vornahm: Zuviel Chaos schien ihm suspekt. Tatsächlich könnte es sein, dass sich Mussorgski hier am Ende doch verkünstelt hat – aber wie passend! Auch der Wechsel von Staccato und Non-staccato (wie in T. 13 und 15) ist kompositorische, wenn auch verwirrende Absicht.

Die Steigerungsdramaturgie des Gesprächs ist jedenfalls offensichtlich: Über dem allgemeinen Geplapper-Hintergrund (T. 1) erhebt sich erst ein längeres Parlando – der Gedanke an eine Opernszene liegt wieder sehr nahe –, dann folgen kurzatmige dialogische Strukturen, und zuletzt fallen sich die Stimmen direkt ins Wort mit dem Ergebnis akzentuierter Sekundakkorde, die Ganztonklänge darstellen. Nach kurzer Wiederkehr der Anfangsphrase findet dann im Mittelteil durch immer dichtere Setzung der aufeinanderprallenden Ganzton-Motive und die Durchbrechung des 4/4-Takts (T. 16) eine Intensivierung des musikalischen Geschehens statt, was den komischen Effekt verstärkt. Auf eine Tonarten-Vorzeichnung verzichtet Mussorgski hier, weil das sich überstürzende Geplapper nun den Rahmen üblicher tonaler Beziehungen sprengt. Ausgehend von dem zur Grundtonart sehr fernen D-Dur setzt in Takt 16 eine sequenzartige Folge von Dreiklängen ein, die in großen Sekunden absteigen und damit eine Ganztonleiter bilden: e-Moll, d-Moll, c-Moll, b-Moll und As-Dur, das als Dominante von Des-Dur fungiert (T. 20). Von dieser Doppelsubdominante gelangt Mussorgski aber nicht auf herkömmlichem Wege zurück zur Tonika des Stückes: Er bemüht stattdessen den im Tritonusabstand stehenden A-Dur-Septakkord, um auf ein d-Unisono zu gelangen, von dem aus durch chromatische Rückung schließlich das Es-Dur der Reprise erreicht wird. Erneut lässt sich also beobachten, dass die ungewöhnlichen harmonischen Strukturen nicht für sich allein Sinn ergeben, sondern im Dienste der poetischen Idee stehen, dass sie semantisch besetzt sind: Der rastlose und sich alsbald überschlagende Eifer der Mundwerkzeuge destabilisiert das Gefühl für jegliche tonale Basis, diese wird im Mittelteil geradezu pulverisiert.

Am Ende eskaliert das Tratschen der Marktfrauen in Geschrei.[94] Simon Perry hat die zunehmend chaotische Coda im Detail analysiert und kommt zu dem Ergebnis, dass es kein (analytisch) klares Ergebnis geben kann: Ausgehend von dem rein diatonischen Es-Dur in Takt 37 f., das in Takt 39 mit einigen chromatischen Leittönen angereichert wird, überlagern sich im letzten Takt verschiedene Skalen oder Skalen-Fragmente (bis hin zur Pentatonik der höchsten Stimme), sodass eine irreguläre bimodale oder bitonale Sphäre entsteht. »Sobald das System sozusagen von dem Es-Dur-›Sprungbrett‹ zu Beginn von T. 40 nach oben abhebt, beginnt es zu zerfallen. Es-Dur behält eine zentale Rolle, aber das klare Gespür für ein einziges modales und / oder tonales Zentrum wird vernebelt. Der in dieser Coda erzielte Effekt ist zweifellos überaus kalkuliert: Aspekte von Klaviersatz, Form und Geschwindigkeit verbinden sich mit der tonalen Struktur, um das fein ausgeführte Bild eines exponentiell anwachsenden Tumults zu produzieren.«[95] Gestisch weist diese virtuose Überleitungscoda auf jene der Baba-Jaga voraus.

Doch alle Eskalation ist hier ein großer musikalischer Ulk, wie Mussorgskis beide Entwürfe für einen veritablen Dialog zeigen. Es handelt sich nicht, wie öfters zu lesen, um einen wirklichen Disput, sondern eher um ungezügelte, kollidierende und bisweilen keifende Redeflüsse, kollektive Logorrhö. Unabhängig von Mussorgskis verworfenen Programmen regt Vitaly Margulis an, dieser Szene einen amüsanten dialogischen Text zu unterlegen, zum Beispiel den sich antwortenden 16tel-Gruppen in Takt 6: »Wie-viel macht das?« – »Zwan-zig Ru-bel!«[96] Ratsam wäre es allerdings, dabei nicht an einen russischen Markt zu denken. Denn es handelt sich um eine Karikatur des Westens.

Nr. 8: »Catacombae (Sepulcrum romanum)« / »Cum mortuis in lingua mortua«

Den rasiermesserscharfen Schnitt, mit dem auf die überkochende Marktszene das Memento mori in den Totengrüften folgt, hat Maria Judina so kommentiert: »Das ist die Vertreibung der Händler aus dem Tempel.«[97] Wohl nirgendwo sonst in Mussorgskis Schaffen gibt es Vergleichbares. Die diversen Beschreibungen des Stückes ringen mühsam um Worte und bildliche Vergleiche, nicht immer mit glücklichem Ergebnis. Alfred Schnittke sprach allgemein von »Bildern des Todes«, einer Darstellung der »Macht des Irrationalen, Jenseitigen«, von einem »Reich dunkler Schatten und Totenschädel, also all dessen, was dem Menschen und den hellen Kräften des Lebens entgegensteht« und einer »konzeptionellen Abwesenheit des Menschen und all dessen, was mit ihm verbunden ist« – der Held der *Catacombae* ist nicht der Mensch, sondern der Tod.[98] Margulis bezeichnet *Catacombae* als »furchtbares Stück«, er vergleicht die Oktaven des Anfangs mit Hammerschlägen wie in Mahlers Sechster Sinfonie, die nicht nur den menschlichen Tod, sondern einen völligen Untergang, ja ein apokalyptisches Weltenende evozieren, die Annihilierung alles Seienden: In *Catacombae* fänden sich »der Tod in verschiedener Gestalt, und der Schmerz des Verlustes, und Flehen, und die Unerbittlichkeit des Todes. Das Flehen, die Gebete können dem Druck der vernichtenden Kraft nicht Einhalt gebieten. […] Nach dem Bußgebet, wo ein guter Gott verzeihen und sich erbarmen muss, stürzt der letzte Schlag herab … Ja, Mussorgski wusste, dass niemand helfen wird, dass das Schicksal erbarmungslos ist …«[99]

Das Annihilierende äußert sich musikalisch in einem Verzicht auf übliche Gestaltungsmuster: Weder Melodik, Harmonik noch Rhythmik oder Dynamik fügen sich zu einem festen Ganzen. Wie unverbunden stehen monolithische Klänge im Raum, die auf Fermaten gleichsam ins Unendliche hallen. Fast unmerklich schält sich eine Mittelstimmenmelodie in Takt 4–11 aus den Akkorden der rechten Hand heraus, unter denen leere Oktaven chromatisch hinabsteigen: ein veritabler Lamento-Bass,[100] rarer Moment einer direkten Anknüpfung an traditonelle Ausdrucksmittel der europäischen Kunstmusik. Schnittke empfindet wohl von diesem Bassgang angeregt den ganzen ersten Abschnitt »wie ein Hinabsteigen in die Katakomben, wo jeder Schritt etwas Unerwartetes mit sich bringt: Einbrüche, klaffende Hohlräume, Schweigen und angespannte, aufmerksame Stille.«[101] Das klingt allerdings fast nach einem Besuch in der Geisterbahn. Noch naiver deutet Lini Hübsch die extremen dynamischen Wechsel als

»den Lichtschein der Lampe, der nacheinander verschiedene Partien aus dem Dunkel hervorhebt.«[102] Sollte Mussorgski in *Catacombae* wirklich solchen Deskriptivismus angestrebt haben?

Tonal und harmonisch bereitet auch dieses Bild der Analyse Probleme.[103] Zwar beginnt die Phrase auf *h* und endet klar kadenzierend auf dominantischem *Fis*, auch suggeriert die Mittelstimmenbewegung der rechten Hand h-Moll, doch ist g(-Lydisch) mit Blick auf den Bassverlauf ein weiterer tonaler Bezugspunkt. Dieser wird nach dem Doppelstrich explizites Gravitationszentrum einer variierten Wiederholung der elftaktigen Phrase, in der das Melodische allmählich an die Oberfläche tritt und sich zu einer ausdrucksvollen Klage emporschwingt. Doch stört das von den Dominant- und Doppeldominantklängen ab Takt 15 beibehaltene tiefe *A* als irritierender Orgelpunkt die Wahrnehmung von g-Moll als Zwischenziel. Die plötzliche Eruption des Zwei-Oktaven-Sprungs in einen reinen Es-Dur-Sextakkord, gefolgt von einem dumpfen Echo eine Oktave tiefer in C-Dur, wurde von Schnittke als fragender Ausruf des Menschen gedeutet, der ohne Antwort bleibt.[104] Jedenfalls ist die Situation ausweglos, Mussorgski komponiert eine »Sackgasse« über ausgehaltenem (dominantischem) Fis, indem zwei aufeinander zustrebende Linien jäh in einen verzweifelt dissonanten Fortissimo-Akkord münden, den man schulbuchmäßig als grundtonlosen Septnonakkord der Doppeldominante Cis mit der None im Bass lesen kann. Möglicherweise wichtiger ist die Erkenntnis, dass die schärfste Dissonanz in diesem Akkord das *eis* gegenüber dem Grundton *fis* bildet, und dass dieses *eis* melodisch aus der aufsteigenden Linie der linken Hand hervorgeht, die Mussorgski (wenn auch ungenau) im Autograph mit einem Sforzato auf *his* in Takt 25 beginnen und hier im Akkord mit einem Sforzato auf dem *eis* enden lässt.[105] Aber ein wirkliches Ende ist dieser Missklang natürlich nicht, weswegen zur tonalen, harmonischen und auch semantischen Abrundung ein Nachspiel folgt, das die Reihe der Zwischenspiele, nun auf halber Strecke zu einem eigenen Bild, abschließt.

Ist *Catacombae* also wirklich ein einmalig exzentrisches Stück Musik? Einen interessanten Hinweis gibt Stephen Walsh, wenn er in der Textur und Handverteilung als mögliches Vorbild den Klaviersatz von Schuberts *Doppelgänger* vermutet (Notenbeispiel 16).[106] Das ist nicht unwahrscheinlich, da Mussorgski immerhin 1867 gegenüber Rimski-Korsakow dieses Lied zusammen mit Schumanns *Ich grolle nicht* als »vollkommen« bezeichnet hat.[107] Die semantische Nähe in der Darstellung äußersten Schmerzes

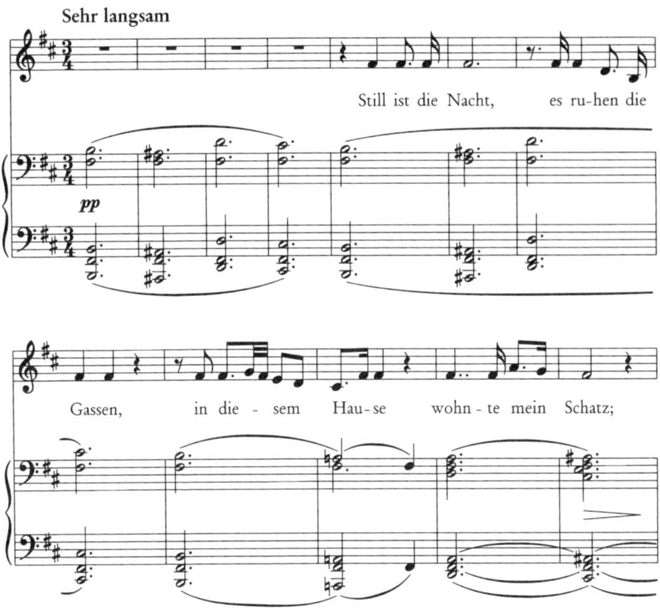

Notenbeispiel 16a: Schubert, »Der Doppelgänger«, T. 1–12.

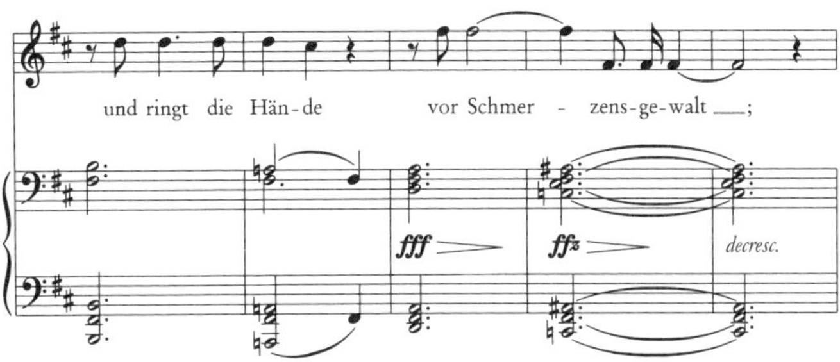

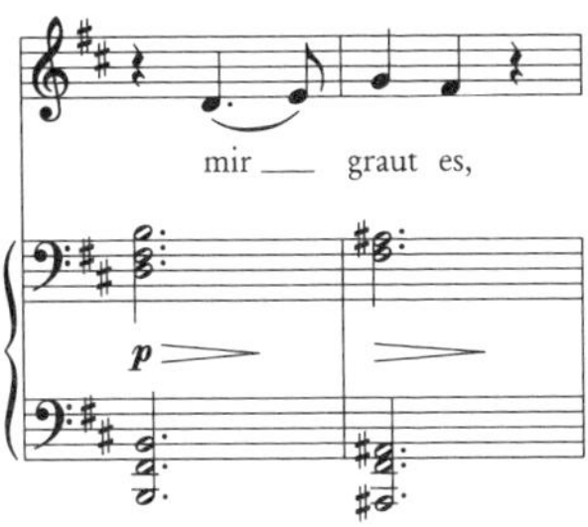

Notenbeispiel 16b: T. 29–35.

ist evident, aber auch die musikalischen Mittel gleichen sich: Schuberts ungewöhnliche, auf die ganztaktigen Akkorde gesetzte, hochexpressive Sforzati samt Decrescendo könnten in der Tat das unmittelbare Vorbild für Mussorgskis ebenso seltsame Dynamik sein, die aber wohl nicht rein orchestral gedacht ist, sondern zwei musikalische Schichten separiert.[108] Simon Perry dagegen sieht die drei eröffnenden dramatischen Oktaven als massive Augmentation des *Promenaden*-Themas, und da die ganze erste Phrase 11 Schläge umfasst, könnte es sich bei ihr um eine totale Transformation der ersten Zeile des zyklischen Themas handeln.[109]

Auch noch die Endung dieser beiden Phrasen als bewusste Analogie zu sehen (*g–f* bzw. *g–fis*), scheint ein eher entlegener Gedanke. Er wird allerdings gestützt von Derrick Puffetts Analyse, wonach genau in diesem Punkt *Catacombae* einen Wendepunkt im Zyklus bedeuten:[110] Während der für das Promenaden-Thema charakteristische Schritt von der Sexte zur Quinte *g–f* bis zu diesem Zeitpunkt in allen Stücken in Dur oder Moll eine prominente Rolle spielt, verwandelt ihn *Catacombae* durch Alteration zu *g–fis*, was im Nachspiel *Cum mortuis in lingua mortua* weitergeführt und in *Baba-Jaga* invertiert wird (*fis–g* innerhalb eines C-Dur-Kontextes). Erst das Schlussstück stellt den ursprünglichen, diatonischen statt chromatischen Zustand *g–f* wieder her. Puffett erkennt in der im Finale erreichten Verlagerung dieser beiden Töne von der VI. und V. Stufe (in B-Dur) zur III. und II. Stufe (in Es-Dur) einen Zirkelschluss innerhalb der Gesamtanlage des Zyklus: »Die motivische Transformation von *g–f* [...] erhält eine tiefere Bedeutung, indem sie in die tonale Organisation des Zyklus als Ganzes eingeht.«[111] Vielleicht ist es nicht notwendig, diese (an Heinrich Schenkers Reduktionsanalyse orientierte) Interpretation vollständig zu teilen, um zu erkennen, dass das Umkippen von Diatonik in Chromatik an dieser Stelle dem Zyklus eine unerwartete Wendung und damit zugleich ein harmonisches und tonales Telos gibt. Parallel zur Semantik der in den Katakomben symbolisierten maximalen Entfernung von der Vitalität des Anfangs gilt es nun, im Schlussteil eben diese wiederauferstehen zu lassen – in triumphaler Überhöhung. Die religiösen Konnotationen liegen auf der Hand, und sie werden in vollem Umfang eingelöst.

Das sich anschließende *Cum mortuis in lingua mortua* (s. auch S. 76f.) verwandelt das Promenaden-Thema in eine gleichmäßig bewegte Trauermelodie, »wie eine Klage über den unwiederbringlichen Verlust, wie ein Lamento über den verstorbenen Freund.«[112] Ljudmila Poljakowa hört aus dieser verwandelten Themengestalt Anklänge an den Hymnus *So svjatymi upokoj* (»Mit den Heiligen lass ruhn«) aus der Totenliturgie *Panichida* heraus,[113] den Mussorgski immerhin 1877 zu Beginn seines Liedes *Der Feldherr* aus dem Zyklus *Lieder und Tänze des Todes* im Klavier zitiert. Die spezifische Metamorphose des Promenaden-Themas in *Catacombae* und dann im *Heldentor von Kiew* ist als religiöses Sinnbild gedeutet worden: »Der Komponist führt wie Christus, der in die Hölle hinabgestiegen ist, Hartmanns Geist aus der Unterwelt zur künftigen Unsterblichkeit.«[114] Stassow hatte allerdings zum Zeitpunkt der Entstehung umgekehrt an Rimski-Korsakow geschrieben, dass der aktive Part Hartmanns Geist sei, der Mussorgski anruft: »Dann kommt, von Tremoli umgeben, das Thema der ersten Promenade in Moll – ein schwacher Lichtschein schimmert in den Schädeln auf, und hier plötzlich ertönt Hartmanns magischer, poetischer Anruf an Mussorgskij in der Musik …«[115]

Schnittke will überhaupt erst beim Tranquillo von Takt 11, wo Stassow Hartmanns Anrufung von Mussorgski platziert, das am Rand des Autographs notierte Aufleuchten der Schädel erkennen: »Es entsteht der Eindruck, dass diese Harmonie gleichsam aus sich heraus Licht verströmt, so geheimnisvoll-gespenstisch und märchenhaft-fantastisch ist ihr Klang.«[116] Wahrscheinlicher ist aber, dass nicht die harmonischen Strukturen dieser Schlusspassage, sondern das im ganzen Nachspiel präsente Diskant-Tremolo sinnbildlich für das Leuchten steht. Eine entsprechende Analogie erkennt Viktor Bobrowski im 1873 entstandenen Lied der Marfa aus dem III. Akt der Oper *Chowanschtschina*, wo bei der Strophe »Wie Kerzen Gottes werden wir leuchten: Ringsum die Brüder in Flammen, in Rauch und Feuer entschwinden die Seelen« die Violinen ebenfalls tremolierende Linien zeichnen (*Poco meno mosso. Mistico*, Ziffer 106).

Eine Funktion von *Cum mortuis* besteht darin, die tonale Stabilität zurückzuerobern, die in *Catacombae*, nur mutmaßlich in h-Moll stehend, verloren ging. »Durch die ganzen ›Catacombae‹ hindurch wird H vorwiegend wie ein ›tonaler Geist‹ empfunden, und erst (von einem analytischen Standpunkt aus) mit dem Schluss von ›Cum mortuis‹ wird dieses ultimative Ziel erreicht, in Form des letzten H-Dur-Schlussklangs.«[117] Die Tonika wird bei dieser Präsentation des Promenaden-Themas nie klar gezeigt. In der verklärenden Schlusspassage ab Takt 11 sind die dissonanten Akkorde in Takt 11 (13) und 15 (17) jeweils stark von Ganztonkomplexen gefärbt, die das Fantastische der Szenerie möglicherweise nochmals unterstreichen, sich aber in klares Fis-Dur auflösen. Ist Fis also die heimliche Tonika? Das Umkippen nach H-Dur vollzieht sich auf subtile und berückende

Weise, indem im Bass zweimal der Quintbordun *H–Fis* unter den stabilen Fis-Dur-Klang gelegt wird. Schließlich löst sich diese zarte Spannung in reines H-Dur auf. Aber beide tonalen Zentren existieren letztlich wohl als bivalentes System gemeinsam, und möglicherweise liegt hinter der gesamten Anlage dieser beiden aufeinander bezogenen Stücke mit den tonalen Zentren G–Fis–H eine makroskopische Variante des Eröffnungsmotivs zu Beginn des Zyklus *g–f–b*.[118]

Für Margulis schließt sich eine Deutung von *Cum mortuis* als bloßes weiteres Zwischenspiel aus: wegen der Präsenz eines – wenn auch nur in Bleistift und provisorisch ergänzten – Titels, vor allem aber wegen des semantischen Gewichtes dieser Musik, die er als eine Vision von der Seele nach dem Tode bezeichnet und entfernt mit dem Ende von Beethovens letzter Sonate op. 111 verbindet. Maria Judina nannte es »einen der Höhepunkte des Zyklus«. Tatsächlich handelt es sich bei diesem letzten Nicht-Hartmann-Bild des Zyklus um etwas anderes als in den vorausgegangenen Intermezzi: Die Funktion des Zwischenspiels und sein Hauptelement, nämlich eine Variante des Promenaden-Themas, werden zwar übernommen, aber zu einem größeren und komplexeren Stück ausgearbeitet.

Wenn die Musik nach Takt 10 beendet wäre, könnte man mit Fug und Recht von einem weiteren Zwischenspiel sprechen. Doch das nun folgende, nochmals 10-taktige Tranquillo führt einen neuen Gesang ein (*il canto ben marcato*) der jene Erlösung bringt, jenes Erbarmen, das in *Catacombae* so drastisch verweigert wurde. Tatsächlich lässt sich diese singende Auflichtung nach Dur gestisch als Fortführung der emphatischen Kantilene im Mittelteil von *Catacombae* verstehen und motivisch als Übernahme der chromatischen Schlusswendung im Tremolo zuvor, also als eine Synthese, deren kurze Phrasen einen Hauch von Abschiedswinken verströmen. Wie immer läuft man auch hier Gefahr, zuviel in die Noten semantisch hineinlesen und konkretisieren zu wollen. Und doch scheint diese Zwiesprache des Komponisten mit der Seele des verstorbenen Freundes dadurch zum Ausdruck gebracht, dass das durchgehende Oktav-Tremolo – das stille Leuchten als Ruf der (oder des einen) Toten – vom höchsten Diskant in eine mittlere Lage hinabgestiegen ist (dadurch zugleich die fallende Lamento-Chromatik von *Catacombae* aufgreifend): genau in die Lage, in der dann der tröstende Canto einsetzt.

Mussorgskis Partitur weist hier ein ungewöhnlich überladenes Notenbild auf, das die verschiedenen Schichten der Musik sichtbar machen will. Es ist symbolisch zu verstehen, dass der Canto aus zwei bis in die Pausen hinein getrennt notierten Stimmen in parallelen Oktaven besteht – als wäre es ein Duett! (Vielleicht erklärt auch das die ambivalente »Bitonalität« dieser Passage.) So vereinen sich in symbiotischer Parallelführung der tenorale Canto als Stimme Mussorgskis und die von tremolierendem Diskant-Leuchten getragene Stimme Hartmanns. Nicht das Lateinische ist also die »lingua mortua«, sondern jenes schimmernde Tremolo-Band, in das Mussorgski singend mit einstimmt – und damit den eigentlichen Sinn der Überschrift enthüllt. Mussorgskis in Tönen vollzogene Verschmelzung mit Hartmanns »Schöpfer-Geist« erübrigt die Frage, wer von beiden nun den anderen führt; aber wohin das Freundespaar sich aufschwingt, das ist überdeutlich hörbar.

Nr. 9: »Die Hütte auf Hühnerfüßen (Baba-Jaga)« / »Избушка на курьихъ ножкахъ (Баба-Яга)«

Wie Stassow zu Recht anmerkt, setzt Mussorgski nicht die Uhr in Töne, sondern das Märchenmotiv: den rasenden Ritt der Hexe in ihrem Mörser, den sie mit dem Stößel antreibt. Ob das mutmaßlich sehr hohe Tempo (♩ = 120) und der mechanische Rhythmus doch »den Eindruck einer gigantischen Uhr« hervorrufen, wie Michael Russ geschrieben hat, ist fraglich.[119] Auch Margulis schlägt in der angespannten Stille des Mittelteils, ohne es explizit auszusprechen, eine Brücke zur Bildvorlage: »Die 16tel müssen den Eindruck einer arbeitenden, unemotionalen Uhrenmechanik hervorrufen.«[120] Nach Ljudmila Poljakowa hört man in der Musik alles Mögliche, aber kein Uhrenticken: »das Pfeifen der Baba-Jaga, ihre Schreie, das Rauschen des Windes und das Knacken der Äste während ihres Fluges durch den Wald im Mörser«.[121]

Ganz ohne den Gedanken an Mechanik sind in der russischen Musik andere musikalische Baba-Jagas entstanden, nämlich die von Alexander Dargomyschski (die im Titel makkaronische Scherz-Fantasie *Baba-Ÿaga ou De Volga nach Riga*, 1862), Peter Tschaikowsky (die Nr. 20 im *Kinderalbum* op. 39, 1878) und Anatoli Ljadow (das Orchesterscherzo *Baba-Jaga* op. 56, 1904). Dargomyschskis Orchesterfantasie muss Mussorgski zumindest in Form der 1872 im Druck erschienenen vierhändigen Bearbeitung des Komponisten gekannt haben. Es ist nicht schwer, in diesem Werk prototypische Merkmale auch von Mussorgskis Hexenporträt zu finden: von Pausen isolierte, kantige Septimensprünge abwärts sowie rasche Tonrepetitionen im Bass, sodass die obige Vermutung vom Uhren-Ticken noch unglaubwürdiger wird (Notenbeispiel 17). Außerdem lassen die in doppelten Oktaven unisono geführten Zackenlinien von Mussorgskis Baba-Jaga als motivischen Urahn Glinkas Tschernomor erkennen (Notenbeispiel 18). Aber während Dargomyschski nach den exzentrischen Anfangsgesten ein polterndes Hexenthema im Fagott ausbreitet (ein Einfall, der sich bei Ljadow wiederfinden wird), setzt Mussorgski auf ganz andere, sehr unkonventionelle Ingredienzen.

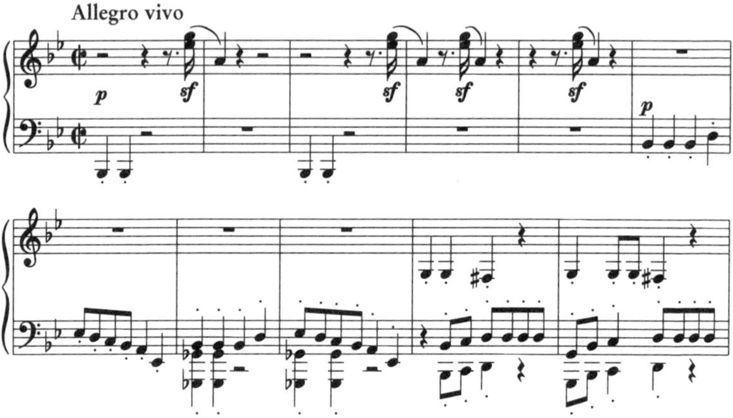

Notenbeispiel 17: Dargomyschski, Scherz-Fantasie »Baba-Ÿaga ou De Volga nach Riga«, T. 1–11.

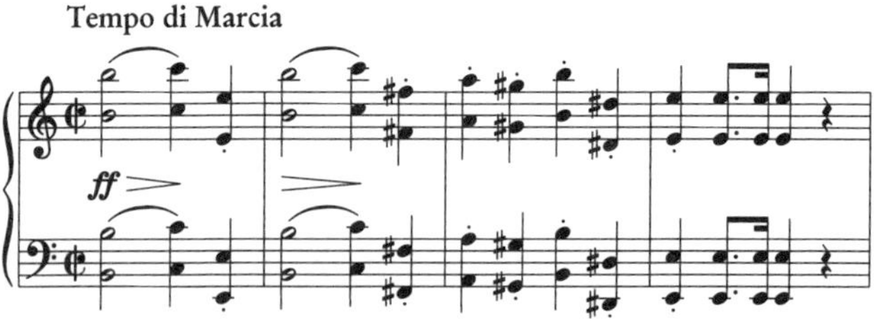

Notenbeispiel 18: Glinka, »Ruslan und Ljudmila«, Marsch des bösen Zauberers Tschernomor.

Das Formschema der *Baba-Jaga* lässt sich inhaltlich nach Valentina Cholopowa wie folgt füllen:[122]

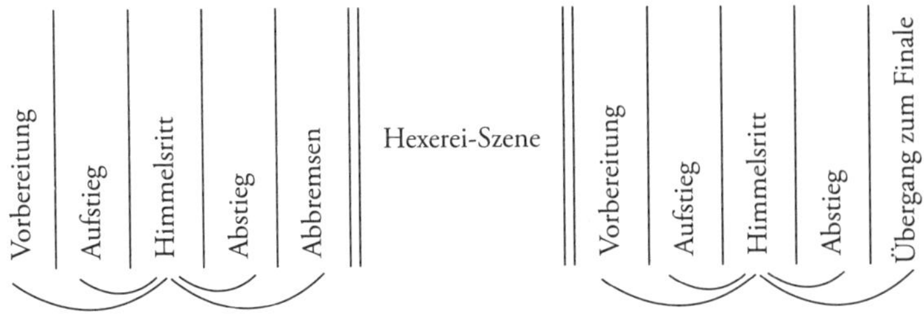

Diese alles in allem wohl zu visuell ausgerichtete Lesart des Stückes passt erstaunlich gut zur Musik. Auf die 16-taktige Einleitung, in der Septime, Sekunde und Tritonus als »fantastische« Kernintervalle exponiert werden – hier »bereitet sich die Hexe zum Ritt vor«[123] –, folgt ein »grotesker Marsch, etwas in der Art eines Hexensabbats, dem Geiste der Musik nach näher an der *Nacht auf dem Kahlen Berge* als an den genannten Stücken von Tschaikowsky und Ljadow.«[124] Zunächst schwingt sich die Hexe in die Luft: Mehrfach oktavierte Quartsprünge stampfen chromatisch sequenziert aufwärts und bilden ein massives Ostinato, über dem mit Vorschlägen geschärfte Akkordfolgen herabsinken. Wie Schnittke anmerkt, handelt es sich um eine nicht-funktionale Harmonisierung der darunter liegenden Bass-Oktaven. Lini Hübsch erkennt hierin eine Ableitung aus dem Hauptmotiv der tanzenden Küken.[125] Dieser Bezug wäre überaus hintersinnig, denn nicht nur die Idee des Fliegens steht damit nochmals im Raum, sondern auch der Kinder, die Baba-Jaga bekanntlich zu fangen und zu verspeisen trachtet. Eine absichtliche, sarkastische Verzerrung des Küken-Balletts ist also durchaus denkbar.

Im Luftraum angekommen, erklingt das nächste thematische Element, eine akkordische Melodie im Diskant, »die wie ein ekstatischer Freudengesang der Hexe klingt.«[126] An diesem Punkt scheint das vorzeichenlose Stück seine Tonalität offenbart zu haben, nämlich C-Dur. Aber auch nach den 32 Takten Vorbereitung dieses Themas ist C-Dur nicht wirklich als Tonika definiert. Vorherrschende Klänge sind der Quartsextakkord in C-Dur und der Sextakkord in Es-Dur; die Dominante von C-Dur ist nirgends erkennbar, obwohl *G* als monumental ausgebreiteter Achsenton eine überaus wichtige Rolle spielt. Anstelle von Tonika-Dominantbeziehungen handelt es sich eher um eine Gegenüberstellung von C und Es, wobei auch e-Moll und c-Moll prominent hervortreten. Zudem bilden Quarten eine Art von Grund-Intervall.

Die Musik der Baba-Jaga bleibt daher dauerhaft instabil, sie schwankt innerhalb klar definierter Grenzen. Im großen Maßstab erfüllt sie damit die Funktion einer (nicht ohne das folgende Bild denkbaren) »Rückleitung« zur – im weitesten Sinne – »Reprise« des Zyklus, auf die sie zielstrebig hinführt.[127] Der C-Dur-Jubel der garstigen Märchenhexe ist also nur ein scheinbarer: Das triumphale Es-Dur des folgenden Bildes trägt den Sieg davon, der in der Hütte auf Hühnerfüßen gleichsam musikalisch ausgefochten wurde, unter anderem in der Weiterführung des »Freudengesangs«, der mit nicht-funktionalen Septakkorden abwechselnd C und Es bzw. G ansteuert, wobei im Tenor *Fis* und *B* als Achsentöne dienen.[128] Juri Cholopow hat diese grundsätzliche Instabilität vor allem auf die Rahmenteile des Stückes bezogen, während der Mittelteil innerhalb seines verfremdeten e-Moll relativ stabil ist; die Formfunktionen sind also vertauscht.[129]

Nach dem furiosen 16tel-»Sinkflug« der Hexe, der mit der flächigen Ausbreitung von *as* und *g* als großer Septime (eine Inversion des Anfangs, T. 5 ff.) ausgebremst wird, folgt *Andante mosso* der Mittelteil als Kontrastsektion. Maria Judina erblickt hier eine Verwandlung der alten Hexe in eine Verderben bringend verführerische Zauberin (als die sie in anderen slawischen Überlieferungen auch auftritt): »Aber im Zentrum des Stückes verwandelt sich Baba-Jaga in eine andere folkloristische Gestalt – in eine Zauberin, Rusalka, ›Víla‹, ›Beregowina‹. Das Bild der bösen, alten, lästerlichen, zänkischen, unheilvollen Jaga schlägt um in das einer Zauberin vermittels genialer Enharmonik.«[130] Für Judina ist Mussorgskis musikalisches Bild ausdrücklich ein Märchen »des Volkes«, wobei man diese Aussage kaum zitieren kann, ohne eine eigene Diskussion über den Stellenwert von Märchen im sowjetischen Kulturleben zu eröffnen. Die in der Musik sich darstellende Kombination aus Erfindung und Wahrhaftigkeit, Fantastik und Überzeugungskraft bezeichnete Schnittke mit dem paradoxen und wohl nur vor dem Hintergrund der ästhetischen Diskurse im Stalinismus verständlichen Begriff »Märchen-Realismus, der ein untrennbarer Teil der russischen Volksmärchen ist.«[131] Aber ganz gleich, wie in den 1950er- oder 1970er-Jahren das Sujet aufgefasst worden sein mag, es bedeutet in jedem Fall eine explizite Hinwendung zu nationalem Kulturgut, und das eben auch für Mussorgski.

Stassow zufolge hat Baba-Jaga nun also ihre Hütte aufgesucht. Welche poetische »Hexerei« Valentina Cholopowa im Mittelteil vermutet (s. Grafik S. 113), ist unklar, aber in den musikalischen Hexenkessel möchten wir gerne einen Blick werfen. Auffällig ist bereits die in Takt 96 beginnende Strukturierung in fünf 14-schlägige Einheiten (jeweils drei 4/4-Takte und ein 2/4-Takt bilden eine Einheit). Das geheimnisvoll wispernde, durch die konsequent doppelte Bogensetzung dezidiert beunruhigend statt einschmeichelnd wirkende 16tel-Band aus raschen Terzenpendeln schafft eine unheilvolle Atmosphäre, die nun grundsätzlich leise statt wie der Rahmenteil grundsätzlich laut ist. Darunter erklingt *non legato* ein herbes, Tritonus-geprägtes neues Thema, das für Lini Hübsch »gleichsam eine Karikatur des Promenaden-Themas«[132] darstellt; rhythmisch ist es als Augmentation des Anfangs dieses Bildes gestaltet (vgl. T. 96 f. mit T. 1–4).[133] Harmonisch ergibt sich im weiteren Verlauf ein (durch die Themenwiederholung ab T. 108 zweimaliger) Wechsel von unvollständigem vermindertem Septakkord und übermäßigem Dreiklang.[134] Die harmonische Landschaft ist also betont »fantastisch«.

In der Wiederholung nimmt der Gruselfaktor zu, indem das 16tel-Band zu einem Terzen-Tremolo intensiviert wird und im Diskant schrill aufspringende Akkorde als dissonante Einsprengsel hinzukommen. Dann steigt das Tremolo, leise an- und abschwellend, in düstere Tiefen hinab, zuletzt in Form von (überwiegend alterierten) Sextakkorden, über denen ein jäher Oktavensprung erschallt. Aus dem dunklen Brodeln heraus setzt plötzlich die wörtliche Wiederholung des A-Teils ein. Mussorgski hatte ursprünglich eine neu gestaltete Version der Einleitung geplant, diese dann aber zugunsten einer verkürzten Version verworfen.[135] Diesmal aber folgt nach dem »Sinkflug« kein Bremsmanöver, stattdessen dreht sich die wilde 16tel-Bewegung um und steigt als halb modaler, halb chromatischer Oktavenlauf – sinngemäß ein *martellato* – dramatisch aufwärts, um ohne Unterbrechung in das *Heldentor von Kiew* zu münden. Die Hexe verschwindet von der Bühne, indem sie »optisch« vom folgenden Bild einfach weggewischt wird.

Bisher nicht oder kaum bemerkt wurde die deutliche musikalische Verwandtschaft zwischen Gnomus und Baba-Jaga. Sie betrifft vor allem das motivische Grundmaterial, das sich aus dissonanten Intervallschritten und -sprüngen (kleine Sekunde, Tritonus, Septime) zusammensetzt und vorwiegend linear ausgebreitet wird. Die thematischen Kernfiguren lassen sich sogar als Verwandlungen oder Varianten begreifen: nicht nur Gnomenmotiv und Hexenhymnus oder die absteigenden Akkordfolgen, sondern auch die Kombination aus Intervallsprüngen und parallelgeführten Terzen in den beiden Mittelteilen (Notenbeispiel 19a–c). Folgt man dieser Deutung einer engen inneren Verbundenheit, so rückt die schwierige Frage nach dem lateinischen Titel des ersten Bildes noch weiter in den Hintergrund. Die Vermutung, dass es sich dort um ein Porträt des Tschernomor handelt, bekommt dagegen weitere Argumente geliefert: durch die deutliche Konnotation als russische Fantastik – und durch den gemeinsamen Rückbezug auf Glinka.

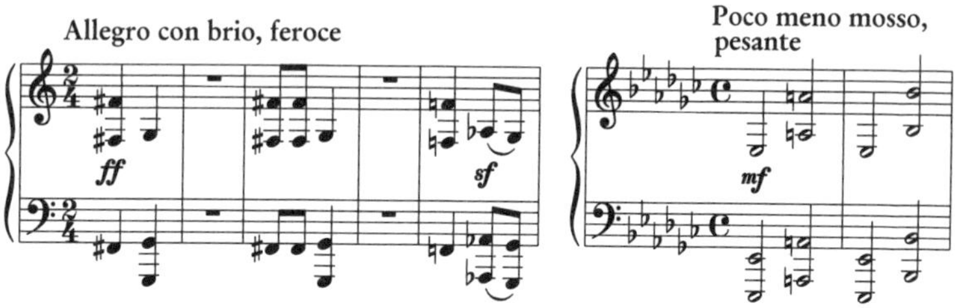

Notenbeispiel 19a: Motivische Analogien zwischen »Gnomus« und »Baba-Jaga«, weite Oktavensprünge in dissonanten Intervallen mit chromatischer Fortschreitung (freie Inversion).

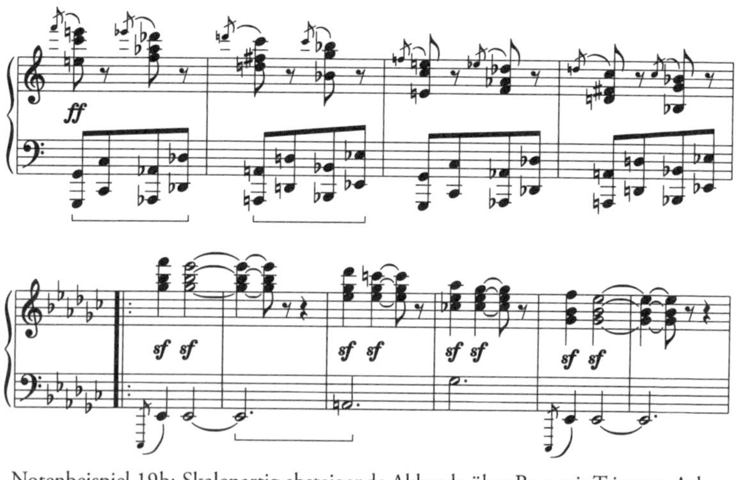

Notenbeispiel 19b: Skalenartig absteigende Akkorde über Bass mit Tritonus-Achse.

Notenbeispiel 19c: Melodische Einrahmung der Tonika-Quinte durch kleine Sexte und Sekundschritt neben dem Grundton (freie Inversion).

Nr. 10: »Das Heldentor (in der alten Hauptstadt Kiew)« / »Богатырскія ворота (въ стольномъ городѣ во Кіевѣ«

Die vielschichtige Symbolik, die in Hartmanns Entwurf zum Stadttor von Kiew zum Ausdruck kommt, zeichnet sich musikalisch auf drei Ebenen ab: Es gibt eine instrumentale Hymne in Anlehnung an den bekanntesten aller russischen Ruhmeschöre, einen imitierten Chorgesang in Anlehnung an die Muster der russisch-orthodoxen Kirchengesänge und die Imitation von Glockengeläut. Dass es sich jeweils um Allusionen handelt, nicht um wirkliche Zitate, ist sicherlich kein Zufall. Was Mussorgski musikalisch in diesem letzten Bild der Ausstellung entwirft, ist ja kein bloßer Blick in ruhmreiche Vergangenheit, sondern die Vision einer noch strahlenderen Zukunft Russlands. Sein eigener Beitrag zur russischen Kultur soll, ebenso wie derjenige Hartmanns, aus dem Bewusstsein um nationale Vergangenheit und Tradition heraus in die Zukunft weisen, er kann sich daher nicht auf reines Zitieren beschränken. Das Mittel für diesen Weg in die Zukunft liegt in der Synthese jener nationalen Traditionen – und eine musikalische Synthese ist es, die sich hier vor uns abspielt. Überlagert wird sie von der nur diesem Zyklus eigenen Synthese auch des Individuums, das sich in der Promenade und den Zwischenspielen äußerte, mit der Nation: mit Volk, Religion und Zarentum. Deswegen fließt das Promenaden-Thema hier, den Zyklus formal und semantisch abrundend, in die genannte Themenvielfalt zusätzlich mit ein. Maria Judina führt diese Intention des Komponisten sogar noch weiter: In ihrer pathetischen Deutung ist das Schlussstück des Zyklus eine nicht von einem genialen Schöpfer allein, sondern vom ganzen Volk gemeinschaftlich geschaffene »Synthese der russischen Kultur«.[136]

Die Rückbindung der drei musikalischen Hauptelemente, die sich auch durch unterschiedliche modale Strukturen deutlich unterscheiden,[137] an Hartmanns Entwurf ist westlichen Forschern oft verborgen geblieben, weil sie die Architekturzeichnung nur teilweise interpretiert und meist überhaupt nur die Fassade gekannt haben. Aber schon Alfred Schnittke bemerkte, dass das Kircheninnere (!) des Torbogens und der Glockenturm als Impuls für den Chorgesang und das Glockengeläut dienten; insgesamt nähere sich das Finale der *Bilder einer Ausstellung* »den episch-monumentalen Chorfinali der besten russischen klassischen Opern«;[138] auch Lini Hübsch sah es als eine Art von groß angelegtem »Opernfinale«.[139] Diesen Vergleich mögen die stilistischen Analogien zu Mussorgskis eigenen Bühnenwerken nahelegen, inhaltlich ist er eher schief, denn die sehr spezifischen Bestandteile dieses instrumentalen Finales gehorchen einer anderen, symbolischen Dramaturgie. Strukturell handelt es sich um eine Art von Rondo (A Hymne, B Kirchenchor, C Glockengeläut):[140]

A	B	A1	B1	C	A2
T. 1–29	30–46	47–63	64–80	81–113	114–174
Es	As	Es	Es	es / Es	Es

Betrachten wir also das thematische Material genauer, zunächst die sofort in Glanz und Gloria ertönende Hymne der ersten Takte. Schnittke weist darauf hin, dass das Hauptthema des Heldentors zwar neu und eigenständig ist, aber als grandiose Überhöhung der Promenaden-Motivik wahrgenommen wird, deren wichtigste Elemente es vergrößernd umgestaltet: Dreiton-Strukturen, majestätische Entfaltung und akkordische Anlage.[141] Lini Hübsch betrachtet es ganz konkret als augmentierte Ableitung aus dem Mittelteil der ersten Promenade, mithin als eine Variation des Promenaden-Themas.[142] Aber der Ursprung könnte auch ganz woanders liegen: Wie Jewgeni Trembowelski gezeigt hat, ähnelt das Hauptthema relativ deutlich den im frühen 19. Jahrhundert entstandenen Variationen für Hornorchester über das Lied *Jaroslav-Gorod* (»Die Stadt Jaroslaw«), dessen Titel womöglich sogar in Mussorgskis Formulierung »stol'nom gorode vo Kieve« (»in der alten Hauptstadt Kiew«) widerhallt:[143]

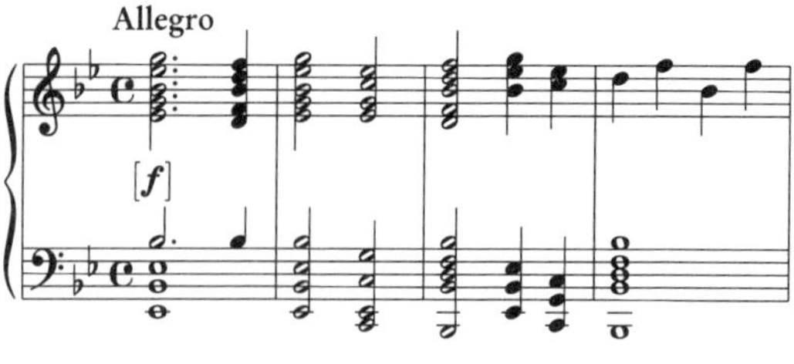

Notenbeispiel 20: Variationen für Hornorchester »Die Stadt Jaroslaw«.

Ohne diese Modelle im Einzelnen verwerfen zu wollen, scheint doch klar, dass das vorliegende diatonische Motivmaterial tendenziell zu unspezifisch ist, um eine eindeutige Zuordnung zu gestatten.

Der grandiose Klang des hymnischen Hauptthemas erweist Mussorgskis besonders ausgeprägtes Verständnis für das Instrument, auch wenn er dabei die gewohnten Wege der Klaviermusik seiner Zeit verlässt. Die rein spieltechnisch zunächst unnötigen Vorschläge des jeweils tiefsten Akkordtones im Bass wecken bereits die Vorstellung von sich einschwingendem, schwerem Glockenklang, auch wenn die vollstimmige Akkordfaktur insgesamt eher an ein vokal-orchestrales Tutti wie in Glinkas *Leben für den Zaren* denken lässt. Bei der noch massiveren Themenwiederholung hat Mussorgski einen in wuchtigen Oktaven gesetzten Tonika-Orgelpunkt ergänzt, wobei er in bemerkenswerter Weise nicht nur die Vorschläge dieses Orgelpunktes, sondern auch die übergebundenen Hauptnoten grafisch *vor* den ersten Schlag der darüberliegenden Stimmen in beiden Händen setzt, also entgegen allen Regeln und der Arithmetik. Warum? Er verdeutlicht damit, dass dieser tiefe Glockenton, über dem sich die Hymne in breiten Akkorden entfaltet, nicht missverstanden werden darf als Teil eines einfach nur unspielbar breiten einzigen Akkordturmes (so, wie er in zahlloser romantischer Klaviermusik zu finden ist, besonders oft in Schlusskadenzen wie etwa bei Brahms). Es handelt sich stattdessen um verschiedene musikalische Schichten, die in Mussorgskis eigenwilliger Grafie auch optisch voneinander getrennt werden. Und zugleich impliziert diese grafische Verrückung des Orgelpunktes, dass der Zeitraum zwischen dem Vorschlag und den Akkorden der Oberstimmen gleichsam undefinierbar weit ist – das Gefühl für ein durchlaufendes Metrum wird hier teilweise suspendiert, die Pianisten und Pianistinnen können sich sinngemäß soviel Zeit dafür nehmen, wie ihnen richtig erscheint, weil in dieser Fülle des Wohllauts keine Zeiträume mehr messbar sind.

Wie ein Filmschnitt schließt sich ohne jede Zäsur das zweite Thema an, den lautstarken Durjubel mit leisem Moll kontrastierend. Dass dieses Thema eine Variante des ersten darstellen könnte, ist eine kühne These, die ihren Vergleich auf nicht mehr als sehr allgemeine stufenförmige Auf- und Abwärtsbewegungen stützen kann.[144] In der Wahrnehmung überwiegt jedenfalls der Eindruck von völligem Gegensatz. »In die uneingeschränkte Fröhlichkeit und das Gelächter des Recken brechen plötzlich Kirchengesänge: dem Komponisten erscheint der im Sarg liegende Leichnam des Freundes beim Totenamt, umgeben von Kerzen und dem Duft von Weihrauch. Doch alsbald schwindet die Vision, und vor dem Hörer ersteht wieder das Bild des alten Russland in all seiner Größe und Kraft.«[145] Wjatscheslaw Karatygin hat hier recht ungewöhnliche Assoziationen formuliert, die in Bild und Musik wenig Rückhalt finden; weder ist ein einzelner Recke, noch Gelächter, noch sind Kerzen und Weihrauch erahnbar. Auch die mit dem plötzlichen Erklingen des Kirchenchors verbundene Vorstellung von einer Totenliturgie ist insofern aus der Luft gegriffen, als die Chormelodie sich an einem Modell außerhalb dieser Liturgie orientiert.

Stassow schrieb wenige Tage nach der Fertigstellung des Werkes in seinem Brief an Rimski-Korsakow zum *Heldentor*: »Da gibt es ein besonders schönes kirchliches Thema ›Die ihr auf Christum getauft seid‹, und die läutenden Glocken sind in einem völlig neuen Stil.«[146] Gemeint ist »Elicy vo Christa krestistesja« (Galater 3, 27: »Wieviel euer auf Christum getauft sind, die haben Christum angezogen.«), das anstelle des Trishagion gesungen wird an Weihnachten, Epiphanias, am Lazarus-Samstag vor Psalmsonntag, in der Oster- und Pfingstwoche. Da die russisch-orthodoxe Kirche in ihrem *Obichod*, der Sammlung liturgischer Gesänge, oft viele verschiedene Varianten eines Gesanges kennt, kann die von Stassow konkret gemeinte Melodie nicht mit Sicherheit bestimmt werden. Aber auch der Blick auf die ähnliche Gesangsweise aus dem zeitlich am nächsten stehenden *Obichod cerkovnyj notnago penija* von 1860 (Notenbeispiel 21) zeigt, dass Mussorgskis Choral kein wirkliches Zitat sein möchte, selbst wenn Stassow Anklänge herausgehört haben will; es sei denn, der Komponist selbst hätte im Gespräch mit ihm diese Analogie betont.

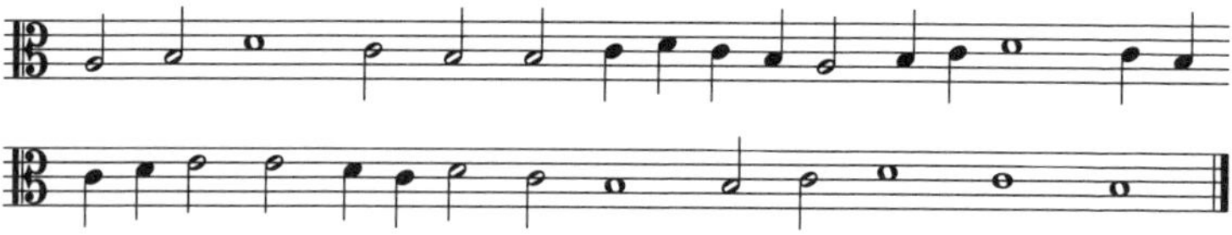

Notenbeispiel 21: »Elicy vo Christa krestistesja« aus dem »Obichod cerkovnyj notnago penija«, Moskau 1860 fol. 83v.

Mussorgski lässt den Gesang nicht einstimmig vortragen, sondern in vierstimmigem Akkordsatz, der den Prinzipien der russischen mehrstimmigen Kirchenmusiksätze im mittleren 19. Jahrhundert entspricht: Nach dem Vorbild des protestantischen Kantionalsatzes wurden die Melodietöne mit Dreiklängen unterlegt. Die melodische Skala der alten Kirchengesänge ist auf Trichorden (Dreiton-Abschnitten) aufgebaut. Mussorgskis Chormelodie hat unterschiedliche modale Deutungen erfahren: Juri Cholopow erkennt eine Obichod-Skala mit verminderter Oktave ausgehend von *es* (*es–fes–ges–as–heses–ces–des–eses*),[147] Lini Hübsch spricht von zwei phrygischen Tetrachorden,[148] Trembowelski von einer lokrischen Reihe.[149] Die modale Färbung ist jedenfalls bestens hörbar, umso mehr, als die Harmonisierung eben nicht dem Dur-Moll-Denken gehorcht, sondern den Leiterstrukturen, sodass schließlich abstruse Akkorde wie ces-Moll in Takt 39 auf dem Papier stehen. Die reduzierte Dynamik und die wohl beispiellose Anweisung *senza espressione* verdeutlichen, dass es sich um gedämpften liturgischen Chorgesang (im Inneren der kleinen Kirche?) handelt, der keine individuell-subjektive Ausdrucksebene besitzt und nur sanft an- und abschwillt, um in archaische Quinten zu münden.

Abrupt kehren jubilierend und energisch die ersten 17 Takte des Hauptthemas wieder, nun mit über die ganze Tastatur laufenden, festlichen Oktavengängen. Ebenso abrupt bricht wieder der Chorgesang ein, wörtlich wiederholt, aber nun auf der – obschon erneut modal gehandhabten – Tonika Es und im Fortissimo, noch immer *senza espressione* (eine ungewöhnliche Herausforderung im Vortrag). »Der Besucher ist offensichtlich jetzt in den Kirchenraum eingetreten und der Gesang dringt ihm lauter entgegen.«[150]

Als drittes Element setzt nun Glockengeläut ein, das sich stufenweise entfaltet. Entsprechend dem stockwerkartigen Aufbau des sogenannten *perezvon* (Festgeläuts) russischer Kirchen erklingen zunächst die tiefen langsamen Glocken, dann die mittleren mäßig bewegten und schließlich die hohen schnellen Glöckchen. Margulis hat zur Verdeutlichung dieser sich auftürmenden Klangschichten die Empfehlung gegeben, zunächst nur einen Schlag pro Takt zu akzentuieren (T. 81–84), dann zwei Schläge (T. 85–88), dann vier (T. 89–92) und schließlich acht Schläge pro Takt, also jede Achtel (T. 93–96).[151] So bekommt Schnittkes Wort von der »Sinfonie der Glocken«[152] seinen Sinn. In harmonischer Hinsicht sind die Glockenklänge etwas weniger zukunftsweisend als diejenigen in der Krönungsszene von *Boris Godunow*, wo zwei im Tritonusabstand stehende Septakkorde einen statischen oktatonischen Zustand generieren. Hier sind es der Quintsextakkord der II. Stufe im Wechsel mit dem Terzquartakkord der erniedrigten II. Stufe, die schließlich in einen Dominant-Orgelpunkt übergehen, über dem dann integriert in die Glockenklangimitationen des Diskants das Promenaden-Thema einsetzt (T. 97).

Dies ist ein in jeder Hinsicht bemerkenswerter Moment. Nachdem alle drei Bestandteile des klingenden Russland-Bildes erklungen sind, beginnt die eigentliche Synthese. Das Selbstporträt des durch die Ausstellung seines verstorbenen Freundes wandelnden Komponisten verschmilzt nun mit dem festlichen, immer lauter anschwellenden Glockengeläut. Die aufgestaute Spannung löst sich in einem beidhändigen Es-Dur-Lauf vom höchsten Diskant in die tiefste Tiefe der Klaviatur, dann kehrt die Final-Hymne zurück, nochmals kräftiger und volltönender, als endgültige Bestätigung der Zyklus-Tonika. Sie bringt eine weitere Synthese, denn ihre jetzige Gestalt mit den weiten wuchtigen Akkordsprüngen in beiden Händen stellt selbst ein hypertrophes Glockengeläut dar. Besonders effektvoll wechseln sich triolische und gerade Halbe entsprechend der Bewegung der melodischen Motive ab.

Die ursprüngliche Melodie geht ab Takt 136 in eine groß angelegte Steigerungssektion über, in der bei stetig anwachsender Dynamik durch chromatische Veränderungen in den Akkorden nochmals die Dominantebene spannungsvoll ausgebreitet wird. Auf dem Höhepunkt dieser Steigerung tritt als retardierendes Moment eine Verlangsamung zu Hemiolen auf, sodass die herabfallenden Akkorde der rechten Hand noch monumentaler wirken. Danach wird ein Takt eingeschoben, der zwar melodisch aus Takt 17 der Hymne stammen könnte; harmonisch allerdings weist er mit den fernen Tonarten Ces-Dur und Ges-Dur auf eine andere Herkunft, nämlich den Chorgesang. (Der also in T. 17 auch schon impliziert sein könnte.) Dies ist die dritte, letzte und vielleicht wichtigste Synthese: Glockengeläut, Hymne und Chorthema verschmelzen – in geradezu cineastischer Manier, so als würde eine Kamera bei der Jubelfeier ausschnittartig die einzelnen Gruppen einfangen – zu einer triumphierenden Gesamtheit. Und diesen Triumph besiegelt dann der letzte Abschnitt: *Grave* und *sempre allargando* ertönt ein letztes Mal der dröhnende Themenkopf der Hymne, um mit wenigen kadenzierenden Akkorden in ein laut vibrierendes Unisono-*Es* zu münden.

Die musikalische Inszenierung einer finalen apotheotischen Synthese erz-russischer Elemente entspricht in ihren wesentlichen Teilen also dem, was Hartmann mit seinem Torprojekt evoziert hatte. Darüber hinaus führt allerdings Mussorgskis zusätzliche Integration seiner eigenen Person in dieses synthetische Finalbild und damit in die visionäre Kunstwelt seines Freundes Hartmann: Die Musik errichtet ihm ein ewiges Gedenken, indem sie metaphorisch Hartmanns strahlende Wiedergeburt vollzieht im Reiche seiner eigenen künstlerischen Visionen, die nun zu triumphaler Entfaltung gelangen.

Das Eigene und das Fremde: Zyklusidee und geschichtlicher Ort

Vorbilder und poetische Anlage

Kurt von Wolfurt bezeichnete die Bilder 1927 als »wohl das bedeutendste Klavierwerk, das die Russen bisher hervorgebracht haben. [...] Das ganze Werk ein Volltreffer mit sprudelnder Erfindung und in die Zukunft weisender Originalität. Das russische Gegenstück zu Schumanns ›Carnaval‹ und diesem ebenbürtig.«[153] Schumann war für die russischen Komponisten nach der Mitte des 19. Jahrhunderts eine zentrale Leitfigur, auch und besonders im Kreis um Balakirew. Der *Carnaval. Scènes mignonnes* op. 9 zählte zu den besonders bekannten und beliebten Stücken des Komponisten; er wurde von Anton Rubinstein just im März 1874 in Petersburg aufgeführt, und Stassow zeigte sich beleidigt, dass Mussorgski nicht anwesend war.[154] Neben dem *Carnaval* ließen sich auch Schumanns *Papillons* op. 2, die *Davidsbündlertänze* op. 6 oder der *Faschingsschwank aus Wien* op. 26 anführen als Beispiele für programmatische Zyklen, die von poetischen Bändern zusammengehalten werden. Dass es Wera Walkowa zufolge im *Ballett der unausgeschlüpften Küken* sogar zu einer direkten Übernahme der tanzenden Buchstaben aus *Carnaval* gekommen sein könnte (Notenbeispiel 22), ist allerdings eine kaum eindeutig belegbare und vor allem kaum notwendige These.[155]

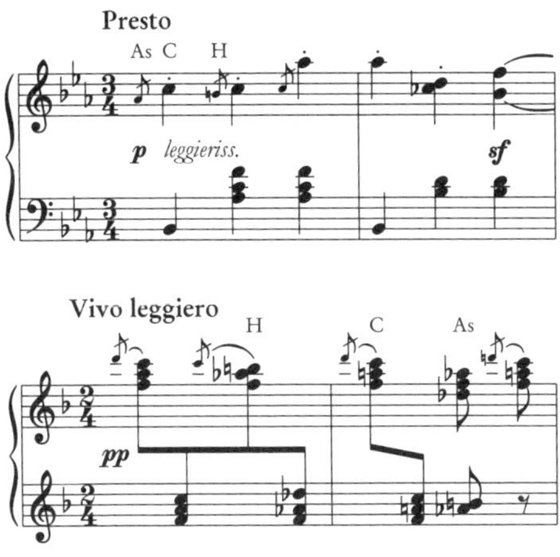

Notenbeispiel 22: Hypothetische Allusion an Schumanns »Carnaval« im »Ballett der unausgeschlüpften Küken« (nach Val'kova 2003).

Mussorgski könnte beim Komponieren der *Bilder* ein noch direkteres Vorbild vor Augen gestanden haben, sozusagen ein Schumann aus zweiter Hand. 1875 hört und nennt Mussorgski Stücke des jungen Pianisten und Komponisten Nikolai Schtscherbatschow (1853–1922), der seit 1871 mit dem Mächtigen Häuflein in Kontakt stand, darunter auch dessen *Papillons*, gespielt von Anna Jessipowa; er sitzt im Konzert neben dem Komponisten.[156] Die *Papillons* stammen aus Schtscherbatschows Zyklus *Pantomimes et Féeries. Scènes et Morceaux détachés pour Piano* op. 8, der zuerst undatiert in Petersburg bei Büttner erschien, später bei Beljajew. Dieser spätere Druck wird erst im Juli 1879 in *Hofmeisters Monatsberichten* angezeigt,[157] er muss aber lange zuvor schon in Büttners Edition für Aufführungen vorgelegen haben. Das Werk ist Wladimir Stassows Bruder Dmitri samt Gattin gewidmet, war also in besonderer Weise mit dem Hause Stassow verbunden – wie Mussorgski auch. Es handelt sich um einen Zyklus von Charakterstücken in zwei Serien, gerahmt von einem *Prologue symphonique* und einem *Epilogue dramatique*. Die insgesamt 14 Stücke dazwischen lassen weder in ihren poetischen Titeln noch in ihrer Musik eine wirkliche Nähe zu Mussorgskis Bildern erkennen, allenfalls vage Ähnlichkeiten.[158]

Eine deutliche strukturelle und motivische Entsprechung zeigt sich aber in den Rahmenteilen. Zum einen erinnert der episierende einstimmige Duktus des im Prolog eingeführten zyklischen Themas, das danach in »chorischer« Vollstimmigkeit erscheint (und später auch als heterophoner Satz mit Nebenstimmen), wie die *Promenade* an volkstümliche und epische russische Liedmodelle (Notenbeispiel 23a). Zum anderen kehrt dieses Thema im weiteren Verlauf nachspielartig zurück, und es prägt offensichtlich auch die Themen der folgenden Stücke (Notenbeispiel 23b). Im Schlussstück schließlich bilden neues Finalthema und zyklisches Thema gemeinsam einen hymnischen Epilog (Notenbeispiel 23c). Vielleicht ist selbst die Idee einer Teilung des Zyklus in der Mitte – bei Schtscherbatschow durch Trennung in zwei »Séries«, bei Mussorgski durch die Wiederkehr der Promenade – auf diese *Pantomimes et Féeries* zurückzuführen.

Es ist zumindest denkbar, dass Mussorgski Schtscherbatschows Werk oder Teile davon bereits 1874 kannte, als er begann, den Hartmann-Gedenkzyklus zu entwerfen. Falls nicht, dann handelt es sich allgemeiner um ein in der Petersburger Luft der mittleren 1870er-Jahre liegendes Schumann'sches Modell, das nicht nur von Mussorgski mit russischer Färbung versehen wurde. Oder der Einfluss erfolgte in genau umgekehrter Richtung: von Mussorgski auf Schtscherbatschow. Die Erkenntnis, dass die *Bilder einer*

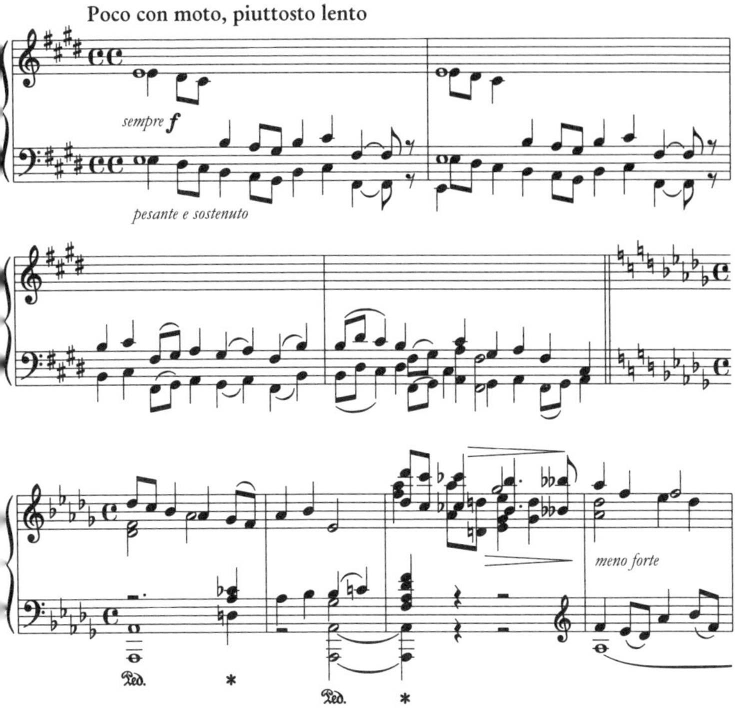

Notenbeispiel 23a: Schtscherbatschow, »Pantomimes et Féeries« op. 8, Nr. 1 »Prologue symphonique«, T. 1–8.

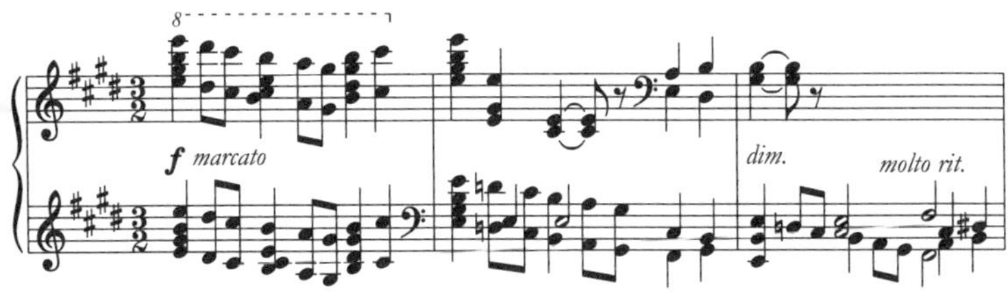

Notenbeispiel 23b: Wiederkehr des Prolog-Themas am Ende von Nr. 2 »Au Jardin«.

(I) Sostenuto ed un poco maestoso

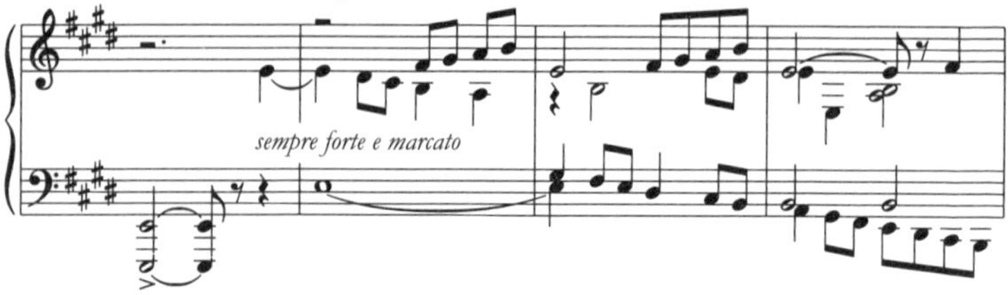

(II) Tempo I

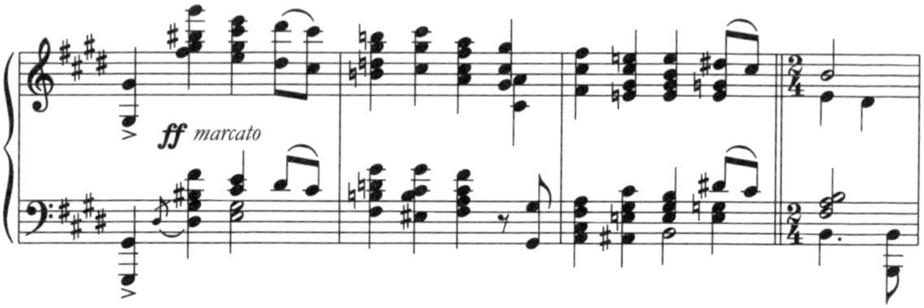

Maestoso

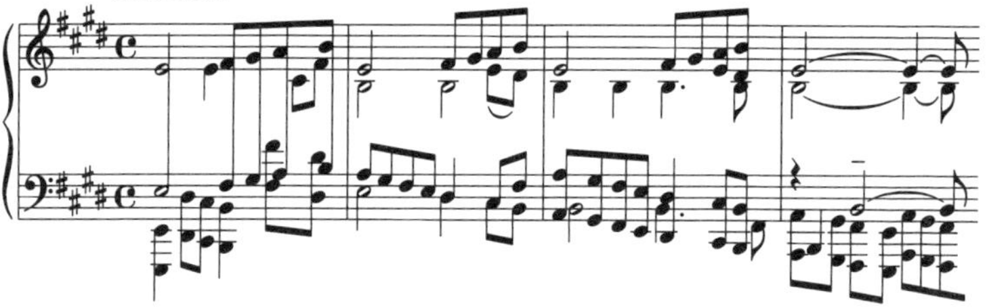

23c: Nr. 16 »Epilogue«, Sostenuto-Finalthema (I) und zyklische Wiederkehr des Prolog-Themas (II).

Ausstellung nicht mutterseelenallein im Universum der Klaviermusik stehen, mindert nicht das Ausmaß ihrer Originalität. Wie bei Schumann und seinen Nachahmern auch entstehen aus einer poetischen Grundidee jeweils einzigartige Gebilde, die sowohl konstruktiv wie in ihrer Bildwelt keine direkten Geschwister haben. Übrigens auch im kompositorischen Detail nicht: Typische romantische, schumanneske Stilistiken und Modelle wie Tanzrythmen oder Marschmuster spielen bei Mussorgski praktisch keine Rolle. Wie aber lässt sich seine poetische Grundidee in Worte fassen?

Emilia Fried betrachtete 1975 in ihrem umfangreichen Begleittext zur sowjetischen Faksimile-Edition Mussorgskis musikalische Bilder als »Umdeutungen« mit dem Ziel, eine hinter der Buntheit der Erscheinungen liegende »allgemeine Idee auszudrücken«, die sie in folgende Worte fasst: »Ebendie weit aufzufassende Idee des Volkstums vereinigt die vor dem Zuhörer auftauchenden Bilder. Die Zuversicht für das Volk, für die gewaltigen Kräfte seines Geistes, für seine Unsterblichkeit hilft einem, Not und Leid zu überwinden und des Schicksals harten Schlägen standzuhalten. Das Volk lebt ewig, und ewig ist das Leben selbst, – so ungefähr läßt sich der Grundgedanke der *Bilder einer Ausstellung* formulieren.«[159] Auch ohne den ideologischen Grundton dieser Lesart anzusprechen ist evident, dass sie viele wesentliche Aspekte ausblendet, beispielsweise die persönliche Ebene von Geehrtem und Ehrendem oder die Dimension des Erschaffens von Kunst.

Für Wera Wasina-Grossman steht 1984 der Zyklus im weiteren Sinne in der Tradition des künstlerischen Themas vom »Weg«, von der Reise, wie sie seit Homers *Odyssee* und auch vielfach in der russischen Literatur verarbeitet wurde. In der Musik hat dieses Thema Reisebilder wie Liszts drei Serien von *Années de pèlerinage* hervorgebracht (die teilweise ja ebenfalls auf Bildwerke Bezug nehmen), in Russland beispielsweise auch Glinkas Vokalzyklus *Abschied aus Petersburg* oder Dargomyschskis schon erwähnte orchestrale Scherz-Fantasie *Baba-Ÿaga ou De Volga nach Riga*. Eine wirkliche Analogie möchte Wasina-Grossman jedoch nicht hier erblicken, sondern bei Gogol: »Man kann eine Verwandtschaft in der Methode der Annäherung von Komischem und Traurigem erblicken, von Realem und Groteskem. Die Hauptsache aber, worin Gogol'sche Tradition zu spüren ist, liegt im Thema Russland, bald im Subtext, bald an der Oberfläche klingend.«[160]

Für Russland als bald offensichtliches, bald heimliches Generalthema des Zyklus spricht vieles. Er müsste allerdings wohl deutlicher benannt werden als konstruierter Kontrast zwischen Russland und dem Westen. Mussorgskis Gestaltung dieser Opposition ist alles andere als zufällig, sie bildet das Rückgrat des Werkes. Viktor Bobrowski hat, wie oben angeführt (s. S. 76), als Erster auf die symmetrische Anlage der gewählten Bilder hingewiesen, die sich auch in ihren Sujets um eine Mittelachse anordnen: »Märchenbilder« (Nr. 1 und 9), »Bilder der Vergangenheit« (Nr. 2 und 8), »Genreszenen aus dem französischen Leben« (Nr. 3 und 7), »Sozialbilder aus dem polnischen Leben« (Nr. 4 und 6), »Scherz« (Nr. 5).[161]

Für Michael Russ hat dieses Schema gewisse Schwächen: zum einen, weil das *Ballett der unausgeschlüpften Küken* zu leichtgewichtig ist, um als imaginäre Mittelachse eines solchen Zyklus zu dienen, und zum anderen, weil das gewichtigste aller Stücke, Nr. 10, auf eine Art von Appendix reduziert würde, »obwohl *Promenade* und *Kiew* vermutlich als ein Rahmen des Ganzen betrachtet werden könnten«.[162] Russ bevorzugt daher, kontrastierende Paare von dunklen / tiefen und hellen / hohen Stücken als kettenförmige Bausteine des Zyklus zu betrachten: Nr. 2 und 3, Nr. 4 und 5, Nr. 6 und 7 sowie Nr. 8 mit dem Nachspiel *Cum mortuis in lingua mortua*.[263]

Doch Mussorgskis in diesem Werk besonders drastisch ausgeprägtes Denken in scharfen Kontrasten – Golowinski spricht sogar von einer »Abwesenheit von Harmonie«[164] – betrifft nicht nur solche tatsächlichen oder vermeintlichen Bild-Paare, sondern auch die mit ihnen interagierenden Promenaden und Zwischenspiele, die sowohl Bobrowski als auch Russ in ihren Schemata ausklammern. Die im ersten Kapitel versuchten Bild-Interpretationen legen nahe, Bobrowskis Ansatz nicht zu verwerfen, sondern zu vertiefen, wobei die Promenaden, Zwischenspiele und das Schlussstück mitberücksichtigt werden. Dann ergibt sich folgendes Gesamtbild:

Promenade [I]	Mussorgski, metonymisch Russland
1. Gnomus [Tschernomor?]	russische Fantastik: wild, pathetisch
[Intermezzo]	(subjektive Reflexion)
2. Il vecchio Castello	romanisches Mittelalter: Untergang
[Intermezzo]	(subjektive Reflexion)
3. Tuilleries	heutiges Frankreich: Zank (Karikatur)
4. Bydło	Polen: Mühsal
[Intermezzo]	(subjektive Reflexion)
5. Ballett der unausgeschlüpften Küken	europäische Fantastik: naiv, skurril
6. »Samuel« Goldenberg und »Schmuÿle«	Polen: Judentum (Karikatur)
Promenade [II]	Mussorgski / Russland (erstarkend)
7. Limoges. Le marché	heutiges Frankreich: Tratsch (Karikatur)
8. Catacombae	romanische Antike: Tod
[Cum mortuis in lingua mortua]	(subjektive Reflexion)
9. Die Hütte auf Hühnerfüßen (Baba-Jaga)	russische Fantastik: wild, pathetisch
10. Das Heldentor (in der alten Hauptstadt Kiew)	russische Zivilisation: Triumph

Es ist eine mehrschichtige symmetrische Anlage, die aber nicht in der Mitte ihren Schwerpunkt hat, sondern auf das Finale ausgerichtet ist. Diese linear-prozessuale, teleologische Achse wird zum einen überlagert von einer Spiegelsymmetrie bezüglich der Anordnung der Länder samt dem Reich der Fantastik, zum anderen durch den rondoartigen roten

Faden des Autoporträts im Promenaden-Thema, eine Art Idée fixe »à la russe«. Realität, Fantastik und die »russische Leitidee« durchdringen sich am Ende, was symbolisch als Verschmelzung von Objekt und Subjekt, Betrachtetem und Betrachtendem, Hartmann und Mussorgski, aber auch von Kunst und Wirklichkeit oder von Vergangenheit, Gegenwart und visionärer Zukunft gelesen werden kann. Damit stoßen wir in den eigentlichen Bereich der Interpretation der *Bilder einer Ausstellung* vor.

Deutungsebenen

Die bisherigen Betrachtungen haben eine solche Vielfalt an inhaltlichen Dimensionen erkennen lassen, dass es unmöglich ist, die *Bilder einer Ausstellung* nur in eine bestimmte Richtung zu lesen. Gewisse semantische Hauptlinien lassen sich ausmachen, die aber jeweils für sich allein nicht das ganze Werk »erklären« können.

Auf der untersten Ebene stellt der Zyklus eine repräsentative Auswahl von Werken vor, die Hartmann als Künstler, in seinen Arbeiten porträtieren. Viele dieser Kunstwerke beziehen sich aber zugleich auf Hartmann den Menschen: auf konkrete biografische Stationen, insbesondere die Grand Tour durch Europa, aber auch symbolisch (nur Eingeweihten bewusst) auf seinen ersten öffentlichen »Coup« in der Maskerade der Baba-Jaga – und auf seinen Tod. Während manche Bilder eine explizit russische Thematik haben, stammen die meisten Sujets aus Frankreich, Italien und Polen (das ja nur verwaltungsmäßig zum russischen Reich, aber nicht zur russischen Kultur gehörte); gerade die Gegenüberstellung von Westen und Russland ist eine der fundamentalen Sinnebenen des Werkes. Mussorgski selbst fungiert in dieser Konfrontation als Kommentator, indem er in Promenaden und Zwischenspielen sinnbildlich die musikalische Bühne betritt: Er stellt dem ganzen Panorama zunächst (s)eine russische Identität selbstbewusst voran und lässt die folgenden fremden Eindrücke dann gleichsam durch dieses russische Prisma brechen. Die verschiedenen Bildwelten werden grundsätzlich, auch über Hartmanns Vorlagen hinaus, mit menschlichen Figuren bevölkert, sodass die einzelnen Charakterstücke immer zugleich Charaktere und Psychologien zeigen, das Geografische nirgends als pittoreske Landschaftsschilderung missverstanden werden kann – stets geht es um Menschliches. Dieses Menschliche wiederum steht stellvertretend für Kulturräume: Die Musik porträtiert Mentalitäten fremder Völker im Kontrast zu Russlands eigener. Die dafür bemühten visuellen Szenerien und Szenen sind letztlich nur Masken. Es ist der Triumph der russischen Kultur – in ihren künstlerischen Ausdrucksformen, ihrer geistigen und ihrer menschlichen Qualität – über die anderen Kulturen, der durch die *Bilder einer Ausstellung* ausgedrückt wird.

Während die meisten Forschungen die Unverhältnismäßigkeit zwischen Hartmanns vermeintlich bedeutungsarmen und im künstlerischen Wert zweifelhaften Vorlagen und Mussorgskis grandioser Musik hervorheben, betont die Kunsthistorikerin Natalija Mutja ganz im Gegenteil, dass der Komponist gerade zur zentralen stilistischen Eigenart Hartmanns eine musikalische Analogie schafft: »Es lässt sich von einem etwas derben programmatischen Plan sprechen: der Triumph des russischen Stils über alle übrigen, fremdländischen. Das klingt auf den ersten Blick etwas simplifiziert. Aber in unserer Zeit kann man das Programm der besagten Komposition auch unter diesem Blickwinkel sehen. In der Musik ›erklingt‹, wie auch in der Architektur und in anderen Kunstformen, das Thema der Wahl des ›russischen Stils‹.«[165] Dies ist eine scharfsinnige Beobachtung, die durch den analytischen Befund der Musik genau gedeckt wird. Der »russische Stil« äußert sich in Mussorgskis Musik nicht in Zitaten originaler Volkslieder, Kirchengesänge oder sonstiger Trouvaillen, sondern in deren stilisierter Nachempfindung, wodurch sie zugleich als Konzentrat erscheinen, in ihrer Quintessenz. Auch das Eklektische von Hartmanns Ästhetik spiegelt sich in der Komposition plastisch wider, ohne dass dies zwingend aus einer Umsetzung der Vorlagen hervorgehen müsste. Selbst die dem Künstler Hartmann oft vorgeworfene Neigung zur dekorativen Überladung seiner Werke lässt sich, jedenfalls im opulenten *Heldentor von Kiew*, ohne Mühe wiederfinden.

Was grundsätzlich über Hartmann hinausgeht, ist Mussorgskis Konstruktion des Westens. Bemerkenswert ist die (wenn auch nicht ganz zweifelsfrei zu fixierende) Interpretation der westlichen Bilder, also der Hartmann'schen Reiseimpressionen, durch Mussorgski: Romanische Antike und Mittelalter stehen für Verfall, Untergang und Tod; das Frankreich der Gegenwart wird bevölkert von keifenden Marktweibern und zankenden Kindern (wo sind die »echten« Männer?); in Polen leben verachtenswerte Juden und eine viehische Landbevölkerung (dieses Bild verursacht die größte Unsicherheit im Deutungsmuster, weil hier wohl eher eine Gruppen-Selbstidentifikation vorliegt). Selbst im Bereich der fantastischen Sujets ist der Gegensatz denkbar groß: Die russischen Fabelwesen Tschernomor und Baba-Jaga stehen für ungebremste Wildheit, dynamische Ausbrüche, bedrohliche Elementarkräfte, also für alles andere als eine betuliche Märchenwelt; sie bilden von pathetischem Ernst getragene, bis hin zur schicksalshaften Geste reichende, erschütternde, durch Mark und Bein gehende Stücke. Dagegen zeugt das Beispiel des flatternden und tschilpenden Kinderballetts von skurril-lächerlicher Naivität, von der völligen psychologischen Leere und geradezu mechanischen Entseeltheit der künstlerischen Imagination der Mitteleuropäer. Was sich in diesem Zyklus antagonistisch gegenübersteht, sind also letzten Endes Zivilisationen: Russland und der Westen.

Die *Bilder einer Ausstellung* fügen sich zugleich in einen thematischen Komplex, der Mussorgski in diesen Jahren immer stärker beschäftigte, nämlich die Todesthematik: der Tod des Zaren in der Oper *Boris Godunow*, die Selbstverbrennung der Altgläubigen am Ende der *Chowanschtschina*, dann die 1875–1877 entstehenden *Lieder und Tänze des Todes*. Hartmanns unerwartetes Dahinscheiden hat als persönlicher Verlust die Auseinandersetzung des Komponisten mit dem Tod noch zusätzlich intensiviert. Wie sein Brief an Polyxena Stassowa (↱ Dok. 2) offenbart, ging es ihm um mehr als nur individuelle Schicksale, nämlich um grundsätzliche, existenzielle Fragen: »Dieser talentlose Tor, der Tod, rafft die Menschen dahin, ohne auch nur zu erwägen, ob sein verdammter Besuch auch nötig sei.«[166] Anders als die genannten Lieder und Opern wenden sich die *Bilder einer Ausstellung* nach dem Tod in eine strahlende Zukunft, gleichviel welchen Bezug zur Wirklichkeit diese Vision haben mag. Dass der Hörer hier mit einer leuchtenden Vision der Größe Russlands entlassen wird, kontrastiert ebenfalls mit den beiden Opern, welche Zeiten politischer Wirren, fremder Gefährdung, innerer Zerrissenheit thematisieren und düster, wenn nicht gar hoffnungslos enden.

Es ist also gerechtfertigt, Mussorgskis Verhältnis zu Hartmanns Kunst als außergewöhnlich zu charakterisieren; er sah hier zweifellos ein herausragendes Werk, das seinen Schöpfer überlebt und in dem sein Schöpfer weiterlebt. Wera Wasina-Grossman erkennt daher als Leitgedanken »die Idee der Unsterblichkeit der Werke des Künstlers«: Ausstellung und musikalischer Reflex bilden ein Fazit dessen, was Hartmann zur gemeinsamen Sache, nämlich der Festigung der nationalen Grundlagen in der Kunst, beigetragen hat; und was bei Hartmann nur als Perspektive aufscheint, »fand bei Mussorgski vollen und vollkommenen Ausdruck.«[167]

Indem seine Freunde Stassow und Mussorgski ihm zu Nachruhm und ewigem Andenken verhelfen (Aufsätze, Ausstellung samt Katalog,

Gedenkkomposition), tragen sie Hartmann in ihrem Künstlerbund post mortem weiter. Sie schaffen so symbolisch die ersehnte Vereinigung der künstlerischen Kräfte Russlands, etwa wie Schumann seinen imaginären Davidsbund samt Chopin und Paganini im *Carnaval* zusammenführte, um ihn in den musikalischen Kampf gegen die Philister zu schicken. Dass Mussorgski hierfür ausgerechnet das von ihm stiefmütterlich behandelte Klavier wählte, welches doch immerhin sein eigenes, meisterlich beherrschtes Instrument war, ist eine sehr private Geste, mit der er das persönlichste aller Ausdrucksmittel für den Abschied wählt, sodass er nicht nur in den *Promenaden* präsent ist, sondern eigentlich die ganze Zeit.

Die *Bilder einer Ausstellung* befinden sich inhaltlich und formal in einem musikgeschichtlichen Kontext, den Jekaterina Lobankowa kürzlich umfassend als den nationalen Mythos des Mächtigen Häufleins dargestellt hat.[168] Die von ihr beschriebene Dialektik von Eigenem und Fremdem: die Idealisierung der eigenen Vergangenheit, die Entwicklung neuer eigener Muster in gezielter Opposition zu fremdländischen, die Überlegenheit über den Westen als Grundüberzeugung – all dies findet sich mustergültig in Mussorgskis Klavierzyklus wieder. Die musikalischen Bausteine dazu sind gewisse Charakteristika in Melodik, Rhythmik, Tonalität, Formbildung sowie (im Musiktheater noch besser erkennbar) aufgegriffene Gattungstraditionen aus volkstümlichen und religiösen Zusammenhängen. Die *Bilder einer Ausstellung* lesen sich wie das Musterbuch zu diesem Spektrum von kompositorischen Elementen, die gemeinsam den »russischen Stil« in der Musik konstituieren. Präfiguriert in der Architektur und den angewandten Künsten, eroberte dieser russische Stil – also die Suche nach einer künstlerischen nationalen Eigenart vorwiegend vermittels volkstümlicher oder religiöser Elemente – in den Werken des Mächtigen Häufleins in den 1860er-Jahren auch die Musik. Lobankowa sieht den künstlerischen Austausch der Komponisten mit den führenden Vertretern des russischen Stils wie gerade Hartmann als Zeichen von strukturellen und weltanschaulichen Parallelen, die dann gegen Ende des Jahrhunderts auch Malerei und Skulptur erfassten und somit eine Norm in den visuellen Künsten etablierten.[169] Dass dieser Stil bis heute als »musikalischer Realismus« bezeichnet wurde, verdeckt seine Analogien und Gemeinsamkeiten mit den anderen Künsten. Es geht dabei nur vordergründig um ästhetische Fragen wie die Preisgabe von idealer Schönheit zugunsten des ungeschminkten Wirklichkeitsbezuges, eigentlich aber um kulturelle Ideologien.

Über das Musikalische hinaus steht Mussorgskis Zyklus für eine bestimmte Phase der russischen Kultur- und Geistesgeschichte vor einem politischen Hintergrund, der bereits kurz angedeutet wurde (s. S. 15f.), aber nochmals der Erwähnung wert ist. Um die im Dekabristenaufstand von 1825, in dem eine Gruppe freiheitlich gesonnener Offiziere dem Kaiser die Gefolgschaft verweigert hatte und dafür exekutiert oder verbannt worden war, zutage getretenen aufklärerischen Ideen zu unterbinden sowie das freie Denken und zivile Aktionen einzuschränken, die seine absolute Herrschaft bedrohten, ließ Nikolai I. auch eine eigene, offizielle ideologische Alternative entwerfen, die 1833 sein Minister für Erziehung Sergei Uwarow ausrief: Orthodoxie, Autokratie, Volkstum. »Religiöse Autorität, politische Autorität und Heimatgeist als kulturelles Substitut für politischen Nationalismus, das war Russlands Antwort auf *liberté, égalité, fraternité* und *La nation.*«[170] Diese Triade griffen alle Befürworter einer Ablösung Russlands von Europa begierig auf.

Es besteht kein Zweifel, dass Hartmanns russischer Stil ebenso wie Mussorgskis *Bilder einer Ausstellung* diesen Uwarow'schen »Dreiklang« triumphal inszenieren, ganz besonders deutlich im *Heldentor von Kiew*. Schon in Glinkas Opern war diese Triade mustergültig ausgeprägt.[171] Insofern darf man wie im Falle von Glinka auch hier von einer politischen Kunst sprechen: von künstlerischer Stellungnahme zu nicht allein ästhetischen, sondern explizit ideologischen Fragen. Es geht um nationale Mythen, um den Mythos des Nationalen. Die Slawophilen stützten sich hierbei statt auf die Rationalität der französischen Aufklärung auf die metaphysischen Konzepte der deutschen Romantiker. Die Slawistin Rabow-Edling hat dementsprechend ausgeführt, dass den slawophilen Kräften Russlands weniger der Wunsch nach einer Staatsnation als nach einer Kulturnation zugrunde lag, dass die russischen nationalistischen Triebkräfte im mittleren 19. Jahrhundert also nicht eine politische Restrukturierung anstrebten, sondern einen kulturellen Nationalismus: »Im Gegensatz zu anderen Formen des Nationalismus strebt der kulturelle Nationalismus weder nach der Konvergenz von Staat und Nation […] noch nach der Etablierung einer politischen Herrschaft auf der Grundlage des Prinzips der Volkssouveränität. Stattdessen will er sozialen Wandel durch die moralische Erneuerung der Nation erreichen.«[172] Da die Slawophilie ungeachtet aller sozialen Realitäten die Rehabilitierung und Wiederbelebung verlorener Traditionen erstrebte, hat sie der Slawist Andrzej Walicki als »konservative Utopie« bezeichnet.[173] Es fällt nicht schwer, Mussorgskis Klavierzyklus als Element genau dieser Strömungen zu begreifen.

Und noch etwas macht die *Bilder einer Ausstellung* zu einem geradezu paradigmatischen Ausdruck des slawophilen kulturellen Nationalismus dieser Jahre: Sie weisen mustergültig die erst seit Kurzem beachtete Eigenschaft auf, dass die von Identitätskrisen geschüttelte russische Geisteskultur des 19. Jahrhunderts eben nicht nur sich selbst definierte, sondern nolens volens auch das abgegrenzte Andere: den Westen. Dies begann mit dem sogenannten *Ersten Philosophischen Brief* (1829) des Philosophen Peter Tschaadajew, der in den Napoleonischen Kriegen mit dem Geistesgut der Französischen Revolution bekannt geworden war und verbittert die Niederschlagung des Dekabristenaufstands 1825 erlebt hatte. Tschaadajew bescheinigte Russland eine völlige Rückständigkeit gegenüber dem Westen, den er als eine in seiner geschichtlichen Entwicklung einheitliche Kultur betrachtete. Später teilten Slawophile wie Iwan Kirejewski diese Einschätzung des Westens als antithetische Einheit, bewerteten sie aber genau umgekehrt, indem sie diesem Westen eine von der Ratio zerstörte Zersplitterung des Geistes und einseitigen Materialismus vorwarfen, dem Osten dagegen spirituelle Einheit bescheinigten, somit die Überlegenheit Russlands über den Westen postulierten.[174] Damit standen feste Stereotypen von West und Ost im Raum, die eigentlich bis heute nicht wirklich überwunden sind, und das größte Stereotyp war dabei sicherlich, dass es sich überhaupt um eine unüberwindliche Antagonie handele.

Dies aber ist die eigentliche Botschaft der *Bilder einer Ausstellung*. Mussorgski, der als Einziger seiner Komponistengeneration – nachdem er sich 1873 mühsam geweigert hatte, gemeinsam mit Stassow Liszt in Deutschland zu besuchen, der großes Interesse an seiner Musik gezeigt hatte – niemals Russland verlassen hat, konnte auf das Ausland nur wie auf etwas Fremdartiges blicken, ohne irgendetwas von ihm anzunehmen; er verkörperte die Russozentrie in der Musik wie kein anderer. Was sein Hartmann-Zyklus betreibt, ist also nur bei ganz flüchtigem Blick eine Integration von Bildern aus Russland und Europa; in Wirklichkeit handelt es sich um die maximale Abgrenzung und Vertiefung der Gräben durch die karikierende Zeichnung eines Westens, dessen geschichtliche Größe längst zerfallen ist und dessen Gegenwart einen würdelosen Anblick bietet. Darüber hinwegzuhören, um die Musik nicht problematisieren zu müssen, wäre selbst problematisch. Nationalistisches Pathos, Xenophobie und Antisemitismus sind dem Werk tief eingeschrieben, bilden seinen Wesenskern, seine Raison d'être. Wie mit solchen Phänomenen umzugehen ist, sowohl in der historischen Rekonstruktion als auch in der Erkundung unserer eigenen gegenwärtigen Position, das muss immer von Neuem verhandelt werden: von jedem für sich genauso wie in der öffentlichen Diskussion, und sollte sie auch nur in Programmheften, CD-Booklets und Radiomoderationen stattfinden.

In Russlands Geistesleben war die in den *Bildern einer Ausstellung* paradigmatisch versinnbildlichte Antithese von West und Ost noch bis zur Revolution ein zentrales, vielleicht das zentrale Thema überhaupt. Auch der Dichter Alexander Blok stellt im frühen 20. Jahrhundert die Kultur des Westens und Russlands gegenüber, wobei er nun zwar beide Sphären im Untergang befindlich sieht, also nicht nur den Westen, aber die einzige Hoffnung auf eine Menschheitserneuerung eben im sich verändernden Russland erblickt. Interessant in unserem Zusammenhang ist, dass er dabei Zivilisation (*kul'tura*) und elementare Natur (*stichija*, das dionysisch Rauschhafte im Sinne Nietzsches und Wagners) als widerstrebende Kräfte der russischen Geschichte betrachtet und sich gegen die alten Ideale von Autokratie und Orthodoxie wendet: »In seinem dichterischen Werk läßt Blok ein ›musikalisches‹ Rußland Gestalt gewinnen, dessen unbezwingbare elementare Natur in direktem Einklang steht mit seinem Volksgeist und mit seiner Kultur.«[175] Es liegt nahe, die musikalischen Bilder *Gnomus* und *Baba-Jaga* als Vorläufer dieses Denkmodells von der elementaren Unzähmbarkeit als russischem Wesensmerkmal zu betrachten. Bei Mussorgski bildet diese Schicht allerdings, anders als bei Blok, keinen expliziten Gegensatz zu Russlands zivilisatorischen Errungenschaften, wie sie die Uwarow'sche Trias bündelt – sondern ergänzt diese. Nach der 70-jährigen Parenthese sowjetischer Herrschaft, in der die Ost-West-Spaltung andere Dimensionen angenommen hatte, befinden wir uns heute, in Wladimir Putins Epoche, in der kulturphilosophischen Debatte offensichtlich wieder an einem ähnlichen Punkt wie zu Mussorgskis Zeiten.

Auf der Suche nach dem gänzlich Eigenen durch völlige Ausgrenzung alles Fremden ging Mussorgski in den *Bildern einer Ausstellung* noch einen letzten Schritt weiter, der dem Werk erst einmal das Genick brach: Er verweigerte ihm die übliche pianistische Geschmeidigkeit, den samtenen Wohlklang und die Bravour, die alle Klaviermusik des 19. Jahrhunderts ausgezeichnet hatte. Wie sehr dieses Manöver die Rezeptionsgeschichte des Zyklus beeinflussen würde, zeigt das nächste Kapitel.

Auf dem Klavier und darüber hinaus: Hinweise zur Rezeption

Erste Aufführungen

Trotz allen Lobes, das Stassow über die *Bilder einer Ausstellung* zur Zeit ihrer Entstehung goss, trotz der mit einem Imprimatur des Komponisten versehenen Reinschrift in Tusche (s. S. 143): Das Werk versank noch 1874 in einem rätselhaften Dunkel. Warum Mussorgskis Zyklus nicht gleich gedruckt wurde, warum er nicht sofort auf Konzerten vorgestellt wurde, warum er praktisch ganz aus dem Gesichtsfeld des Komponisten und seines Freundeskreises verschwand, das alles bleiben offene Fragen. Den Erinnerungen seines Dichter-Freundes Golenischtschew-Kutusow zufolge habe Mussorgski selbst das Werk zurückgezogen, weil hier das von Stassow so hochgeschätzte Konzept einer »realistischen«, also auf eine konkrete Wirklichkeit bezogenen und damit »illustrierenden« Kunst zu dominierend geworden war:

> Alsbald erreichte er, als er seine musikalischen Illustrationen zu den Bildern einer Ausstellung des Architekten Hartmann komponierte, den Höhepunkt jener musikalisch-radikalen Tendenz und jene »neuen Ufer« und »aus dem Boden hervorbrechenden Kräfte«, zu denen ihn die Verehrer und Verehrerinnen seiner »Schaubuden« und »Sawischnas« so beharrlich gedrängt hatten. In der Musik dieser »Illustrationen«, wie sie von Mussorgsky genannt wurden, kamen Kätzchen [ein Irrtum – C. F.], Kinder, die Hexe Baba-Jaga und deren Hütte auf Hühnerfüßen, Katakomben, irgendwelche Stadttore und sogar das Rädergeräusch eines Ochsenkarrens zur Darstellung, und das alles war nicht etwa scherzhaft, sondern völlig »ernst« gemeint. Die Begeisterung bei den Verehrern und Verehrerinnen war grenzenlos. Unter den Freunden Mussorgskys und besonders bei den Gefährten unter den Komponisten begannen sich allerdings viele ernsthaft Gedanken zu machen und beim Hören dieser Novität befremdet die Köpfe zu schütteln. Ihre Verlegenheit war Mussorgsky natürlich nicht entgangen, und er muß offenbar auch selbst gespürt haben, daß er mit diesen »Illustrationen«, wie man so sagt, »etwas überzogen hatte«. Er legte sie also zur Seite und machte auch keinen Versuch, sie zu veröffentlichen.[1]

Es ist fraglich, ob diese Erinnerung die wahre Ursache für die Zurückhaltung nennt. Immerhin ist ja auch Stassow auf Distanz gegangen: In seinen Mussorgski gewidmeten Schriften erwähnt er den Zyklus nicht oder nur beiläufig; sogar in seiner großen Mussorgski-Monografie wird er nur einmal genannt und dabei fast ganz in eine Fußnote verbannt.[2] Welch geringe Beachtung der Komponist dem Werk noch schenkte, zeigt sich in einer autobiografischen Skizze, die im Juni 1880 für Riemanns Musiklexikon entstanden war. Hier erwähnt er lakonisch, zur Erholung von der Arbeit an seinen Opern ein »Album von Tonbildern« komponiert zu haben, ohne Titel oder Entstehungsdatum anzugeben.[3] Zu Mussorgskis Lebzeiten spielten die *Bilder einer Ausstellung* keine Rolle mehr.

Durch den postumen Erstdruck von 1886 wurde das Werk im Prinzip verfügbar. Die ersten bekannten Resonanzen erzeugte es aber nicht in Russland, sondern in Frankreich – was für eine Ironie des Schicksals angesichts von Mussorgskis despektierlichem Blick auf eben dieses Frankreich! Es waren Pierre d'Alheim, Autor einer 1896 erschienenen Mussorgski-Monografie, und seine spätere Gattin, die russische Sängerin Maria Olenina (Olénine-d'Alheim), die den *Bildern einer Ausstellung* zur mutmaßlichen Uraufführung verhalfen. Sie richteten 1896 in Paris fünf dem Komponisten gewidmete Gesprächskonzerte (*conférences*) aus, die vorwiegend Lieder und Opernauszüge enthielten. In der letzten *conférence* vom 12. März 1896 spielte Oleninas Liedbegleiter Charles Foerster, Liszt-Schüler und Freund von Paderewski, als letzten Programmpunkt die *Bilder einer Ausstellung*. Den Erinnerungen der Sängerin zufolge verlief die Reihe insgesamt gut,[4] das konkrete Echo in der Pariser Presse harrt noch der Aufarbeitung.[5] Es kann allerdings nicht nur positiv ausgefallen sein. So hat der Pariser Musikkritiker Arthur Pougin (1834–1921) das Werk in seinem 1896 und 1897 entstandenen *Essai historique sur la musique en Russie* vernichtend kritisiert:

> Was seine Klaviermusik betrifft, was soll man sagen? Ist das denn Musik, und kann man ihr diesen Namen geben? Ich nehme seine Sammlung *Bilder einer Ausstellung* und versuche sie zu begreifen, ohne dass es mir gelingen würde. Das hat weder Sinn noch Farbe, weder Form noch Kontur, man könnte sagen weder Kopf noch Schwanz. Absichtlich ohne Plan, ohne Führung, Noten am Stück so hingeschrieben, wie sie kamen, im Laufe einer wahnsinnigen Improvisation, ohne jede Vorstellung von Einheit oder Zusammenhalt. Das sind nicht einmal Entwürfe, sondern bizarre Fantastereien, die kein Musiker, der den Namen verdient, dem Publikum vorzulegen wagen würde. Ich weiß nicht, was die

> Bewunderer von Mussorgski (trotz allem soll es anscheinend welche geben!) beim Lesen diese Zeilen von mir denken werden, aber ich behaupte, dass dies außerhalb jedweder Art künstlerischer Voraussetzungen liegt, mit einem Wort, es existiert nicht.[6]

Mehr Verständnislosigkeit ist schwer vorstellbar. War das in Russland anders? Das russische Publikum musste deutlich länger auf einen Höreindruck der Klavierversion warten. Wie wir bereits wissen, hat Stassow 1903 erläuternde Hinweise zu einer öffentlichen Aufführung des Werkes im Moskauer Musikzirkel des Ehepaars Kersin geliefert, die wohl russlandweit die erste war. Von diesem Konzert mit dem jungen Pianisten Grigori Beklemischew (1881–1935), Konservatoriumsschüler von Wassili Safonow, berichtet Maria Kersina ausführlich in ihren Erinnerungen. Demnach hatten sie über Jahre hinweg Mussorgskis Zyklus den Klavierspielern wie Sauerbier angeboten:

> Im Februar 1903 wurden Mussorgskis *Bilder einer Ausstellung* mit großem Erfolg von Beklemischew aufgeführt. Seit Beginn der Existenz unseres Zirkels schlug Kersin jedem bekannten Pianisten vor, sich mit diesem Werk von Mussorgski zu beschäftigen und es einzustudieren. Aber die Mehrheit der Pianisten fand, dass dieses Stück unbequem, undankbar geschrieben ist, »nicht klavieristisch«, und im Orchester besser klingen würde. Drei wollten sich ans Einstudieren machen, aber nichts ist daraus geworden … Schließlich begann sich im siebten Jahr des Bestehens unseres Zirkels Beklemischew für die *Bilder* zu interessieren und machte sich an die Vorbereitung. Kersin erzählte ihm alles, was er selber über dieses Werk wusste und wie wir es verstehen. Außerdem begann er aus diesem Anlass einen Briefwechsel mit Stassow. Dieser schickte, hocherfreut davon, dass die niemandem bekannten *Bilder* endlich das Licht der Welt erblicken, eine detaillierte Erläuterung dieser Komposition mit der Angabe des Tempos für jede Nummer, die er mit Rimski-Korsakow erarbeitet hatte, speziell um sie uns mitzuteilen. Nach der Aufführung der *Bilder einer Ausstellung* wurde Beklemischew mehrfach auf die Bühne gerufen, was bei uns für Pianisten eine Seltenheit ist. In der Pause nach der ersten Hälfte des Programms wandten sich mehrere Personen aus dem Publikum an Kersin mit der Bitte, dieses originelle Werk in der nächsten Saison zu wiederholen.[7]

Anders als in Pougins direkt auf die Substanz zielender Kritik wird in diesen Erinnerungen die Distanziertheit der Musiker gegenüber dem Werk anders begründet, nämlich über die Instrumentalbehandlung: Das Stück wäre nicht fürs Klavier gedacht, sondern fürs Orchester. Diesen Eindruck hatte, wenn nicht erzeugt, so doch sicherlich verstärkt die am 30. November 1891 in Petersburg erfolgte Aufführung einer auszugsweisen Orchesterbearbeitung der *Bilder einer Ausstellung*, die Rimski-Korsakows Schüler Michail Tuschmalow angefertigt und im Druck vorgelegt hatte, höchstwahrscheinlich auf Anregung seines Lehrers (vgl. S. 150ff.).

Von Anfang an war die Rezeption des Zyklus also zwiespältig in Bezug auf die originale Klavierversion. In Paris erklangen die *Bilder* immerhin gelegentlich wieder, so in den Konzerten der Société nationale de musique durch Ricardo Viñes am 17. März 1906 und am 12. Februar 1911 erstmals in den Concerts Colonne.[8] Doch Beklemischews erfolgreiches Konzert hat nicht in erkennbarer Weise dazu beigetragen, dass das Klavierwerk in Russland öfters aufgeführt worden wäre. Vielleicht hatte es sogar ungewollt einen gegenteiligen Effekt: In den Reihen des Moskauer Publikums von 1903 saß auch ein junger Kontrabass-Virtuose, dem sich die *Bilder einer Ausstellung* zwar tief ins Gedächtnis einbrannten, der sie aber zu gegebener Zeit viel lieber dirigieren als am Klavier hören wollte – Serge Koussevitzky.

Klaviersatz und -stil

Die bis in die Mitte des 20. Jahrhunderts erschienenen praktischen Neuausgaben der *Bilder einer Ausstellung* weisen fast sämtlich erhebliche Eingriffe in den Notentext auf (s. S. 147ff.). Am weitesten ging Horowitz, der sich um 1946 selbst eine passende, spektakuläre Neufassung einrichtete, die auch in zwei Aufnahmen überliefert ist. Welche Eigenheiten des Originals sind es denn, die eine solche Flut von Veränderungen provozierten? Zwar waren Mussorgskis Partituren nach seinem Tod sämtlich in den Generalverdacht des Verbesserungsbedürftigen geraten, da alle unkonventionellen Elemente seiner Musik (speziell in Harmonik und Stimmführung) angesichts seiner fehlenden akademischen Ausbildung als Mängel gedeutet und anschließend zurechtgebogen werden konnten. Die Eingriffe in die *Bilder einer Ausstellung* aber betreffen nicht die musikalische Substanz, sondern in erster Linie den Klaviersatz selbst – und dabei war das Klavier doch Mussorgskis eigenes Instrument, das er nach Ausweis aller Zeugen meisterhaft beherrschte, ganz unabhängig davon, dass er überwiegend als Liedbegleiter und nicht als solistischer Virtuose in Erscheinung trat. Einen Eindruck mag die Erinnerung des Sängers Nikolai Kompaneiski vermitteln: »Als hervorragender Pianist stand Mussorgsky kaum hinter Rubinstein zurück, und zwar besonders in Hinblick auf die Vermittlung der Intentionen des Komponisten. Einmalig, wie er den ›Ruhmeschor‹ [aus *Boris Godunow*] auf dem Klavier zum Klingen brachte! Die Tasten des alten Wirth-Flügels klangen wie Glocken und dröhnten wie ein Blasorchester. Am Klavier war Mussorgsky auch unnachahmlich als humoriger Erzähler, wobei er den allerernsthaftesten Gesichtsausdruck beibehielt und hierdurch die Komik nur noch steigerte.«[9]

Das nah am gesamteuropäischen Vokabular der Klaviermusik orientierte, recht konventionelle Erscheinungsbild der meisten anderen Klavierstücke des Komponisten zeigt, dass der ungewöhnliche Klaviersatz der *Bilder* nicht auf mangelndes Verständnis, Können oder Erfahrung zurückzuführen ist. Mussorgski hat hier ganz bewusst ungewöhnliche pianistische Wege beschritten: Er wollte auch im Zugriff auf das Instrument einen vom Westen unabhängigen »russischen Stil« schaffen! Das vermeintlich Unbeholfene oder gar Unbequeme ist also die pianistische Außenseite einer rustikalen Derbheit, die als nationales Signum und als Gegengift gegen die Verwestlichung der russischen Kultur bis hin zum Umgang mit der Tastatur begriffen wurde. Im »Mächtigen Häuflein« hatte das Klavier wenig Beachtung gefunden, mit Ausnahme des ehemaligen Mentors Balakirew, und genau in dessen an Chopin und Liszt anknüpfender Klaviermusik konnte Mussorgski wohl erkennen, dass die Gefahr auftrumpfender Virtuosität und salonhafter Gefälligkeit groß war.

Alfred Schnittke erkannte als Wurzel der Unkonventionalität des Klaviersatzes der *Bilder* die Imitation von Volks- und Kirchengesang: »Der national-epische Zuschnitt dieser Stücke, ihre volkstümliche, chorische Grundlage, die Sättigung ihrer Faktur mit Elementen der Nebenstimmenpolyphonie stellen prinzipiell neue Phänomene des russischen Klavierstils jener Zeit dar.«[10] Dieter Lehmann griff diesen Gedanken auf und legte dar, dass der Versuch, volksmusikalische Muster in die Kunstmusik einfließen oder sie sogar zu ihrer Grundlage werden zu lassen, in den *Bildern einer Ausstellung* an die Vorstellung von menschlichem Singen ebenso wie Sprechen geknüpft ist: »Er läßt das Klavier in einer in Rußland wie in der ganzen Welt bis dahin völlig unbekannten Weise gleichsam die Sprache des Menschen reden und führt dieser Sprache, diesem instrumentalisierten Vokalstil, auf nationaler Grundlage neue, frische Kräfte zu. Mussorgski erweitert die Ausdrucksmöglichkeiten des Klaviers, indem er Stilmittel und klangliche Besonderheiten, die für andere musikalische Bereiche charakteristisch sind, in seinen Klaviersatz übernimmt. Die Klangstruktur seiner

Promenaden ist schärfste Absage an den traditionellen Klaviersatz seiner Zeit, ist mutiger Vorstoß in künstlerisches Neuland.«[11]

Grigori Golowinski hat das sprachnahe Melos des Werkes als »Entdeckung« bezeichnet: »In den *Bildern einer Ausstellung* ist das Visuell-Motorische, Plastische unlösbar mit der Sprache verschmolzen. So entsteht ein prinzipiell *neuer* Typus instrumentaler Melodik, fernab von den romantischen Kantilenen so vieler Juwelen in der Musik des 19. Jahrhunderts. Die Melodik dieses Typus zeichnet sich besonders aus durch satztechnisch-räumliche Eigenständigkeit, durch eine geringere Abhängigkeit von der üblichen Harmonisierung eines homophonen Satzes.«[12] Der sowjetische Pianist Dmitri Blagoi sah das Neue sowohl in den Erkundungen der Satztechnik wie des Timbres. Mussorgski habe »einen ganz besonderen Zugang zum Klang und den Möglichkeiten des Klaviers gefunden, eine eigene Art von ›Klavierpartitur‹ geschaffen«.[13] Und dennoch sei es ein unausgesprochenes Gesetz für Pianisten gewesen, eigene Änderungen anzubringen – bis Swjatoslaw Richter. Richter spielte Mussorgskis *Bilder* ab 1949 über einhundertmal in Konzerten und setzte sich bedingungslos für die originale Version ein, sogar kämpferisch: »Ich lehne die Orchesterfassung dieses Werkes ab und hasse sie, ich halte es stattdessen für das erste und beste russische *Klavier*werk. Amen.«[14] Seine 1958 in Sofia entstandene Aufnahme des Zyklus gilt als Meilenstein in der Interpretation der originalen Fassung.

Mussorgskis Vermeidung oder Überwindung traditioneller pianistischer Muster und Figuren romantischer Klaviermusik, die klavieristische Nonkonformität der *Bilder* musste also mehr als ein halbes Jahrhundert warten, bis sie von den Pianisten nicht mehr als defizient, sondern als innovativ empfunden wurde. Komponisten, die der traditionellen Stilistik des 19. Jahrhunderts entkommen wollten wie etwa Prokofjew, waren in dieser Erkenntnis schneller. Fundamental ist jedenfalls die Erkenntnis, dass der Klaviersatz hier absichtlich die Normen verlässt. Der von Anbeginn in den Hörern aufkeimende Gedanke an ein Orchester ist insofern berechtigt, als Mussorgski auf dem Klavier eben eine unwahrscheinliche Palette von Farben und Mustern ausbreitet, die nicht auf den üblichen Wegen der Klaviermusik wandeln. Es gibt aber kein anderes Instrumentarium, welches das in seiner satten Fülle und komplexen Obertonmischung überwältigende Klangspektrum des Flügels beispielsweise im *Heldentor von Kiew* auch nur annähernd wiedergeben oder gar übertreffen könnte – der Wunsch nach Orchestrierung erscheint gerade hier widersinnig.

Eine hellsichtige jüngere Diagnose des Klavierstils der *Bilder einer Ausstellung* stammt von dem Moskauer Pianisten und Interpretationshistoriker Wladimir Tschinajew, der den Zyklus, wie die zeitgenössischen Kritiker, nochmals provokativ mit dem Begriff der *nefortepiannost'* belegt, also: nicht für das Klavier gedacht, nicht für das Klavier gemacht.[15] Das gelte aber eben nur für herkömmliche Vorstellungen von Klavierkunst. Sein aufschlussreicher Vergleich der exuberanten Interpretation von Vladimir Horowitz (1947/1951), welche den Notentext an vielen Stellen ergänzt, verändert und insgesamt das Ideal satten Wohlklangs verfolgt, mit der völlig gegensätzlichen von Maria Judina (1967), die eine kompromisslos trockene und harte Linie verfolgt, macht dies deutlich.

Es ist also kein Wunder, dass die *Bilder einer Ausstellung* so früh und so oft Bearbeitungen hervorgerufen haben: Sie sprechen tendenziell ein an romantische Klaviermusik und an romantisches Klavierspiel gewöhntes Publikum (und ebensolche Interpreten) an, das sie aber in seinen Erwartungen enttäuschen müssen. Umgekehrt richten an Neuer Musik interessierte Pianisten und Hörer eher selten ihr Augenmerk auf dieses Klavierwerk, das vermeintlich aus der Mitte »überkommener« Musikanschauungen irgendwo zwischen Balakirew und Rimski-Korsakow zu kommen scheint. Die *Bilder* fallen somit zwischen die Stühle. Was soll eine stimmige Aufführung bieten? Wertvolle und detaillierte Interpretationshinweise stammen von Vladimir Ashkenazy[16] und als schriftliche »Masterclass« von Vitaly Margulis.[17] Aber die wichtigste und grundsätzliche Entscheidung einer pianistischen Beschäftigung mit den *Bildern* fällt am Anfang: ob und – falls ja – bis zu welchem Punkt dieses Stück gegen die Konventionen des schönen Klavierspielens verstoßen darf. Nach Mussorgskis Wunsch eröffnet sich denen, die sich darauf einlassen, eine neue, urwüchsige, herbe Schönheit. Solche Herbheit kann auch eine Befreiung sein.

Editionsgeschichte und Philologie

Autograph und Erstdruck

Die einzige vom Komponisten stammende Quelle des Werks ist die handschriftliche Partitur, aufbewahrt in der Russischen Nationalbibliothek in St. Petersburg.[18] Seit der ersten Faksimileausgabe von 1975 ist diese Handschrift detailliert beschrieben, Mussorgskis diverse Marginalien und Notizen, seine Streichungen in der Musik oder in Textelementen sind vollständig bekannt und werden auch in manchen modernen Editionen berücksichtigt.[19] Das Titelblatt gibt Hinweise auf die gesamte Entstehungsgeschichte. Der Komponist hatte zunächst in der rechten oberen Ecke mit Bleistift *Hartmann/Mussorgski* wohl als Arbeitstitel notiert (was sein Brief an Stassow nahelegt, s. S. 35f.). Widmung und Werktitel in der Mitte lauten: *Wladimir Wassiljewitsch Stassow gewidmet / »Bilder einer Ausstellung« / Erinnerung an Viktor Hartmann. / Von M. Mussorgski. / 1874*. In der linken unteren Ecke wird das Autograph schließlich Stassow zugeeignet: *Ihnen, généralissime, / dem Ausrichter der Hartmann- / Ausstellung zum Gedenken / an unseren lieben / Viktor / 27. Juni 74*. Eine letzte Notiz findet sich mit blauem Bleistift in der rechten unteren Ecke: *Zum Druck / Mussorgski / 26. Juli 74 / Petrograd.*[20]

Der druckreife Zyklus sollte aber erst 12 Jahre später aus der Presse kommen. Gemäß der im Erstdruck vermerkten Zensurbewilligung am 11. September 1886 erschien er wohl noch im selben Jahr in einer redaktionell nur leicht überarbeiteten Version von Nikolai Rimski-Korsakow, ergänzt um die bekannten programmatischen Hinweise von Stassow (↱ Dok. 8). Der sowjetische Musikforscher und Philologe Pawel Lamm vermutete aufgrund der zahlreichen Abweichungen zwischen Autograph und Erstdruck, dass »nicht das von Rimsky-Korsakow korrigierte Material zum Stecher gesandt wurde, sondern eine handschriftliche Kopie des Autographen, da sich, abgesehen von den bereits genannten Fehlern, keinerlei Anmerkungen und Korrekturen des Herausgebers finden lassen. Es ist auch kaum glaubhaft, daß Rimsky-Korsakow jemals ein ›Korrekturexemplar‹ davon gesehen hat.«[21] Dieser Erstdruck ist weniger wegen seiner Fehler und der alles in allem eher geringfügigen Retuschen im Notentext problematisch als wegen der Verfälschung des zyklischen Gesamtkonzepts. Das Werk wird hier als »Série de dix pièces« bezeichnet, die Attacca-Anweisungen zwischen den Sätzen werden gestrichen, alle Zwischenspiele – die Mussorgski ja gegenüber Stassow als Intermezzi ohne Überschrift bezeichnet hatte – stereotyp mit »Promenade« betitelt, sodass die fein abgestufte zyklische Anlage tendenziell in eine Suite mit variiertem Ritornell überführt wird, so weit als möglich standardisiert. Zudem sind Mussorgskis Überschriften nicht immer originalgetreu wiedergegeben oder korrekt ins Französische übertragen worden; sie leben aber in dieser Fassung bis heute, auch dank Ravels Orchesterbearbeitung, weiter.

Metronomangaben

Eine 1914 in London bei Augener erschienene Ausgabe der *Bilder* von Otto Thümer folgt dem Erstdruck sehr eng, doch sie enthält zusätzlich erstmals Metronomangaben. Woher stammen diese? Von Stassow![22] Für die russische Erstaufführung 1903 hatten Rimski-Korsakow und Stassow gemeinsam die Tempi der *Bilder* zu rekonstruieren versucht: »Wir setzten uns ans Klavier, Rimski-Korsakow spielte jede Nummer ein paarmal durch, und dann riefen wir uns in Erinnerung, wie unser Mussorgski sie gespielt hatte – wir erinnerten uns, probierten sie aus und fixierten schließlich die richtigen Tempi mithilfe eines Metronoms.«[23] Verhängnisvoll für spätere Ausgaben hat sich ausgewirkt, dass bei der Publikation des Briefwechsels zwischen Stassow und Kersin genau diese Metronom-Angaben mit Fehlern übertragen wurden; Fehler, die Montagu Montagu-Nathan sofort in einen englischen Aufsatz übernahm – sodass sie bis in die jüngste Zeit fortgeschleppt wurden.[24] In einer unbeachtet gebliebenen russischen Werkeinführung im Broschürenformat von 1960 findet sich aber ein Faksimile des Originalbriefes, das zeigt, welche Werte tatsächlich gemeint waren (vgl. ↱ Dok 9):[25]

Mussorgski, Bilder der Hartmann-Ausstellung
Tempi nach dem Metronom, notiert von Rimski-Korsakow und mir

Promenade	♩ = 104
Nr. 1 Gnomus (Hauptteil mit der Angabe *pesante*)	♩ = 120
Nr. 2 Il vecchio castello	♩. = 56
Nr. 3 Tuilleries	♩ = 144
Nr. 4 Bydło	♩ = 88
Nr. 5 Ballett der unausgeschlüpften Küken	𝅗𝅥 = 88
Nr. 6 Samuel Goldenberg und Schmyüle [sic] (Hauptteil)	♩ = 48

Nr. 7 Limoges . . . . ♩ = 120
Nr. 8 Catacombes / Andante non troppo . . . . ♩ = 56
Nr. 9 Die Hütte auf Hühnerfüßen:
Allegro con brio . . . . ♩ = 120
Andante mosso . . . . ♩ = 72
Allegro molto . . . . ♩ = 120
Nr. 10 Das Heldentor . . . . 𝅗𝅥 = 84

Ljudmila Poljakowa, die diesen Brief in ihrer kleinen Werkeinführung präsentiert, vergleicht die üblichen Interpretationen ihrer Gegenwart mit den Angaben von Stassow und Rimski-Korsakow und kommt zu folgendem Schluss: Die Stücke im russischen Geist wie *Promenade, Baba-Jaga* und besonders das *Heldentor* müssen ruhiger, epischer klingen. Neben den scherzoartig lebhaften Stücken *Ballett der unausgeschlüpften Küken* und *Limoges* müssen die Katakomben, das Porträt der beiden Juden und die *Tuilleries* langsamer gespielt werden. Dadurch treten die kapriziösen Motive im Streit der Kinder ebenso plastisch hervor wie das zum Trauergesang gewandelte Promenadenthema im Nachspiel der Katakomben. Der Ochsenkarren dagegen rollt wesentlich lebhafter als allgemein angenommen, nicht wie ein Trauermarsch, sondern wie eine (möglicherweise gar komische?) Genreszene.[26]

Urtexte und Faksimiles

Nachdem in den 1920er-Jahren in der Sowjetunion der Wunsch nach den Originalversionen von Mussorgskis Kompositionen aufgekommen und eine polemische Diskussion um den Wert und Nutzen der postum edierten Ausgaben von Rimski-Korsakow ausgebrochen war,[27] legte Pawel Lamm nach *Boris Godunow* auch eine am Autograph orientierte Edition der *Bilder einer Ausstellung* vor (1932, Vorwort datiert 1930). Sie kann aber nicht als kritische Ausgabe nach heutigen Maßstäben bezeichnet werden, da sie mitunter massive Eingriffe in den Text aufweist, beispielsweise indem alle Zwischenspiele mit einer Tonartenvorzeichnung versehen werden. Immerhin diente sie ersten westlichen Urtext-Ausgaben wie der von Alfred Kreutz (1954)[28] als Grundlage.

Doch erst mit der Faksimile-Publikation des Autographs im Jahr 1975 (Zweitauflage 1982) entstanden wirkliche Urtext-Ausgaben. Allerdings haben auch diese öfters wohl nicht dem Faksimile, sondern eher der Ausgabe von Lamm oder sogar der von Rimski-Korsakow vertraut. Denn das Faksimile von 1975 weist fatale optische Verzerrungen auf: Die Notenköpfe rutschen innerhalb des Fünfliniensystems extrem tief nach unten, so sehr, dass eine Herausgeberin meinte, eine Notation im Alt- statt Violinschlüssel diagnostizieren zu müssen.[29] Manche Stellen sind im Faksimile daher fast gar nicht lesbar. Das eklatanteste Beispiel ist in der ersten *Promenade* in Takt 17 zu finden. Mussorgski hat bei der 2. Viertel eine Rasur in der linken Hand vorgenommen, vermutlich um die Oberoktave f^0 zu streichen; zugleich hat er in der rechten Hand den darüberstehenden Akkord anders notiert als alle anderen. Im sowjetischen Faksimile zeigt dieser schwer lesbare Akkord zwei Hilfslinien, an deren unterem Rand ein großer Notenkopf oder eventuell zwei nebeneinander zu stehen scheinen, also g^0 oder a^0 oder beides. Die Bärenreiter-Ausgabe von 2013 hat erstmals dieses Erscheinungsbild, das alle anderen Urtexte ignoriert hatten, ernst genommen, wiedergegeben, im Kritischen Bericht mit Faksimile-Ausschnitt dokumentiert und diskutiert.[30] Wie nun aber die jüngsten hochauflösenden Faksimiles zeigen, handelt es sich doch um etwas ganz anderes, nämlich genau um das, was schon im Erstdruck gestanden hatte: Mussorgski hat diesen Akkord zweistimmig gesetzt und dabei die Töne c^1 und d^1 gemeinsam als Unterstimme gehalst (was nirgendwo sonst auftritt, die Stelle muss ihm Kopfzerbrechen bereitet haben). Im Begleitheft seiner 2014 erschienenen CD-Aufnahme, »gespielt aus den Originalhandschriften«, hat der russische Pianist Andrej Hoteev auf diesen Irrtum der Bärenreiter-Ausgabe hingewiesen: »Im Faksimile von 1983 [recte: 1982] sind die Noten kaum zu entziffern, da sie unscharf oder verschoben sind. Seltsamerweise betrifft dies aber nur die Noten, nicht die Notenlinien.«[31] Dass die Bärenreiter-Ausgabe mit der Lesart des besagten Akkordes nun zugleich eine musikwissenschaftliche Novität wie Wagners Tristan-Akkord oder Skrjabins Prometheus-Akkord präsentieren wolle, wie Hoteev behauptet, ist allerdings nicht korrekt: Nirgends ist dort von irgendeiner musiktheoretischen Bedeutung dieses verlesenen Akkordes die Rede.

In Hoteevs Aussagen zeichnet sich eine deutliche Spitze gegen die Wissenschaft insgesamt ab: Der akribisch recherchierende Musiker fühlt sich den Philologen überlegen, nicht nur weil er die bessere Reproduktion besitzt, sondern weil er Mussorgskis Autograph als vollkommen betrachtet und daher 1:1 wiedergibt. Insgesamt 17 solcher Stellen sind im Booklet mit Faksimile-Ausschnitten angeführt, an denen er gemäß dem Autograph anders spielt, als es in (manchen, allen?) bisherigen Ausgaben steht oder es interpretatorischer Usus zu sein scheint. Angleichungen des Notentextes an analogen Stellen verbieten sich ihm ganz: »Aber genau hierin besteht Mussorgskys Kompositionsstil: Er schrieb immer ›unlogisch‹, ›asymmetrisch‹ und vermied oft ›typische Analogien‹«.[32] Dieser künstlerisch natürlich zulässige, aber wissenschaftlich unhaltbare Ansatz beruht implizit auf der Annahme einer Unfehlbarkeit der autographen Überlieferung und spiegelt somit recht deutlich die enorme Verehrung, welche zumal in Russland großen Komponisten entgegengebracht wird. Jede Zweifel erweckende Tonhöhe, Phrasierung, Akzidentiensetzung unterschiedslos als intentional zu betrachten, zeugt einerseits von einer gewissen Naivität, andererseits von einer tiefen Skepsis, ja Ablehnung musikalischer Textkritik und editorischer Tätigkeit. Dass in keiner einzigen journalistischen Reaktion auf die CD, deren künstlerischer Wert unbestritten ist, Hoteevs »philologisches« Vorgehen hinterfragt wurde, stimmt nachdenklich.[33]

Steht Mussorgski also auch im 21. Jahrhundert noch immer unter dem Signum des verkannten Genies, dessen Werke seit Rimski-Korsakow nur in verzerrten (oder besser: entzerrten), nur in geglätteten, bereinigten, verschlimmbesserten Versionen erklingen konnten, während der wahre Text weiterhin seiner Erweckung harrt?

Bearbeitungen und Transkriptionen

Klavierausgaben

Es sind nicht kleine philologische Details, sondern die jahrzehntelang betriebenen grundlegenden Veränderungen des Notentextes, die Mussorgskis Klavierversion von einem ästhetischen Standpunkt aus massiv infrage gestellt haben. Die Bearbeiter setzten sich über das hinweg, was dem Komponisten bei seiner Suche nach dem »russischen Stil« auch im Klavierspiel angemessen schien. Selten waren sie bereit, ihre Eingriffe so offen zuzugeben wie der Konzertpianist Harold Bauer: »Der Herausgeber hat in ein paar Fällen Passagen leicht modifiziert zugunsten von Klarheit und Brillianz.«[34] Die hymnischen Akkordpassagen des *Heldentors von Kiew* werden hier noch stärker aufgebauscht und verdichtet. Es geht Bauer aber nicht nur um klangliche Politur, mitunter wird auch Substanz hinzugefügt wie am Ende der *Catacombae* (Notenbeispiel 24). Diese Passage wie Bauer als »leichte« Modifikationen zu bezeichnen, funktioniert wohl nur, wenn man die Version von Horowitz danebenstellt – gut möglich, dass sich dieser von Bauers »Transkription« zu seiner eigenen anregen ließ.

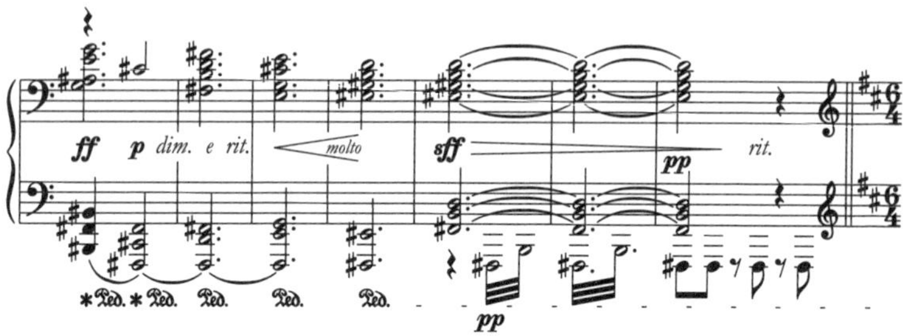

Notenbeispiel 24: »Catacombae«, Schluss, Version in der Ausgabe von Harold Bauer 1922.

Nicht alle der stark bearbeiteten älteren Werkversionen stammen von virtuosen Interpreten. Mit Luigi Dallapiccola[35] und Alfredo Casella[36] werden die *Bilder einer Ausstellung* in den 1940er-Jahren gleich zweimal von den führenden Komponisten Italiens ediert. Dallapiccola, unter dem Eindruck von Webern stark interessiert an der Erkundung von Klangfarbe, hebt in seinem Vorwort die enorme Bedeutung von Mussorgskis Werk gerade in dieser Hinsicht hervor: »Wir sind überzeugt, dass gerade seine klangfarblichen Qualitäten, seine Kühnheit, seine Neuartigkeit Elemente von solcher Bedeutung darstellen, dass sie ein eigenes Kapitel in der Geschichte des Klaviers bilden können. Wann wurde jemals vor Mussorgski auf dem Klavier der Klang der Stücke *Gnomus* oder *Bydło* realisiert? Eine Episode wie die mit dem Titel *Catacombae* hat viele Wege geöffnet, und so hermetisch sie beim ersten Anblick erscheinen mag (genau wegen der extremen Neuartigkeit ihrer Gestalt), sie ist bis heute ein unübertroffenes Modell pianistischer Klanglichkeit.«[37] Casella wertet die Bedeutung der *Bilder* ähnlich, bezieht sich aber statt auf Klangfarben auf die pianistische Seite des Werkes: »Der Klaviersatz dieser ›Bilder‹ ist ganz einzigartig und stellt gewiss eines der wesentlichsten Elemente der Neuartigkeit – wir können sogar sagen der ›Jungfräulichkeit‹ – dieser Musik dar.«[38]

Dallapiccolas Edition setzt den Schwerpunkt auf die Verdeutlichung des Vortrags, auf Phrasierung, Akzentuierung, dynamische Gestaltung etc. Casella ist mehr an der Korrektur von Fehlern gelegen, die er aus der Sicht des Klavierkomponisten auch dort entdeckt, wo die Überlieferung eindeutig scheint: Besonders bemerkenswert sind seine Vermutung, dass in dem auf *Bydło* folgenden Zwischenspiel in Takt 2 die Oktavierung der rechten Hand nicht mehr für die letzten drei Akkorde gelten kann, sowie der Hinweis, dass im Schlussbild bei der Wiederkehr des Hauptthemas (T. 114 *Meno mosso, sempre maestoso*) die Tondauern eigentlich von Halben in Viertel modifiziert werden müssen, weil sonst eine Halbierung des Tempos stattfindet.[39] Unabhängig von der Richtigkeit dieser Vermutungen zeigen Casellas Reflexionen, anders als die von Hoteev, dass auch Mussorgskis sorgfältiges Autograph kritisch geprüft und ggf. hinterfragt werden muss.

Trotz aller Bewunderung hat Casella in seiner Ausgabe viele alternative Spielversionen hinzugefügt, beispielsweise in der besagten Endphase des Schlussbilds: »Die ursprüngliche Anordnung für Klavier von M. ist an einigen Stellen sehr naiv und – sagen wir es ohne Unehrerbietigkeit – auch hässlich. Die gegenwärtige Version ist ohne weiteres viel übereinstimmender mit der Grossartigkeit und der Vornehmheit dieser Musik, und auch wohlklingender.«[40] Selbst Dallapiccola fühlt sich zu dem Vorschlag veranlasst, am Ende von *Cum mortuis in lingua mortua* das Tremolo auströpfeln zu lassen, nicht unähnlich dem oben gezeigten Muster von *Catacombae* in Harold Bauers Ausgabe. Das heißt, selbst diese beiden so offenen und modernen Geister haben den Impuls einer »Verbesserung« des Notentextes nicht unterdrücken können, auch wenn sich diese nur noch in Fußnoten befindet.

Wie tief die *Bilder einer Ausstellung* auf ihre jeweils eigene Klavierästhetik eingewirkt haben, lässt sich in Werken wie Casellas vierhändigen *Pagine di guerra. Quattro films musicali* (1915) beobachten, wo nicht nur die Idee »realistischer« Szenen aus diversen Regionen Europas aufgegriffen wird, sondern auch die im ersten Stück lärmend vorüberziehende Artillerie sehr deutlich von *Bydło* zehrt. Und in Dallapiccolas *Musica per 3 pianoforti* (1935) zeigen die kühl gehämmerten Linien einen deutlichen Reflex der *Promenade*, was der Blick auf Dallapiccolas im Kleinstich gegebenen Ausführungsvorschlag seiner Mussorgski-Ausgabe zusätzlich bestätigt (Notenbeispiel 25). Mussorgskis Klangästhetik war – zumindest aus der Rückschau – nicht dilettantisch, sondern ihrer Zeit um Jahrzehnte voraus, eine prophetische Ent-Romantisierung des vielleicht romantischsten aller Instrumente.

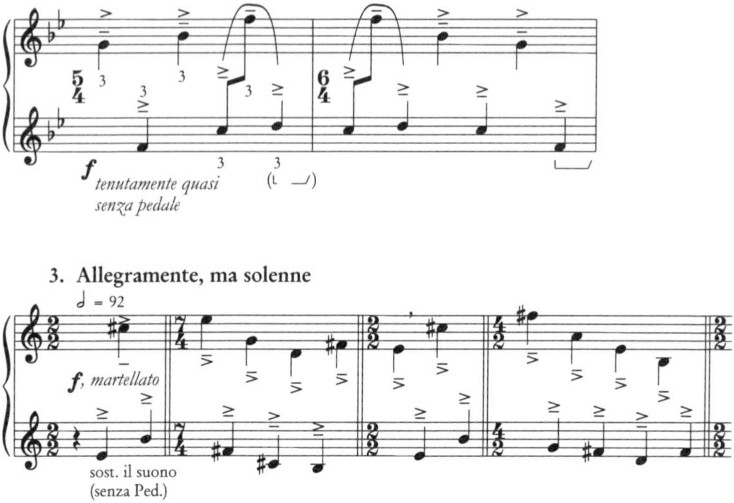

Notenbeispiel 25: »Promenade«, Ausführungsvorschlag in der Ausgabe von Luigi Dallapiccola (1941) und Vergleich mit Dallapiccolas »Musica per tre pianoforti«, Nr. 3 (1935).

Bearbeitungen für andere Besetzungen

Mit dem Siegeszug von Texttreue und Urtext-Denken nach dem Zweiten Weltkrieg sind eigenmächtige Veränderungen von Mussorgskis Klavierversion zur Ausnahme geworden. Der Wunsch nach kreativem Weiterarbeiten an der Musik entlädt sich stattdessen weiterhin ungebremst in der Transkription und Bearbeitung für andere Besetzungen. Rimskis Student Tuschmalow hatte 1891 mit seiner Orchesterbearbeitung eines Teils der *Bilder* den Anfang gemacht. Seitdem hat die Musik zu derart vielen Bearbeitungen angeregt, dass selbst die unendlichen Möglichkeiten des Internets an eine Grenze zu geraten scheinen, wenn es um eine vollständige Erfassung geht. Das sinfonische Orchester ist jedenfalls das bevorzugte Gefäß, in welches seit Tuschmalow Mussorgskis Klavierklänge umgeschüttet wurden. Henry Wood schrieb 1915 eine Orchesterbearbeitung (unter Auslassung aller »Promenaden« nach der ersten), die das Außergewöhnliche der Musik durch außergewöhnliche Orchestermittel wie exzessiven Schlagzeugeinsatz und Orgel hervorhebt; als er später Ravels Version hörte, zog er seine eigene zurück.[41] Der gebürtige Slowene Leo Funtek, der fast sein ganzes Leben als Leiter der Finnischen Oper in Helsinki verbrachte, publizierte im Juli 1922 erstmals eine vollständige Orchesterbearbeitung der *Bilder*.

Ganz unabhängig davon hatte Anfang desselben Jahres Maurice Ravel den Auftrag von Serge Koussevitzky bekommen, eben eine solche Orchesterbearbeitung zu erstellen; im Mai erhielt der Dirigent bereits das *Heldentor*, mit dem Ravel begonnen hatte, weil es für das Orchester am wenigsten interessant wäre; im September lag die ganze Partitur vor.[42] Ravel war die perfekte Wahl: Er galt als phänomenaler Orchestrator, fühlte sich der russischen Musik ganz besonders eng verbunden, hatte bereits gemeinsam mit Strawinsky Mussorgskis *Chowanschtschina* für eine Aufführung durch Sergej Diaghilew revidiert und zudem Schumanns *Carnaval*, den Ahnherrn der *Bilder einer Ausstellung*, für Orchester bearbeitet. Für Koussevitzky war Mussorgskis Zyklus seit der Moskauer Erstaufführung 1903 ein Begriff; sein Auftrag an Ravel stand im Kontext eines groß angelegten Pariser Mussorgski-Triptychons aus *Boris Godunow*, *Chowanschtschina* und der Orchesterversion der *Bilder*. Ravels dringender Wunsch nach dem originalen Notentext, erklärbar aus zurückliegenden Vorwürfen um die Legitimität seiner Eingriffe in *Chowanschtschina*, war damals unerfüllbar, und so wurden alle Eigenheiten von Rimskis Erstdruck in Ravels Bearbeitung nochmals wiederholt, damit endgültig verewigt. Am 19. Oktober 1922 leitete Koussevitzky die Uraufführung mit übergroßem Erfolg, manche Stücke mussten spontan wiederholt werden. Er dirigierte die Ravel-Bearbeitung in seinen Pariser Jahren noch weitere fünf Mal und später als Leiter des Boston Symphony Orchestra 60 Mal. Ravels Partitur glänzt unter anderem durch originelle Solostimmen wie die Trompete in der *Promenade*, das Saxophon im *Alten Schloss* oder die Tuba in *Bydło*; er setzt geschickt die hohen Holzbläser in *Tuilleries* und dem Küken-Ballett ein, dagegen tiefes Holz und Blech in *Catacombae* und dem Hauptthema des *Heldentors*; auch der Kontrast zwischen dem Unisono-Tutti für den reichen und der mit Dämpfer stotternden Solo-Trompete für den armen Juden ist ein kaum zu übertreffender Einfall Ravels. Übertreffen? Die Idee von einer »perfekten« Umsetzung, wie sie sich in den Diskussionen um die Orchesterversion oft genug findet, ist per se falsch: Wie die nicht abreißende Kette immer neuer Bearbeitungen zeigt, kann es immer nur um weitere »Inszenierungen« einer unerschöpflichen Grundsubstanz gehen, nie um Endgültiges und Einziges.

Und so hat also auch Ravels allseits bewunderte Orchesterfassung nicht verhindert, sondern eher provoziert, dass es ihm andere auf andere Weise gleichtun wollten. Da der Eigentümer an der originalen Klavierversion, der Verlag Bessel & Co., von Ravels Version so gut wie gar nicht finanziell profitieren konnte (Koussevitzky hatte 7 Jahre das alleinige Aufführungsrecht und verlegte das Stück 1929 in seinem eigenen Russischen Musikverlag), beauftragte er eine eigene Orchestration, pikanterweise durch einen Schüler von Ravel, den Pianisten Leonidas Leonardi. Dessen Version scheint mit 60 Streichern, üppigem Schlagwerk, 2 Harfen, Celesta sowie Sopran-, 2 Alt- und 3 Tenorsaxophonen die Leistung seines Meisters überbieten zu wollen. Leonardi widmete die Partitur Strawinsky und führte sie am 15. Juni 1924 in Paris auf, danach war sie nur noch selten zu hören.

Meist waren es Dirigenten, die aus künstlerischen oder merkantilen Gründen weitere Orchesterfassungen in die Welt setzten oder setzen ließen. Eugene Ormandy beauftragte Lucien Cailliet (1937), Stokowski suchte nach einem weniger französischen Klanggewand (1939), Walter Goehr reduzierte den Orchesterapparat (1942), Sergei Gortschakow (1954) und Vladimir Ashkenazy (1982) wünschten mehr Treue zum Original. Aus der Fülle der vorliegenden Partituren und einigen neu angefertigten Transkriptionen stellte Leonard Slatkin erstmals 1991 und erneut 2007 eine Kompilation der *Bilder* zusammen. Darin enthalten sind auch Teile aus Bearbeitungen für Bläser sowie der Ausnahme-Gedanke, zu dieser so sehr vokal inspirierten Musik auch einmal wirkliche Singstimmen hinzutreten zu lassen: Douglas Gamley, australischer Filmkomponist, hat die Choral-Passagen in seiner sinfonischen Version des *Heldentors* (1972) wechselweise einem Männerchor und der Orgel anvertraut. Slatkins Kompilation führt das Prinzip des Eklektischen – das bis zu Hartmann selbst zurückreicht – auf die Spitze. Das britische Amadeus Orchestra hat diese Idee 2012 mit Aufträgen an zehn Komponisten wiederaufgegriffen. Gelegentlich wurde versucht, durch Kombination von Klavier und Orchester Originalklang und Orchesterentfaltung einander konzertant anzunähern (Émile Naoumoff 1974, Lawrence Leonard 1977). Manche der Orchesterfassungen sind ihrerseits wieder transkribiert worden, zum Beispiel Tuschmalows und Ravels Versionen für Klavier zu vier Händen (bzw. 2 Klaviere), und auch Horowitz' eigene Fassung lässt Ravel mit einfließen. Zurück zum Klavier, aber kein Back to the Roots: Bearbeitungen von Bearbeitungen.

Das Transkribieren der *Bilder* floriert auch in ganz anderen Besetzungen. Neben diversen Bläser-Versionen – seit Elgar Howarth (1977) sind über ein Dutzend weitere entstanden, die vom Kammerensemble bis zum Blasorchester reichen – ragen vor allem etliche Bearbeitungen für Orgel hervor, darunter eine von Oskar Gottlieb Blarr (1977). Eine jüngere stammt von dem für seine spektakulären, ja unverfrorenen Transkriptionen bekannten Konzertorganisten Cameron Carpenter (2006): Seine *Bilder* lassen mit ihrem Farben- und Effektreichtum nicht nur die älteren Orgelfassungen, sondern auch viele Orchesterbearbeitungen blass aussehen. Mussorgskis Werk wurde nur selten anderen Soloinstrumenten anvertraut, so dem Akkordeon (Rudolf Würthner 1954) und der Gitarre (Kazuhito Yamashita 1980). Kammermusikalische Fassungen entstanden unter anderem für Klaviertrio (Giuseppe Becce 1930) und Streichquartett (Myroslaw Skoryk 2011). Auch an Glasharfe, diversem Schlagwerk und Carillon sind die *Bilder einer Ausstellung* nicht spurlos vorbeigegangen, ganz zu schweigen von gigantomanischen Bearbeitungen, die auf die Opulenz von 3 Orgeln oder 44 Klavieren setzen. Es ist kein Ende absehbar, das Werk scheint die Erkundung von Instrumentalklang immer aufs Neue zu provozieren – und hatte genau das 1874 auf dem Klavier vorgeführt.

Die immense Popularität eines in derart vielen Gestalten präsenten Stücks hat selbstverständlich auch außerhalb der sogenannten E-Musik Auswirkungen gehabt. Das betraf zunächst die Übertragung auf Salonorchester (Giuseppe Becce 1922) und Jazz-Besetzungen (Ralph Burns 1957), in heutiger Zeit auf das Klanggewand von Metal-Bands wie Mekong Delta (1997). Interessanter sind freiere Umdeutungen wie die von der Progressive Rock-Band Emerson, Lake & Palmer (1971), die zum Original freie Zwischenspiele, Überleitungen, Improvisationspassagen und nicht zuletzt gesungene Textierungen ergänzt, also Mussorgski nicht nur klanglich neu einhüllt, sondern an ihm kreativ mit den Ausdrucksmitteln ihrer Zeit weiterstrickt. Relativ frei verfährt auch Isao Tomita in seiner Synthesizer-Version von 1975, der bereits ein Album mit Debussy-Bearbeitungen vorausgegangen war (Strawinskys *Feuervogel* und Holsts *Die Planeten* sollten folgen); Tomita verwendet ebenso künstliche Geräuscheffekte (*Gnomus*) wie sphärische Klänge (*Cum mortuis*), andererseits Orgelsound (*Catacombae*), er ergänzt auch aufgenommene und synthetisch erzeugte Vokalstimmen (beispielsweise in *Bydło*). Mit elektronischen Mitteln in einer Art Techno-Stil weiterbearbeitet (»re-composed«) haben Carl Craig und Moritz von Oswald Ausschnitte aus der Ravel-Fassung der *Bilder* (2008), dabei vom fragmentierten Original kaum mehr als Allusionen übrig gelassen. Vielleicht stellen gerade solche Versuche, das Potential der Vorlage nicht nur im Bereich der Klanglichkeit auszuloten, sondern daraus Impulse für eigene, neue Konzeptionen abzuleiten, im weiten Ozean der Transkriptionen die eigentlichen Inseln dar.

Original oder Derivat?

Die unübersehbare Masse an fremdem Material, das Mussorgskis *Bildern einer Ausstellung* seit 1886 in Ausgaben und Bearbeitungen übergestülpt wurde, vermutlich mehr als irgendeiner anderen Komposition, kann einschüchtern und den Wunsch nach dem eigentlichen Original laut werden lassen, dessen Bedeutung womöglich immer geringer zu werden droht. Swjatoslaw Richter hat gegenüber Bearbeitungen wie der von Ravel Hass empfunden (s. S. 141), Andrej Hoteev will noch das kleinste Notenzeichen aus dem Autograph unversehrt ans Licht holen, die Urtext-Bemühungen seit Pawel Lamm suchen nach der letzten Wahrheit der kompositorischen Intention. Sind alle, die sich vom Original entfernt haben und immer noch entfernen, also auf dem Irrweg?

Es gibt eine Alternative zur Empörung (sei sie von Künstlern, sei sie von Wissenschaftlern) gegenüber solchen Eingriffen, Bearbeitungen und Transkriptionen. Richard Taruskin hat aus einer Rezeptionsperspektive argumentiert, dass die oft zu hörenden Kompilationen des *Boris Godunow*, die frei Elemente sowohl aus der ersten als auch aus der zweiten Version der Oper verbinden, aus der Sicht des Hörers durchaus ein Meisterwerk darstellen, obwohl sie keine Authentizität beanspruchen können.[43] Caryl Emerson weitet einen analogen Gedanken anhand der (Ravel'schen) Orchesterversion der *Bilder* aus, die eben ungemein gut sei: »Mit einem Wort, das Bemerkenswerte an Mussorgski ist nicht, dass er ›verraten‹ oder ›korrumpiert‹ wurde, sondern dass an ihm so viel, von so vielen Händen herumgemacht wurde und dennoch so wenig von ihm zerstört. […] sein Überlebensrekord in Myriaden fremder Kontexte – wenn 85 % seiner Takte verändert, Akkorde und Tonarten in völlig andere Strukturen geschleudert werden, wenn Flicken seiner erhaltenen Musik zusammengenäht werden und das Füllmaterial schließlich dicker als der Flicken gerät – das alles erinnert an nichts anderes als an das Darwin'sche ›Survival of the Fittest‹. Solche Widerstandkraft und Vitalität kommen auf dem Gebiet der Kultur einer Fruchtbarkeit so nah wie möglich. Dies muss als ein Zeichen von Mussorgskis Genie gewertet werden.«[44]

Bild – Musik – Bild: Spiralen der Künste

Kandinskys Inszenierung

Mussorgskis Vertonung von Bildern hat ihrerseits wieder neue künstlerische Bilder hervorgerufen, die Hartmanns Vorlagen nur noch ansatzweise oder gar nicht mehr zitieren. Das erste und beeindruckendste Beispiel dafür bietet Wassily Kandinskys Inszenierung der *Bilder einer Ausstellung* im Dessauer Friedrich-Theater am 4. April 1928. Dass ausgerechnet der berühmte Bauhaus-Professor und Vorreiter abstrakter Malerei sich derart mit Mussorgskis Musik beschäftigte, beruhte nur zum geringsten Teil auf dem gemeinsamen russischen Hintergrund (die Anregung ging vom Intendanten Georg Hartmann aus, der mit dem Maler aber nicht verwandt war). Schon in seiner Schrift *Über das Geistige in der Kunst* (1911) hob Kandinsky den Vorbildcharakter der Musik für die Kunst hervor, da sie »ihre Mittel nicht zum Darstellen der Erscheinungen der Natur brauchte, sondern als Ausdrucksmittel des seelischen Lebens des Künstlers und zum Schaffen eines eigenartigen Lebens der musikalischen Töne.«[45] Gleich der Musik möchte Kandinsky die Malerei von ihrem Abbildcharakter befreien und ihr stattdessen nur noch innere, seelische, geistige Inhalte zuweisen – das, was er die »innere Notwendigkeit« nennt und was unweigerlich in die Abstraktion führt. Mit Arnold Schönberg, der sich zum selben Zeitpunkt in die Atonalität begeben hatte, führte er darüber einen intensiven Austausch. So wird verständlich, warum Kandinsky auch dieses vermeintliche Paradebeispiel für programmatische und abbildende Musik vollständig umdeutet: »Die gemalten Bilder [von Hartmann] waren natürlich ›naturalistisch‹ (vermutlich ausschliesslich Aquarelle). Die Musik ist aber keineswegs ›Programmusik‹ geworden. Wenn sie etwas ›widerspiegelt‹, so sind es nicht die gemalten Bildchen, sondern die Erlebnisse Mussorgskys, die weit über den ›Inhalt‹ des Gemalten stiegen und eine rein musikalische Form fanden.«[46]

Kandinsky war nicht nur an Musik per se interessiert, sondern mehr noch an der Synthese der Künste, auch das ein typischer Zug der Zeit um 1910: Skrjabin integrierte in sein Orchesterpoem *Prometheus* projiziertes farbiges Licht, Schönberg behandelte in seinem 1910–1913 entstandenen expressionistischen Bühnendrama *Die glückliche Hand* Farben und Licht als psychologische Ausdrucksträger. Kandinsky versammelte seine eigene pantomimische Bühnenkomposition *Der gelbe Klang* (1909), in dem die psychologische Handlung der zu Symbolen stilisierten Personen und Objekte durch Farbe und Licht evoziert wird, mit einem Aufsatz über Skrjabins *Prometheus* und einem kunsttheoretischen Text von Schönberg in seinem mit Franz Marc herausgegebenen Almanach *Der Blaue Reiter* (1912). In seiner Bauhaus-Zeit vertiefte Kandinsky den Gedanken einer synthetischen Kunst, die über den traditionellen Sparten steht und diese miteinander verbindet. Die Inszenierung der *Bilder einer Ausstellung* von 1928 lässt sich als maximale Umsetzung seiner über Jahrzehnte entwickelten theoretischen Gedanken zur Bühnensynthese betrachten.

> Mit Ausnahme von zwei Bildern – »Samuel Goldenberg und Schmuyle« und »Der Marktplatz von Limoges« – (in welchen ich zwei Tänzer mitwirken liess) ist das ganze Bühnenbild »abstrakt« gewesen. Hier und da verwendete ich auch Formen, die fern »gegenständlich« waren. Ich ging also auch nicht »programmatisch« vor, sondern verwendete Formen, die mir beim Hören der Musik vorschwebten. Die Hauptmittel waren: 1. Die Formen selbst, 2. die Farben auf den Formen, wozu 3. die Beleuchtungsfarbe als vertiefte Malerei sich gesellte, 4. das selbständige Spiel des farbigen Lichts und 5. der mit der Musik verbundene Aufbau jedes Bildes und nötigenfalls der Abbau desselben.[47]

Aus der typischen geometrischen Formensprache seiner Bauhaus-Jahre heraus entwickelt Kandinsky abstrakte Bühnenelemente, die teils als Figurinen, teils als immaterielle (Licht) oder materielle farbige Formen erscheinen und die als autonome Zeichen und Gestalten die musikalische Bewegung nicht abzubilden versuchen, sondern in eine eigene künstlerische Aussage überführen. Am nächsten verwandt ist dieser Ansatz den damaligen Bemühungen um abstrakten Film und Licht-Spiele.[48] Bei Kandinsky ist das vermeintlich Abstrakte – ganz abgesehen von einigen dann doch gegenständlichen Elementen – symbolisch massiv aufgeladen. Das Schlussstück bildet, wie Marcel Bongni gezeigt hat, eine überaus komplexe semantische Synthese, die speziell im Vergleich mit Mussorgskis eigenem Weltbild erhellend ist (s. Abb. 12). Einen Schlüssel zum Verständnis des Bildes liefert Kandinskys 1913 publizierte Beschreibung einer Kindheitserinnerung an Moskau im Abendrot:

> Die Sonne schmilzt ganz Moskau zu einem Fleck zusammen, der wie eine tolle Tuba das ganze Innere, die ganze Seele in Vibration versetzt. Nein, nicht diese rote Einheitlichkeit ist die schönste Stunde! Das ist nur der Schlußakkord der Symphonie, die jede Farbe zum höchsten Leben bringt, die ganz Moskau wie das fff eines Riesenorchesters klingen läßt und zwingt. Rosa, lila, gelbe, weiße,

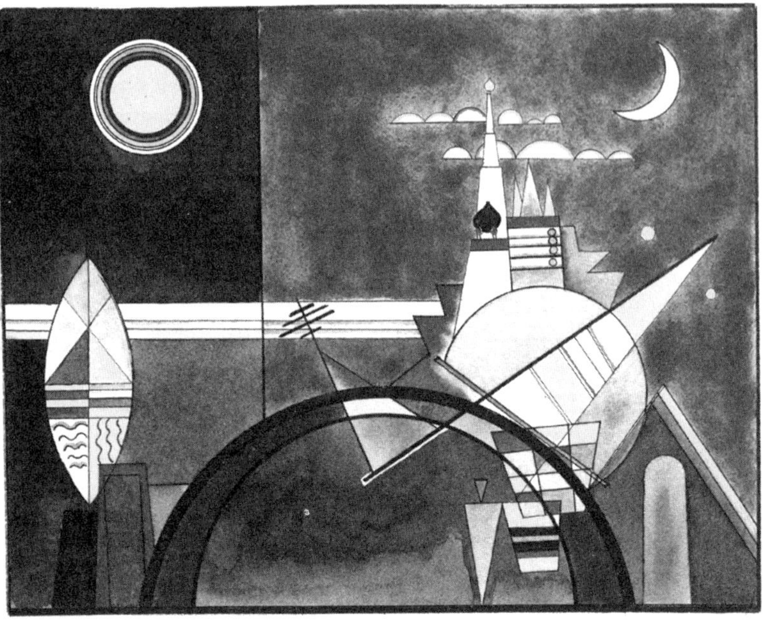

Abb. 12: Wassily Kandinsky, Das große Tor von Kiew. Bild XVI für die Inszenierung der »Bilder einer Ausstellung« am Friedrich-Theater in Dessau (1928).

> blaue, pistaziengrüne, flammenrote Häuser, Kirchen – jede ein selbständiges Lied – der rasend grüne Rasen, die tiefer brummenden Bäume, oder der mit tausend Stimmen singende Schnee, oder das Allegretto der kahlen Äste, der rote, steife, schweigsame Ring der Kremlmauer und darüber, alles überragend, wie ein Triumphgeschrei, wie ein sich vergessendes Halleluja der weiße, lange, zierlich ernste Strich des Iwan Weliky-Glockenturmes. Und auf seinem hohen, gespannten in ewiger Sehnsucht zum Himmel ausgestreckten Halse der goldene Kopf der Kuppel, die zwischen den goldenen und bunten Sternen der andern Kuppeln die Moskauer Sonne ist. Diese Stunde zu malen, dachte ich mir als das unmöglichste und höchste Glück eines Künstlers.[49]

Unschwer sind hier zentrale Elemente und Details des Dessauer Finalbildes vorgeprägt: aus Kiew ist Moskau geworden. Der im Laufe der Inszenierung sich herabsenkende große blaue Bogen, vordergründig auf Hartmanns Sujet rekurrierend, ist ein später Nachfahre der Regenbögen aus Kandinskys früheren Bildern, also Brücke in einen kosmischen Bereich, aber auch Sinnbild der Verbindung, der Synthese. Verbunden werden durch ihn wie auch durch die weißen horizontalen (an ein Notensystem gemahnenden) Linien die beiden ungleichen Bildhälften. Die rechte mit ikonenartigem Goldhintergrund steht für das »klingende« orthodoxe Moskau (mit stilisiertem viertönigen Akkord an zentraler Stelle) im Sinne eines himmlischen Jerusalem (das dritte Rom?), für dynamisch bewegte Vielfalt und Nacht; die schmalere linke Bildhälfte dagegen steht mit ihren rechtwinklig geprägten Formen für eine statische Rationalität und den Tag – es ist der Gegensatz von Ost und West, von Orient und Okzident, der hier durch das Symbol des Bogens überbrückt wird. Auf dem überlieferten Aquarell ist unter dem Bogen eine Figurine zu sehen (der Künstler als Vorbote des neuen Menschen, alias Kandinsky); in der Aufführung waren es mehrere, teilweise recht genreartige Figurinen, die zu Beginn erschienen und am Ende wieder verschwanden. Es geht in dieser späten Verwirklichung von Kandinskys höchstem Künstlerglück, nämlich der spirituell aufgeladenen Darstellung Moskaus in der mystischen Vorabendstunde, letztlich um die Überbrückung der von Mussorgski beschworenen Dichotomie zwischen Russland und dem Westen. »Kandinsky selbst verkörperte als Russe im Westen diese Verbindung. Er sah sich als Kosmopolit und Vermittler zwischen Ost und West. Mit Bestimmtheit konnte er sich als Vorreiter neuer Ideen und künstlerischer Avantgardist mit den Figuren unter dem Bogen identifizieren.«[50] Mehr als ein halbes Jahrhundert nach Mussorgskis Komposition hatte sich also deren zentrale Aussage des visionär erreichten Triumphes der russischen Kultur über den Westen, in Kandinskys Sicht, dahingehend verschoben, dass ein Brückenschlag möglich sei. Während der daheimgebliebene Mussorgski seinen klingenden Avatar nur en passant fremden Eindrücken aussetzt und am Ende im Jubel reinsten Russentums aufgehen lässt, steht Kandinskys geometrisches Alter Ego zuversichtlich unter der Idee des Verbindenden zwischen den Kulturen. Es ist von allen Bearbeitungen der *Bilder einer Ausstellung* die tiefsinnigste und zugleich die dem Original am stärksten entgegentretende, aus dem Bilderbogen eine ganz gegenteilige Botschaft herauslesende.

»Pictures of Pictures from Pictures of Pictures«

Kandinsky blieb nicht der einzige Künstler, der sich von der »Bildhaftigkeit« der Musik zu eigenen Bildern veranlasst fühlte. 1975 präsentierte der vor allem für seine politische Kunst bekannte Maler und Grafiker K(laus)P(eter) Brehmer (1938–1997) zehn Grafiken, die er aus den musikalischen Hauptmotiven von Mussorgskis gleichnamigen Bildern gewonnen hatte: »Er veranschaulichte mit Hilfe eines Sonografen die Frequenzen der Komposition und übertrug sie in grafische Zeichnungen. Das Ergebnis ähnelt Dreiecken eines Koordinatensystems, die in klinischer Diagramm-Präzision über Struktur und Dynamik der Musik Auskunft erteilen.«[51] Der amerikanische Komponist und Fluxus-Künstler Philipp Corner (* 1933) übersetzte diese Grafiken wiederum in Partiturbilder und nannte das 1985 aufgenommene Album mit diesen zehn, trotz der alten Namen ganz neuen, Klavierstücken *Pictures of Pictures from Pictures of Pictures*.[52] Bei solchen Vexierspielen zwischen Kunst und Musik, zwischen Original und Bearbeitung, dreht sich die Spirale immer eine Windung weiter. Kunst also, die immer wieder Kunst generiert – Liszt, der sich an Mussorgski so interessiert gezeigt hatte, wäre darüber höchst erfreut gewesen.

Alte Last und neue Lust: Wandlungen des Bildes von den »Bildern einer Ausstellung«

Vom Totalverriss der ersten Kritiker bis zum heutigen Weltruhm als dem »populärsten Werk der russischen Instrumentalmusik«[53] haben die *Bilder einer Ausstellung* selbst eine weite Reise gemacht. Mussorgskis Anliegen, seinem verstorbenen Freund Hartmann ein ewiges Andenken zu setzen, ist ihm voll und ganz gelungen, und nur ihm. Die wirklich persönlichen Ebenen des Werkes ebenso wie seine weltanschaulichen Botschaften wurden selten gesucht und noch seltener erkannt. Es scheint sogar, als wäre hinter der Faszination für den musikalischen Einfallsreichtum und die überwältigende Dramaturgie das Interesse an irgendwelchen Sinndeutungen erloschen, als handele es sich hierbei nur noch um eine einzige Einladung, über das Verhältnis von visueller und auditiver Kunst nachzudenken und selbst daran weiterzubasteln. Die eine Sinnebene, die von Anfang an im Raum stand und perpetuiert wurde, ist die des sogenannten Realismus als der von Stassow vehement propagierten ästhetischen Hauptaufgabe der russischen Kunst. Doch sind Mussorgskis Miniatur-Opernszenen, als die man die *Bilder* sehen kann, immer in eine psychologische Innenwelt gerichtet, die sich zwar durchaus an den Rändern der Gesellschaft entzündet, aber eben nicht deren sozialen Status oder Lebenswirklichkeit kommentieren und offenbaren will, sondern ihren Charakter und ihre Psyche. Das ist kein sozialkritischer, sondern letztlich ein poetischer Ansatz, der sich durchaus auch vor dem Hintergrund fortschrittlicher Tendenzen im Zarenreich entwickelt, aber selbst keine revolutionären oder demokratischen Akzente besitzt. Die instinktive Solidarisierung mit den Außenseitern der Gesellschaft beruht vielmehr auf dem erzromantischen Topos vom Künstler als dem Ausgestoßenen, ein Topos allerdings, der für Mussorgski – anders als bei vielen, die sich nur dazu stilisierten – auf brutale Weise zur Lebenswirklichkeit wurde. Dass bei allen Grobheiten seiner Tonsprache eine zutiefst berührende lyrische Ader laut in ihm pochte, dass Mussorgski eine im Grunde edle und aristokratische Einstellung zum Wesen der Musik hatte, geriet bei der fanatischen Suche nach Realismus, nach den möglichst naturalistischen Widerspiegelungen der empirisch erfahrbaren Umwelt, oft aus den Augen; Stassow war dafür regelrecht blind. Die »Wahrheit«, die Mussorgski in der Musik so bedingungslos auszudrücken trachtete, war die Unverfälschtheit der menschlichen Seele in ihren feinsten Regungen, mit ihren edlen Aufschwüngen – vor allem aber mit ihren Abgründen.

In der jungen Sowjetunion wurde Mussorgski daher nicht automatisch als Vorläufer des Proletariats gedeutet. Marina Raku hat die Wandlung vom ambivalenten Relikt der Zarenzeit zum »Sänger des Volkes« – so Juri Keldysch im 75. Todesjahr 1956 – jüngst nachgezeichnet.[54] Seine als »Volksdramen« bekannten Opern würden demnach, so Boris Assafjew 1922, das Volk gar nicht als aktives Kollektiv in dramatischer Entwicklung zeigen, sondern, wie es Keldysch 1930 formuliert, als unbewegliche Masse: »Mussorgski war nicht in der Lage, die revolutionäre Rolle der Arbeiterklasse zu verstehen. […] Mussorgski kann kein politischer Lehrer des Proletariats sein.«[55] Aber es gab eine Möglichkeit, den Komponisten zu entlasten: Die Redaktionen Rimski-Korsakows wären es demnach gewesen, die zweifellos alles Aufständische und Revolutionäre aus den Partituren verbannt hatten – es sind Rimskis Opernversionen, die nun den Vorwurf monarchistischer Gesinnung auf sich nehmen müssen. Die Bemühungen um Urtexte in den 1920er-Jahren (s. S. 145) dienen also auch dazu, einen neuen, bereinigten, »gröberen« und damit revolutionäreren Komponisten entstehen zu lassen und in seinen Werken Vorzeichen einer proletarischen Musik zu entdecken. Eine Umfrage im 50. Todesjahr zeigte, dass die proletarischen Komponisten Mussorgskis Werk differenziert betrachteten, seine »materialistische« und (auch musiksprachlich) revolutionäre Seite akzeptierten, die ihnen fremden Elemente von Mystizismus, Chauvinismus und individualistischem Psychologismus dagegen ablehnten.[56] Als 1932 die Doktrin des Sozialistischen Realismus den zentralisierten sowjetischen Künstlervereinigungen oktroyiert wurde, hatte Mussorgski seinen Platz als Klassiker bereits gefunden, dessen Werk als »musikalischer Ausdruck der philosophisch-ästhetischen Ansichten Tschernyschewskis«[57] betrachtet wurde (s. S. 29), als Umsetzung der fortschrittlichsten gesellschaftlichen Ideen des 19. Jahrhunderts. Diese Deutung blieb über die stalinistische Zeit hinaus zementiert. Sie findet sich als permanenter Unterton in Schnittkes Analyse von 1954, wo sie vor dem Hintergrund der Formalismus-Kampagne von 1948 nochmals intensiviert erscheint. Doch bis ins Ende der sowjetischen Zeit, ja bis in die Gegenwart haben sich diese Vorstellungen vom »Sänger des Volkes« erhalten, nicht nur in Russland. Dies lässt sich nicht nur am Umgang mit den Opern, sondern auch mit den *Bildern einer Ausstellung* gut ablesen.

Die schöpferischen Impulse, die von Mussorgskis Klavierzyklus ausgingen, waren vielfältiger als ihre ideologische Vereinnahmung. Manchmal sind es unscheinbare Details, die sich auf die *Bilder einer Ausstellung* zurückführen lassen, etwa die Anweisung »sans expression« in Ravels *Le Gibet* (1908). Mitunter verdanken sich größere Einfälle Mussorgski, so der ostinate Klaviersatz in räumlicher Bewegung in Casellas bereits erwähnten *Pagine di guerra* (1915). Eine grundsätzliche Adaption anti-romantischer Klavieridiomatik findet sich, wie gezeigt, bei Dallapiccola. In der Sowjetunion waren es Schostakowitsch und sein Schüler Georgi Swiridow, die auf vielfache Weise an Mussorgski anknüpften. Swiridow tat dies auch in seinem Klavierstil, wobei sein zunehmend expliziter Neofolklorismus die problematischen Aspekte einer Heimatschollen-Ideologie weiterentwickelt, die in Mussorgskis radikalen Russizismen bereits angelegt waren. Eher spielerisch hat Prokofjew, der immerhin vier der *Bilder einer Ausstellung* als Schallaufnahmen einspielte, manche Eigenheiten aufgegriffen: sei es in seiner Klaviermusik, sei es in *Peter und der Wolf*, wo das immer wiederkehrende Thema des jungen Pioniers Peter vermutlich auch von der *Promenade* angeregt war.[58] Eine der letzten, nun bereits nurmehr zitathaften Inspirationen moderner Klaviermusik durch die *Bilder einer Ausstellung* findet sich bei Moritz Eggert in *Goldberg spielt* (2000), wo die Nr. 21 den Hinweis trägt: *Reminiszenz »Catacombae – Sepulcrum romanum«*.

Mit oder ohne Ideologie, Mussorgskis Bilderzyklus wirkt nach wie vor in alle Richtungen befruchtend. Es wäre wünschenswert, sich bisweilen wieder auf das Original zurückzubesinnen – und auf seine Sinnschichten, die nicht alle gleichermaßen leicht verdaulich sind. Nimmt uns die unbezwingbare Großartigkeit des Höreindrucks nicht automatisch gefangen, macht sie uns zu Komplizen für Botschaften, die wir eigentlich gar nicht komplett akzeptieren möchten? Die Spaltungen unserer heutigen Welt beruhen auf durchaus ähnlichen Konstruktionen von kultureller Fremdheit und Identität. Eine Auseinandersetzung mit diesen und ähnlichen Fragen lohnt sich also allemal: musikalisch, moralisch – menschlich.

Anhang

Ausgaben

Faksimiles

M. P. Musorgskij. Kartinki s vystavki dlja fortepiano. Faksimile / M. Mussorgsky, Pictures from an exhibition for piano. Facsimile / M. Mussorgski, Bilder einer Ausstellung für Klavier. Faksimile, Einleitung von Ėmilija Lazarevna Frid, Moskau: Muzyka 1975

Musorgskij. Kartinki s vystavki dlja fortepiano / Mussorgsky, Pictures at an Exhibition for piano. Urtext & Facsimile, hrsg. von Vladimir Samarin, Moskau: Muzyka 2015

Modest P. Mussorgskij. Bilder einer Ausstellung. Faksimile-Ausgabe der autographen Handschrift der Nationalbibliothek Russland, St. Petersburg. Mit einem Kommentar (deutsch / englisch) von Christoph Flamm, Laaber: Figaro-Verlag 2017 (Meisterwerke der Musik im Faksimile, Bd. 44)

Erstdruck

»Tableaux d'une exposition«. Série de dix pièces pour piano par Modeste Moussorgsky, St. Petersburg / Moskau: W. Bessel & Cie [1886] (redigiert von Nikolai Rimski-Korsakow, programmatische Erläuterungen der Bilder von Wladimir Stassow) (↦ Dok. 8); Nachdruck mit Farbreproduktionen der Bilder von Viktor Hartmann: Wiesbaden, Breitkopf & Härtel 1983

Erste kritische Ausgabe nach dem Autograph

M. Musorgskij, Polnoe sobranie sočinenij, tom VIII, vypusk 2: Kartinki s vystavki dlja fortepiano / M. Mussorgsky, Sämtliche Werke, Bd. VIII, Folge 2: Tableaux d'une exposition pour piano, hrsg. von Paul Lamm, Moskau: Gosudarstvennoe muzykal'noe izdatel'stvo / Wien / Leipzig: Universal Edition 1932 (wieder in: M. Musorgskij, Polnoe sobranie sočinenij, tom VIII: Fortepiannye sočinenija / M. Moussorgsky, Œuvres complètes, Bd. VIII: Pièces pour Piano, Moskau / Leningrad 1939, S. 124–164)

Urtextausgaben

Modest Mussorgski. Bilder einer Ausstellung, nach dem Autograph hrsg. von Christoph Hellmundt, Leipzig: C. F. Peters 1975

Modest Petrowitsch Mussorgski. Bilder einer Ausstellung. Erinnerung an Viktor Hartmann, nach dem Autograph hrsg. von Manfred Schandert, Vorschläge zur Interpretation mit Fingersatzvorschlägen von Vladimir Ashkenazy, Wien: Wiener Urtext Edition 1984

Modest Mussorgskij. Bilder einer Ausstellung, hrsg. von Petra Weber-Bockholdt, Fingersatz von Klaus Schilde, München: G. Henle Verlag 1992

Moussorgsky. Pictures at an Exhibition, hrsg. von Nancy Bricard, Van Nyus / CA: Alfred Publishing 2002

Mussorgsky. Kartinki s vystavki. Vospominanie o Viktorě Gartmaně / Bilder einer Ausstellung. Erinnerung an Viktor Hartmann, hrsg. und mit Hinweisen zur Aufführungspraxis von Christoph Flamm, Kassel u. a.: Bärenreiter 2013

Literatur

Quellentexte

Goleniščev-Kutuzov, Arsenij: Vospominanija o M. P. Musorgskom (Erinnerungen an M. P. Mussorgski [1888]), in: Muzykal'noe nasledstvo. Sbornik materialov po istorii muzykal'noj kultury v Rossii, hrsg. von Michail Ivanov-Boreckij, Bd. 1, Moskau 1935 (dt. in: Zugänge zu Leben und Werk, S. 126–149)

Musorgskij, Modest: Literaturnoe nasledie (Literarisches Erbe), hrsg. von Aleksandra A. Orlova und Michail S. Pekelis, Bd. 1: Pis'ma, biografičeskie materialy i dokumenty (Briefe, biografische Materialien und Dokumente), Moskau 1971; Bd. 2: Literaturnye proizvedenija (Literarische Arbeiten), Moskau 1972 (Briefe in Auswahl dt. in: Modest Mussorgski. Briefe, aus dem Russischen hrsg. und übertragen von Dieter Lehmann unter Mitarbeit von Christoph Hellmundt, Leipzig 1984

– Nekrolog Gartmanu, in: Sankt-Peterburgskie vedomosti 1873, Nr. 203 (26. Juli); wieder in: Musorgskij: Literaturnoe nasledie, Bd. 2, S. 194 (↱ Dok. 1)

Orlova, Aleksandra (Hrsg.): Trudy i dni M. P. Musorgskogo (Mussorgskis Werke und Tage), Moskau 1963; engl. Alexandra Orlova: Musorgsky's Days and Works. A Biography in Documents, Ann Arbor 1983

[Sobko, Nikolaj / Stasov, Vladimir:] Viktor Aleksandrovič Gartman, architektor. Biografija i katalog vsech ego proizvedenij (Biografie und Katalog aller seiner Werke), St. Petersburg 1874 (↱ Dok. 5)

Stasov, Vladimir: Smert' V. A. Gartmana (Der Tod von V. A. Hartmann), in: Sankt-Peterburgskie vedomosti 1873, Nr. 222 (13. August); wieder in: Stasov: Sobranie sočinenij, Bd. 2, Abt. 4, Sp. 123–126 (↱ Dok. 3)

– Viktor Aleksandrovič Gartman, in: Sankt-Peterburgskie vedomosti 1873, Nr. 359 (31. Dezember); wieder in: Stasov: Sobranie sočinenij, Bd. 2, Abt. 4, Sp. 125–140 (↱ Dok. 4)

– Vystavka Gartmana (Die Hartmann-Ausstellung), in: Sankt-Peterburgskie vedomosti 1874, Nr. 70 (12. März); wieder in: Stasov: Sobranie sočinenij, Bd. 1, Abt. 2, Sp. 493–500 (↱ Dok. 6)

– Moe znakomstvo s V. Gartmanom (Meine Bekanntschaft mit Hartmann), in: Pčela 1 (1875), Nr. 1, S. 13–15; wieder in: Stasov: Sobranie sočinenij, Bd. 2, Abt. 4, Sp. 149–158 (↱ Dok. 7)

– Modest Petrovič Musorgskij. Biografičeskij očerk (Biografische Skizze), in: Vestnik Evropy 1881, H. 5–6; wieder in: Stasov: Izbrannye sočinenija, Bd. 2, S. 161–213 (dt. in: Wladimir Stassow, Meine Freunde Alexander Borodin und Modest Mussorgski. Die Biographien, hrsg. von Ernst Kuhn, Berlin 1993, S. 25–121)

– Pamjati Musorgskogo (In memoriam Mussorgski), in: Istoričeskij vestnik 1886, März, S. 644–656; wieder in: Stasov: Izbrannye sočinenija, Bd. 2, S. 31–43

– Sobranie sočinenij V. V. Stasova 1847–1886 (Sämtliche Werke von W. Stassow 1847–1886), 2 Bde., St. Petersburg 1894

– Iz pisem V. V. Stasova k A. M. Kerzinu (Aus Briefen von W. Stassow an Arkadi Kersin), in: Muzykal'nyj sovremennik 1916, Nr. 2, S. 10–28 (↱ Dok. 9)

– Izbrannye sočinenija (Ausgewählte Werke), 3 Bde., Moskau 1952

– Stat'i o muzyke (Aufsätze zur Musik), 5 in 6 Bdn., hrsg. von Vladimir Protopopov, Moskau 1974–1980

In englischer Übersetzung zugänglich sind viele Briefe und Dokumente in: The Musorgsky Reader. A Life of Modeste Petrovich Musorgsky in Letters and Documents, hrsg. von Jay Leyda und Sergei Bertensson, New York 1970 (Erstdruck 1947)

Grundlegende Literatur zu Komponist und Werk

Brown, David: Musorgsky. His Life and Works, Oxford 2002
Chubov, Georgij: Musorgskij, Moskau 1969
Emerson, Caryl: The Life of Musorgsky, Cambridge 1999
Fedjakin, Sergej: Musorgskij, Moskau 2009
Golovinskij, Grigorij / Sabinina, Marina: Modest Petrovič Musorgskij, Moskau 1998
Hübsch, Lini: Modest Mussorgskij. Bilder einer Ausstellung, München 1978 (Meisterwerke der Musik, Bd. 15)
Kuhn, Ernst (Hrsg.): Modest Mussorgsky. Zugänge zu Leben und Werk, Berlin 1995 (musik konkret, Bd. 8)
Russ, Michael: Musorgsky. Pictures at an Exhibition, Cambridge 1992 (Cambridge Music Handbooks)
Taruskin, Richard: Musorgsky. Eight Essays and an Epilogue, Princeton 1993
Walsh, Stephen: Musorgsky and His Circle. A Russian Musical Adventure, London 2013

Weiterführende Literatur

Abraham, Gerald: The Artist of Pictures from an Exhibition, in: Musorgsky in Memoriam, 1881–1981, hrsg. von Malcolm Hamrick Brown, Ann Arbor / Mich. 1982, S. 220–236
Alekseev, Aleksandr D.: Russkaja fortepiannaja muzyka. Ot istokov do veršin tvorčestva (Russische Klaviermusik. Von den Anfängen bis zum Schaffensgipfel), Moskau 1963, S. 189–218 (Kap. V: Mussorgski)
Alheim, Pierre d': Moussorgski, Paris 1896
Antipov, Valentin: Proizvedenija Musorgskogo po avtografam i drugim pervoistočnikam. Annotirovannyj ukazatel' (Mussorgskis Werke nach Autographen und anderen Primärquellen. Annotiertes Verzeichnis), in: Nasledie M. P. Musorgskogo. Sbornik materialov, hrsg. von Evgenij Levašëv, Moskau 1989, S. 63–144

Art. »Hartmann«, in: Allgemeines Lexikon der Bildenden Künstler, von der Antike bis zur Gegenwart, begründet von Ulrich Thieme und Felix Becker, hrsg. von Hans Vollmer, Bd. 16, Leipzig 1923, S. 86

Blagoj, Dmitrij: Sozdanie besprimernoe. »Kartinki s vystavki« M. P. Musorgskogo (Ein beispielloses Werk. M. P. Mussorgskis »Bilder einer Ausstellung«), in: Muzykal'naja žizn' 1981, Nr. 10, S. 15–17; wieder in: ders.: Izbrannye stat'i o muzyke, Moskau 2000, S. 9–21

Bobrovskij, Viktor: Analiz kompozicii »Kartinok s vystavki« (Analyse des Werkes »Bilder einer Ausstellung«), in: Ot Ljulli do našich dnej, hrsg. von Valentina Konen, Moskau 1967, S. 145–176

– Tematizm kak faktor muzykal'nogo myšlenija: očerki (Thematische Arbeit als Faktor musikalischen Denkens: Skizzen), Bd. 2, Moskau 2008

Bongni, Marcel: Wassily Kandinskys Synthese der Künste. Eine Analyse von »Bilder einer Ausstellung«, Zürich 2000

Calvocoressi, Michel D.: Mussorgsky, deutsche umgearbeitete Ausgabe von Carl Seelig, Leipzig u. a. 1921

Cholopov, Jurij N.: Musorgskij kak kompozitor XX veka (Mussorgski als Komponist des 20. Jahrhunderts), in: M. P. Musorgskij i muzyka XX veka, hrsg. von Grigorij L. Golovinskij, Moskau 1990, S. 65–92

– Musorgskij kak master muzykal'noj formy (»Kartinki s vystavki«) (Mussorgski als Meister der musikalischen Form [»Bilder einer Ausstellung«]), in: Muzykal'naja kul'tura: vek XIX – vek XX, Bd. 2, Moskau 2002, S. 25–54; mit leichten Kürzungen wieder in: ders.: Muzykal'nye formy klassičeskoj tradicii. Stat'i, materialy, hrsg. von Tat'jana S. Kjuregjan, Moskau 2012, S. 456–483

Činaev, Vladimir P.: Faktura »Kartinok s vystavki« Musorgskogo (Die Faktur der »Bilder einer Ausstellung« von Mussorgski), in: Muzykal'naja faktura, hrsg. von Tat'jana N. Krasnikova, Moskau 2001 (Trudy RAM im. Gnesinych, Bd. 146), S. 159–165; wieder in: Kak ispolnjat' russkuju fortepiannuju muzyku, hrsg. von Ekaterina Ključnikova, Moskau 2009, S. 59–67

Emons, Hans: »Malerei mit Zeit«. Kandinskys Bühnenkomposition »Bilder einer Ausstellung«, in: ders.: Für Auge und Ohr. Musik als Film oder die Verwandlung von Kompositionen ins Licht-Spiel, Berlin 2012, S. 42–52

Frankenstein, Alfred: Victor Hartmann and Modeste Musorgsky, in: The Musical Quarterly 25 (1939), S. 268–291

Judina, Marija V.: »Kartinki s vystavki« Modesta Petroviča Musorgskogo (Mussorgskis »Bilder einer Ausstellung«), in: dies.: Vy spasites' čerez muzyku. Literaturnoe nasledie, hrsg. von A. M. Kuznecov, Moskau 2005, S. 223–230 (entstanden 1970)

Kolovskij, Oleg: »Kartinki s vystavki« Musorgskogo (k probleme podgolosočnoj polifonii) (Mussorgskis »Bilder einer Ausstellung« [zum Problem der Nebenstimmen-Polyphonie]), in: Voprosy intonacionnogo analiza i formoobrazovanija v svete idej B. V. Asaf'eva, hrsg. von Oleg P. Kolovskij, Leningrad 1985, S. 38–52

Kompanejskij, Nikolaj: K novym beregam: Modest Petrovič Musorgskij (Zu neuen Ufern: M. P. Mussorgski), in: Russkaja muzykal'naja gazeta 1906 (dt. in: Zugänge zu Leben und Werk, S. 150–193)

Lehmann, Dieter: Charakter und Bedeutung der »Promenaden« in Mussorgskis »Bilder einer Ausstellung«, in: Studia musicologica Academiae Scientiarum Hungaricae 4 (1963), S. 235–255

Margulis, Vitalij: M. Musorgskij. »Kartinki s vystavki«, St. Petersburg 2007 (Master-klass na domu)

McQuere, Gordon D.: Analyzing Musorgsky's »Gnome«, in: Indiana Theory Review 13 (1992), Nr. 1, S. 21–40

Merkulov, Aleksandr M.: Nekotorye osobennosti kompozicii i interpretacii »Kartinok s vystavki« Musorgskogo (Einige kompositorische und interpretatorische Besonderheiten der »Bilder einer Ausstellung«), in: Problemy organizacii muzykal'nogo proizvedenija, hrsg. von Mstislav A. Smirnov, Moskau 1979, S. 29–56

Montagu-Nathan, Montagu: New Light on Moussorgsky's Pictures, in: Monthly Musical Record 47 (May 1, 1917), S. 105–106

Mut'ja, Natal'ja Nikolaevna: Tvorčestvo Viktora Aleksandroviča Gartmana (1834–1873) (Das Werk von V. A. Hartmann [1834–1873]), Diss. Rossijskaja Akademija chudožestv, Sankt-Peterburgskij institut živopisi, skul'ptury i architektury im. I. E. Repina, St. Petersburg 1999

Nagachevskaya, Svetlana: »Pictures at an Exhibition«. A Reconciliation of Divergent Perceptions about Mussorgsky's Renowned Cycle, Diss. The University of Arizona 2009

Neef, Sigrid: Die russischen Fünf. Balakirew, Borodin, Cui, Mussorgski, Rimski-Korsakow. Dokumente, Briefe, Programme, Werke, Monographien, Berlin 1992

Newmarch, Rosa: The Concert Goer's Library of Descriptive Notes, Bd. 3, Oxford 1930, S. 38–41

Perry, Simon: Rummaging through the »Catacombs«. Clues in Musorgsky's Pitch Notations, in: Music Analysis 14 (1995), S. 221–255

Poljakova, Ljudmila Viktorovna: »Kartinki s vystavki« M. P. Musorgskogo (Die »Bilder einer Ausstellung« von M. P. Mussorgski), Moskau [2]1960

Puffett, Derrick: A Graphic Analysis of Musorgsky's »Catacombs«, in: Music Analysis 9 (1990), S. 67–77

Savel'ev, Jurij Rostislavovič: Iskusstvo »istorizma« v sisteme gosudarstvennogo zakaza vtoroj poloviny XIX – načala XX veka (na primere »vizantijskogo« i russkogo stilej) (Die Kunst des »Historismus« im staatlichen Auftragssystem der zweiten Hälfte des 19. und Anfang des 20. Jahrhunderts [am Beispiel des »byzantinischen« und russischen Stils]), Diss. St. Petersburg 2006

Schmid, Wieland: Modest Mussorgski / Maurice Ravel, Bilder einer Ausstellung. Ein Meisterwerk im Spiegel seiner Zeit, Themenheft für SchülerInnen ab der 7. Jahrgangsstufe und Medienpaket (CD und DVD), Innsbruck u. a. 2012

Šnitke [Schnittke], Al'fred: »Kartinki s vystavki« M. P. Musorgskogo. (Opyt analiza) (Die »Bilder einer Ausstellung« von M. P. Mussorgski. [Versuch einer Analyse]), in: Voprosy muzykoznanija 1 (1953/54), Moskau 1954, S. 327–357

Struck, Michael: Bild im Wort. Anmerkungen zu Mussorgskijs »Bildern einer Ausstellung« und ihrem Programm, in: Programmusik. Studien zu Begriff und Geschichte einer umstrittenen Gattung, Laaber 1983 (Hamburger Jahrbuch für Musikwissenschaft, Bd. 6), S. 63–84

Taruskin, Richard: Yevreyi and Zhidy. A Memoir, a Survey, and a Plea, in: Word, Music, History. A Festschrift for Caryl Emerson, hrsg. von Lazar Fleishman, Gabriella Safran und Michael Wachtel, Stanford 2005, S. 537–552; wieder in: Richard Taruskin: On Russian Music, Berkeley, CA / London 2009, S. 190–201

Trembovel'skij, Evgenij: Stil' Musorgskogo. Lad, garmonija, sklad (Mussorgskis Stil. Modus, Harmonik, Satz), 2., korr. und erw. Aufl., Moskau 2010 (1. Aufl. Moskau 1999)

Val'kova, Vera B.: Na zemle, v nebesach i v preispodnej. Muzykal'nye stranstvija v »Kartinkach s vystavki« (Auf der Erde, im Himmel und in der Unterwelt. Musikalische Wanderungen in den »Bildern einer Ausstellung«), in: Muzykal'naja akademija 1999, Nr. 2, S. 138–144

– »Nominacija kur'ezna…«. O podlinnych nazvanijach p'es v »Kartinkach s vystavki« M. P. Musorgskogo (»Die Titel sind kurios …«. Über die echten Bezeichnungen der Stücke in Mussorgskis »Bildern einer Ausstellung«), in: Processy muzykal'nogo tvorčestva, Bd. 6, hrsg. von Elena Vjazkova, Moskau 2003 (Rossijskaja akademija muzyki im. Gnesinych. Sbornik trudov), S. 196–213; wieder in: Kak ispolnjat' russkuju fortepiannuju muzyku, hrsg. von Ekaterina Ključnikova, Moskau 2009, S. 48–59

Vasil'eva, Elena und Nina: Muzykal'nyj portret chudožnika (V. A. Gartman v cikle M. P. Musorgskogo »Kartinki s vystavki«) (Ein musikalisches Künstlerporträt [Hartmann in Mussorgskis Zyklus »Bilder einer Ausstellung«]), in: Izrail' XXI. Muzykal'nyj žurnal (online), Nr. 50 (März 2015), www.21israel-music.com/Kartinki_s_vystavki.htm

Vasina-Grossman, Vera A.: Musorgskij i Viktor Gartman (Mussorgski und Viktor Hartmann), in: Chudožestvennye processy v russkoj kul'ture vtoroj poloviny XIX veka, hrsg. von Grigorij Ju. Sterpin, Moskau 1984, S. 37–51

Wolfurt, Kurt von: Mussórgskij, Stuttgart u. a. 1927

Website mit reicher Sammlung von Archivalien und Dokumenten zum Werk

http://viole.lib.net/kartinki_s_vystavki/ (japanisch, teilweise englisch)

Anmerkungen

Einführung

1 Mussorgski: *Briefe*, S. 101.

2 Zu Stassows Denken und seinem Einfluss auf Komponisten vgl. Dorothea Redepenning: *Geschichte der russischen und der sowjetischen Musik*, Bd. 1, Laaber 1994, S. 166–175.

3 Vgl. Vladimir Stasov: *Das slawische Konzert von Herrn Balakirev*, Übs. und Kommentar von Christoph Flamm, in: MusikTheorie 29 (2014), H. 2, S. 181–183, sowie den Aufsatz des Verfassers: *Big Brother is Composing You. Panslawistische, eurasianische und sowjetische Ideen in der russischen Musik*, ebd., S. 159–179.

Ein Werk, drei Väter: Hartmann, Stassow, Mussorgski

1 Die einzige Ausnahme stellt die Dissertation der Petersburger Kunsthistorikerin Natalja Mutja aus dem Jahr 1999 dar, die aber nur als Typoskript ohne den Abbildungsteil zugänglich ist (Mut'ja 1999).

2 Lange Zeit ist der Aufsatz des Musikhistorikers Alfred Frankenstein die umfassendste Informationsquelle zu Hartmann gewesen (Frankenstein 1939). Stassows Schriften über Hartmann bilden die Grundlage der folgenden Kurzbiografie (↱ Dok. 3–7).

3 Art. »Hartmann« 1923.

4 St. Petersburg, Russisches Staatliches Historisches Archiv (RGIA), fond 789, opis' 14, delo 12, »Gartman, V. A.«, Nr. 85 (zit. nach dem Faksimile in http://viole.lib.net/kartinki_s_vystavki).

5 Stasov 1894, Sp. 130 (↱ Dok. 4).

6 Nach Mut'ja 1999, S. 17.

7 St. Petersburg, Russisches Staatliches Historisches Archiv (RGIA), fond 789, opis' 14, delo 12, »Gartman, V. A.«, Nr. 10 (zit. nach dem Faksimile in http://viole.lib.net/kartinki_s_vystavki).

8 Vgl. Jurij Nikitin: *Russische Ausstellungshallen auf Weltausstellungen und internationalen Ausstellungen 1851–1917*, in: Wolkenkuckucksheim. Internationale Zeitschrift für Theorie und Wissenschaft der Architektur 5 (2000), H. 1 (unpaginierte Online-Publikation).

9 Vgl. die Abbildungen in: *Grand Album de l'Exposition universelle 1867*, Paris 1867, S. 15, 21, 55, 57, 77, 95, 97.

10 Vgl. die Schilderung von Alexander Benois über die Reisebilder seines Vaters in: Mut'ja 1999, S. 19.

11 Savel'ev 2006.

12 Österreich-Ungarn / Central-Comité der Weltausstellung zu Paris 1867 (Hrsg.): *Bericht über die Welt-Ausstellung zu Paris im Jahre 1867*, Bd. 1, Wien 1869, S. 163.

13 Stasov 1894, Sp. 136 (↱ Dok 4).

14 Vgl. *Illjustrirovannoe opisanie Vserossijskoj manufakturnoj vystavki 1870* (Illustrierte Beschreibung der Allrussischen Manufakturausstellung 1870), St. Petersburg 1870.

15 Dazu ausführlich Mut'ja 1999, S. 111 bis 129 (Kap. IV).

16 Vor allem in: *Motivy russkoj architektury* (Russische Architekturmotive), hrsg. von A. Rejnbot, St. Petersburg 1875 und 1877.

17 Dazu ausführlich Mut'ja 1999, S. 67–110 (Kap. III).

18 Ebd., S. 92.

19 Stasov 1894, Sp. 156 f. (↱ Dok. 7).

20 Mussorgski: *Briefe*, S. 95.

21 Ebd., S. 103.

22 Vgl. bei Shakespeare Lears Totenklage: »Ein Hund, ein Roß, 'ne Maus soll Leben haben, / Und du nicht einen Hauch?« (*King Lear* V/3).

23 Zit. nach Hübsch 1978, S. 46.

24 Die Autorschaft des Textes ist verbürgt durch eine briefliche Mitteilung Mussorgskis an Polyxena Stassowa vom 26. Juli 1873 (↱ Dok 2).

25 Vgl. die grundlegenden Darstellungen von Neef 1992 und Walsh 2013.

26 Wiedergegeben bei Kuhn (Hrsg.) 1995, S. 241–259.

27 Brief an Wladimir Stassow, 19./20. Oktober 1875; Mussorgski: *Briefe*, S. 209.
28 Repins Briefwechsel ist online ediert: http://ilyarepin.ru/perepiska/.
29 Zit. nach http://ilyarepin.ru/stasov/.
30 Zit. nach ebd.
31 Zit. nach http://ilyarepin.ru/perepiska/.
32 Ediert von Stassow in: *Mark Matveevič Antokol'skij. Ego žizn', tvorenija, pis'ma i stat'i* (M. M. Antokolski. Sein Leben, Werke, Briefe und Aufsätze), hrsg. von Vladimir V. Stasov, St. Petersburg / Moskau 1905.
33 Brief an Stassow vom 20. Juli / 1. August 1882; ebd., S. 459.
34 Antokolski war Jude und schuf viele Kunstwerke mit jüdischen Sujets; ob das ein möglicher Grund für ihre persönliche Distanz gewesen ist, kann allenfalls spekuliert werden, es fehlt dafür jeder konkrete Nachweis.
35 Mussorgski: *Briefe*, S. 142.
36 Ebd., S. 138 f.
37 Ebd., S. 140.
38 Ebd., S. 118 f.
39 Ebd., S. 120 f.
40 Nikolai G. Tschernyschewski: *Ausgewählte philosophische Schriften*, Moskau 1953 (deutsch), S. 160–236.
41 Brief an Ljudmila Schestakowa, 30. Juli 1868; Mussorgski: *Briefe*, S. 64.
42 Brief an Arseni Golenischtschew-Kutusow, September–Oktober 1875; ebd., S. 204.
43 Brief an Wladimir Stassow, 16. und 22. Juni 1872; ebd., S. 112.
44 Brief an Wladimir Stassow, 10. August 1871; ebd., S. 100.
45 Zit. nach Frankenstein 1939, S. 276.
46 Mussorgski: *Briefe*, S. 175.
47 Vladimir V. Stasov: *Kartina Repina »Burljaki na Wolge«* (Repins Gemälde »Die Wolgatreidler«), in: St. Peterburgskie vedomosti Nr. 76, 18. März 1873; zit. nach Stasov 1894, Bd. 1, Sp. 397–400.
48 Archivalische Quellen wie das Gesuch der Witwe an die Kaiserliche Akademie der Künste und die in drei russischen Zeitungen publizierte Mitteilung zur Ausstellungseröffnung finden sich auf der japanischen Website http://viole.lib.net/kartinki_s_vystavki/.
49 St. Petersburg, Russisches Staatliches Historisches Archiv (RGIA), fond 789, opis' 14, delo 12, »Gartman, V. A.«, Nr. 57 und 58 (nach dem Faksimile in http://viole.lib.net/kartinki_s_vystavki).
50 Ebd., Nr. 59 (nach ebd.).
51 Sobko / Stasov 1874.
52 Der Hinweis im elektronischen Katalog der Russischen Staatsbibliothek (RGB) in Moskau lautet: »Autor ermittelt nach der Ausgabe von V. I. Mežov, *Russkaja istoričeskaja bibliografija za 1865–1876 vključitel'no*, Bd. 2, 1882.«
53 Stasov 1894, Sp. 494 (↱ Dok. 6).
54 Mut'ja 1999, S. 183 (Nr. 22).
55 Vgl. Stasov 1894, Sp. 493 (↱ Dok. 6).
56 Stasov 1916, S. 20 (↱ Dok. 9).
57 Zu allen Fragen der Überlieferung und Datierung von Mussorgskis Werken vgl. Antipov 1989.
58 Die Formulierung »mitten ins Gesicht« (russisch »prjamo v lob«, wörtlich: »direkt auf die Stirn«) wurde bislang sehr unterschiedlich übersetzt: von Lini Hübsch (1978, S. 47) mit »ganz einfach Nr. 4«, von Dieter Lehmann und Christoph Hellmundt (*Briefe* 1984, S. 174) mit »jetzt bin ich bei Nr. 4«, von Jay Leyda und Sergei Bertensson (*The Musorgsky Reader*, S. 272) mit »Right between the eyes«. Die Vermutung liegt nahe, dass Mussorgski hier einen konkreten musikalischen Sachverhalt anspricht: Nicht nur, dass an dieser Stelle erstmals kein Zwischenspiel wie zuvor von einer zur anderen Nummer überleitet – das stampfende Vieh bricht zudem ganz unvermittelt in dröhnendem Fortissimo ein.
59 Nach dem russischen Original in Musorgskij 1971, S. 178 f.; vgl. Mussorgski: *Briefe*, S. 173 f.
60 Orlova (Hrsg.) 1963, S. 395; zit. nach Hübsch 1978, S. 47.

61 Als op. 10 nennt er die auf 1873 datierten Fragmente zur kollektiven Ballett-Oper *Mlada*, als op. 12 den Liederzyklus *Bez solnca* (*Ohne Sonne*), ebenfalls von 1874.
62 Frankenstein 1939.
63 Frid 1975.
64 Vgl. viole.lib.net und den Kommentar von Mut'ja 1999, S. 12.
65 Stasov 1881, zit. nach Kuhn (Hrsg.) 1993, S. 114.
66 Stasov 1916, S. 19 (↱ Dok. 9).
67 Mut'ja 1999, S. 146 f.
68 Ebd., S. 212.
69 Vasil'eva 2015.
70 Mut'ja 1999, S. 146, 186.
71 Vasil'eva 2015.
72 Leonid Ssabanejew [sic]: *Geschichte der russischen Musik*, für deutsche Leser bearbeitet […] von Oskar von Riesemann, Leipzig 1926, S. 135.
73 Emerson 1999, S. 73.
74 An Wladimir Stassow, 23. Juli 1873; Mussorgski: *Briefe*, S. 149.
75 Stassow 1881, zit. nach Kuhn (Hrsg.) 1993, S. 106.
76 Ausgabe Flamm 2013, Vorwort, S. VI.
77 Zu diesen und weiteren Belegen der Vokabel »bydlo« seit dem mittleren 19. Jahrhundert vgl. das *Nacional'nyj korpus russkogo jazyka* (http://ruscorpora.ru/).
78 Bodo Zelinsky: *Der russische Roman*, Köln u. a. 2007, S. 41.
79 Zit. nach dem russischen Original.
80 Russ 1992, S. 40, irrt, wenn er angibt, Stassow habe den Titel des Stückes verändert.
81 So das japanische Forscherteam von viole.lib.net.
82 Diese These vertritt auch Alekseev 1963, S. 206.
83 Nach Mut'ja 1999, S. 68–70.
84 Ausführlich dazu Mut'ja 1999, S. 68 bis 79, mit Hinweisen auf Abbildungen in zeitgenössischen Illustrierten. Abbildungen auch bei Frankenstein 1939.
85 Mut'ja 1999, S. 146, 219.
86 Vasil'eva 2015.
87 Mut'ja 1999, S. 11, 140.
88 Vasil'eva 2015.
89 Der Gebrauch von Anführungszeichen bei der Titelformulierung ist im Autograph uneinheitlich; er könnte in den meisten Fällen nur allgemein die Idee eines geborgten »Bildernamens« verdeutlichen.
90 Taruskin 1993, S. 382.
91 Französische Originaltexte in der Ausgabe Flamm 2013.
92 Nadar: *Quand j'étais photographe*, Paris 1900, S. 99–129: *Paris souterrain, Aux catacombes et égouts (Premiers essais de photographie aux lumières artificielles).*
93 *Le Monde illustré*, 28. Oktober 1865, S. 217.
94 *Ossuaire des Catacombes / APM, D'après deux photographies de Nadar (éclairage électrique)*, Paris 1862.
95 Die Ableitung von Nadars Fotos ist nachgewiesen auf der Homepage der Pariser Katakomben (https://ossuaire.wordpress.com).
96 Louis Héricart de Thury: *Description des catacombes de Paris, précédée d'un précis historique sur les catacombes de tous les peuples de l'ancien et du nouveau continent*, Paris 1815, S. 219 (und Tafel V).
97 Russisches Original in der Ausgabe Flamm 2013.
98 Vgl. den Bericht mit Abbildung in: François Ducuing (Hrsg.): *L'Exposition Universelle de 1867 illustrée*, Bd. 1, Paris 1867, S. 235–237.
99 Vladimir V. Stasov: *Katakomba s freskami, najdennaja v 1872 g. bliz Kerči* (Die 1872 bei Kertsch gefundene Katakombe mit Fresken), wieder in: Stasov 1894, Bd. 1, Abt. 1, Sp. 213–289.
100 Mut'ja 1999, S. 147, 212, 246.
101 Vgl. Andreas Johns: *Baba Yaga: The Ambiguous Mother and Witch of the Russian Folktale*, Frankfurt u. a. 2004.
102 Mut'ja 1999, S. 147, 213, 227.
103 Stockholm, Livrustkammaren, Inv.-Nr. 20389 (2634), online vielmals abgebildet.

104 Stasov 1894, Sp. 155 (↱ Dok. 7).
105 Vasina-Grossman 1984, S. 45.
106 Struck 1983, S. 80.
107 Golovinskij 1998, S. 429.
108 Vasina-Grossman 1984, S. 39; vgl. Alekseev 1963, S. 201.

Zur Musik

1 Vgl. Golovinskij 1998, S. 391–401.
2 Stasov 1881, zit. nach Kuhn (Hrsg.) 1993, S. 42.
3 Chubov 1969, S. 535.
4 Judina 1970, Ausgabe 2005, S. 224.
5 Weitere analytische Details finden sich vor allem bei Šnitke 1954, Bobrovskij 1967, Hübsch 1978 und Russ 1992.
6 Lehmann 1963, S. 238.
7 Šnitke 1954, S. 329.
8 Nach ebd.
9 Aleksandr Rubec: *Dvesti šestnadcat' narodnych ukrainskich napevov dlja penija bez soprovoždenija* (216 ukrainische Volksweisen für unbegleiteten Gesang), Moskau 1872; zit. nach Trembovel'skij 2010, S. 116.
10 Für diesen Hinweis danke ich Prof. Petra Hesse und Prof. Cristina Beretta von der Alpen-Adria-Universität Klagenfurt.
11 Levon Akopjan: Art. »Svadebka«, in: ders.: Muzyka XX veka. Ėnciklopedičeskij slovar', Moskau 2010, S. 497. Ich danke dem Autor für seinen Hinweis.
12 Šnitke 1954, S. 328.
13 Lehmann 1963, S. 252.
14 Ebd., S. 252 f.
15 Bobrovskij 1967, S. 147.
16 Hübsch 1978, S. 11.
17 Bobrovskij 1967, S. 155.
18 Russ 1992, S. 32.
19 Vgl. McQuere 1992, S. 28.
20 Hinweise auf versteckte Ganztonfolgen im chromatischen Abstieg T. 7–9 (Russ 1992, S. 66) sind nicht sehr überzeugend.
21 Hübsch 1978, S. 19.
22 Šnitke 1954, S. 331.
23 Eine Brücke zum Hauptthema durch das Wiederaufgreifen der Töne *es*, *eses* und *fes* (später *ges*) erblickt Trembovel'skij 2010, S. 301.
24 McQuere 1992.
25 Šnitke 1954, S. 332.
26 Ebd., S. 331.
27 Bobrovskij 1967, S. 146.
28 Šnitke 1954, S. 332.
29 Judina 1970, Ausgabe 2005, S. 227.
30 Russ 1992, S. 38.
31 Calvocoressi 1921, S. 74.
32 Russ 1992, S. 37.
33 Hübsch 1978, S. 21.
34 Russ 1992, S. 37 f.
35 Cholopov 1990, S. 75.
36 Hübsch 1978, S. 22; Blagoj 2000, S. 12.
37 Cholopov 1990, S. 81.
38 Hübsch 1978, S. 21.
39 Russ 1992, S. 37.
40 Alekseev 1963, S. 204.
41 Newmarch 1930, S. 39; vgl. auch Margulis 2007, S. 14.
42 Golovinskij 1998, S. 421.
43 Šnitke 1954, S. 337, ebenso Chubov 1969, S. 537.
44 Hübsch 1978, S. 23.
45 Trembovel'skij 2010, S. 287.
46 Hübsch 1978, S. 23.
47 Chubov 1969, S. 537.
48 Šnitke 1954, S. 338.
49 Trembovel'skij 2010, S. 43.
50 Hübsch 1978, S. 22.
51 Cholopov 1990, S. 76
52 Russ 1992, S. 67–69.
53 Trembovel'skij 2010, S. 45.
54 Cholopov 1990, S. 75.
55 Trembovel'skij 2010, S. 340.
56 Hübsch 1978, S. 24.
57 Poljakova 1960, S. 13.
58 Russ 1992, S. 40.
59 Golovinskij 1998, S. 422.
60 Šnitke 1954, S. 338.
61 Hübsch 1978, S. 24.
62 Margulis 2007, S. 16.
63 Hübsch 1978, S. 24.

64 Russ 1992, S. 40.

65 Vgl. Christoph Flamm: *Igor Strawinsky: Der Feuervogel – Petruschka – Le Sacre du printemps*, Kassel u. a. 2013, S. 61.

66 Fedjakin 2009, S. 374.

67 Russ 1992, S. 42.

68 Poljakova 1960, S. 14.

69 Trembovel'skij 2010, S. 256.

70 Hübsch 1978, S. 27.

71 Vgl. Fedjakin 2009, S. 380 f.

72 Judina 1970, Ausgabe 2005, S. 228.

73 Šnitke 1954, S. 340.

74 Stasov 1916, S. 21 (↱ Dok. 9).

75 Wjatscheslaw Karatygin: *Modest Mussorgski und seine Zeit*, in: Kuhn (Hrsg.) 1995, S. 42.

76 Taruskin 1993, S. 383.

77 »Die ›Namensvettern‹ Samuel und Schmuyle sind zwei Masken eines menschlichen Wesens.« Val'kova 2003, Ausgabe 2009, S. 59.

78 Taruskin 1993, S. 382.

79 Brown 2002, S. 238.

80 Taruskin 2009, S. 200.

81 Margulis 2007, S. 17.

82 Wolfurt 1927, S. 243.

83 Alheim 1896, S. 263.

84 Nach Hübsch 1978, S. 28 f.

85 Cholopov 1990, S. 86.

86 Ebd., S. 76.

87 Trembovel'skij 2010, S. 203 und 206.

88 Perry 1995, S. 229.

89 Walsh 2013, S. 309, sieht diese Coda als eine Art von schumanneskem »der Dichter spricht«, doch bleibt die Musik bei den beiden Figuren.

90 Nach Perry 1995, S. 226–228.

91 Šnitke 1954, S. 343.

92 Poljakova 1960, S. 17.

93 Vgl. Hübsch 1978, S. 30.

94 Poljakova 1960, S. 17.

95 Perry 1995, S. 232.

96 Margulis 2007, S. 19.

97 Judina 1970, Ausgabe 2005, S. 228.

98 Šnitke 1954, S. 344.

99 Margulis 2007, S. 20 f.

100 Vgl. Bobrovskij 1967, S. 167, der sehr unspezifisch von »Assoziationen zu alten Gattungen« spricht.

101 Šnitke 1954, S. 345.

102 Hübsch 1978, S. 32.

103 Das Folgende nach Perry 1995, S. 233 bis 238.

104 Šnitke 1954, S. 346.

105 Vgl. Ausgabe Flamm 2013, S. 26 und Kommentar S. 49.

106 Walsh 2013, S. 309.

107 Brief vor dem 4. Oktober 1867; Mussorgski: *Briefe*, S. 56.

108 Vgl. Ausgabe Flamm 2013, S. 26 und Kommentar S. 49.

109 Perry 1995, S. 245 f.

110 Puffett 1990, S. 72 f.

111 Ebd., S. 73.

112 Šnitke 1954, S. 346.

113 Poljakova 1960, S. 19.

114 Val'kova 2003, Ausgabe 2009, S. 58.

115 Zit. nach Hübsch 1978, S. 48.

116 Šnitke 1954, S. 346.

117 Parry 1995, S. 238.

118 Ebd., S. 242 f.

119 Russ 1992, S. 47.

120 Margulis 2007, S. 25.

121 Poljakova 1960, S. 20.

122 Valentina Cholopova: *O prototipach funkcij muzykal'noj formy* (Zu den Prototypen der Funktionen musikalischer Form), in: Problemy muzykal'noj nauki, Bd. 4, Moskau 1979, S. 4–22, hier S. 18; zit. nach Trembovel'skij 2010, S. 361.

123 Hübsch 1978, S. 34.

124 Šnitke 1954, S. 348.

125 Hübsch 1978, S. 34.

126 Ebd.

127 Trembovel'skij 2010, S. 360.

128 Russ 1992, S. 74.

129 Cholopov 1990, S. 76.

130 Judina 1970, Ausgabe 2005, S. 229.

131 Šnitke 1954, S. 349.

132 Hübsch 1978, S. 35.

133 Golovinskij 1998, S. 427.

134 Russ 1992, S. 74.

135 Vgl. Ausgabe Flamm 2013, S. 50, Example 2.

136 Judina 1970, Ausgabe 2005, S. 230.

137 Trembovel'skij 2010, S. 264.

138 Šnitke 1954, S. 352.

139 Hübsch 1978, S. 39.

140 Nach ebd., S. 36.

141 Šnitke 1954, S. 352.

142 Hübsch 1978, S. 36.

143 Trembovel'skij 2010, S. 263.

144 Ebd., S. 147 und 264.

145 Karatygin: *Modest Mussorgski und seine Zeit*, in: Kuhn (Hrsg.) 1995, S. 42.

146 Zit. nach Hübsch 1978, S. 47 f.

147 Cholopov 1990, S. 86.

148 Hübsch 1978, S. 36.

149 Trembovel'skij 2010, S. 263.

150 Hübsch 1978, S. 37.

151 Margulis 2007, S. 27–29.

152 Šnitke 1954, S. 354.

153 Wolfurt 1927, S. 242 f.

154 Vgl. Fedjakin 2009, S. 148.

155 Val'kova 2003, Ausgabe 2009, S. 51.

156 Musorgskij 1971, S. 188.

157 *Hofmeisters Monatsberichte*, Juli 1879, S. 210.

158 Die Satzbezeichnungen lauten: Série I. No. 1. *Prologue symphonique*. No. 2. *Au Jardin. Saynette*. No. 3. *Au Rouet. Bluette*. No. 4. *Bouffonneries. Scherzo*. No. 5. *Le Mezzetin amoureux. Sérénade-Valse*. No. 6. *Le Bourdon. Impromptu*. No. 7. *La Fée mystérieuse. Apparition*. No. 8. *Danses caractérisées. Rondo pantomimique*. – Série II. No. 9. *Papillons. Divertissement-Intermezzo*. No. 10. *Chœur dansé*. No. 11. *Marguerite. Balladette*. No. 12. *Le Géant. Fantasmagorie*. No. 13. *Concert de Bergers. Pastorale*. No. 14. *Chinoiseries*. No. 15. *Cortége de Moines. Scène de Nuit*. No. 16. *Epilogue dramatique*.

159 Frid 1975, unpaginiert.

160 Vasina-Grossman 1984, S. 44.

161 Bobrovskij 1967, S. 151.

162 Russ 1992, S. 32.

163 Ebd.

164 Golovinskij 1998, S. 431.

165 Mut'ja 1999, S. 145.

166 Mussorgski: *Briefe*, S. 154.

167 Vasina-Grossman 1984, S. 50.

168 Ekaterina Lobankova: *Nacional'nye mify v russkoj muzykal'noj kul'ture ot Glinki do Skrjabina. Istoriko-sociologičeskie očerki* (Nationale Mythen in der russischen Musikkultur von Glinka bis Skrjabin. Historisch-soziologische Essays), St. Petersburg 2014, S. 141–176.

169 Ebd., S. 164.

170 Laura Engelstein: *Slavophile Empire. Imperial Russia's Illiberal Path*, Ithaca / London 2009, S. 5.

171 Vgl. Lobankova: *Nacional'nye mify*, S. 74–84.

172 Susanna Rabow-Edling: *Slavophile Thought and the Politics of Cultural Nationalism*, Albany, NY 2006, S. 3.

173 Andrzej Walicki: *The Slavophile Controversy*, Oxford 1975; zit. nach ebd., S. 1.

174 Peggy Heller: *The Russian Dawn. How Russia Contributed to the Emergence of ›the West‹ as a Concept*, in: The Struggle for the West. A Divided and Contested Legacy, hrsg. von Christopher S. Browning und Marko Lehti, London / N. Y. 2010, S. 33–52.

175 Rolf-Dieter Kluge: *Westeuropa und Rußland im Weltbild Aleksandr Bloks*, München 1967, S. 274.

Auf dem Klavier und darüber hinaus: Hinweise zur Rezeption

1 Goleniščev-Kutuzov 1935, zit. nach Kuhn (Hrsg.) 1995, S. 139.

2 Stasov 1881, zit. nach Kuhn (Hrsg.) 1993, S. 25–121, hier S. 114.

3 Modest Mussorgsky: *Autobiographische Skizze (1880)*, in: Kuhn (Hrsg.) 1995, S. 113–118, hier S. 117.

4 Vgl. Alexander Tumanov: *The Life and Artistry of Maria Olenina-d'Alheim*, Edmonton 2000 (russ. 1995), S. 51–62, Abb. des Konzertprogramms S. 56 f.

5 Vgl. Inga Mai Groote: *Östliche Ouvertüren. Russische Musik in Paris 1870–1913*, Kassel u. a. 2014, S. 156–159.

6 Arthur Pougin: *Essai historique sur la musique en Russie*, Turin 1897, S. 108.

7 Zit. nach Poljakova 1960, S. 23 f.

8 Nach Groote: *Östliche Ouvertüren*, S. 341, 346.

9 Kompanejskij 1906, zit. nach Kuhn (Hrsg.) 1995, S. 187.

10 Šnitke 1954, S. 356.

11 Lehmann 1963, S. 255.

12 Golovinskij 1998, S. 432.

13 Blagoj 2000, S. 19.

14 Tagebucheintragung vom 18. Mai 1972, *Richter. Dialogi. Dnevniki* (Richter. Dialoge. Tagebücher), Moskau 2003, S. 136.

15 Činaev 2001 (Ausgabe 2009).

16 Ausgabe Schandert 1984.

17 Margulis 2007.

18 Handschriftenabteilung, Fond 502, Archiveinheit 129.

19 Ausgabe Flamm 2013, Samarin 2015.

20 Ausführliche Beschreibungen des Autographs finden sich in den Faksimile-Ausgaben, siehe Literaturverzeichnis.

21 Pawel Lamm: *Zur Rekonstruktion der Originalfassungen der Werke Mussorgskys*, in: Kuhn (Hrsg.) 1995, S. 410–417, hier S. 416 (russ. Orig. 1932).

22 Thümer hatte sie vermutlich über die Musikforscherin Rosa Newmarch erhalten, die Ende der 1890er-Jahre unter Stassows Leitung in der Petersburger Kaiserlichen Bibliothek arbeitete; vgl. Russ 1992, S. 24.

23 Stasov 1916, S. 20 (↱ Dok. 9).

24 Montagu-Nathan 1917. Auch im Vorwort der Ausgabe Flamm 2013 werden die Metronomangaben noch auf dieser teilweise fehlerhaften Basis problematisiert.

25 Nach Poljakova 1960, S. 25.

26 Ebd., S. 27.

27 Die Dokumente dieser Polemik bei Kuhn (Hrsg.) 1995, S. 355–391.

28 *Modeste Moussorgsky. Bilder einer Ausstellung*, nach dem Urtext mit Vorwort und Bemerkungen hrsg. von Alfred Kreutz, Mainz 1954.

29 Ausgabe Bricard 2002, S. 10.

30 Ausgabe Flamm 2013, S. 43. Der Moskauer Mussorgski-Experte und Herausgeber kritischer Gesamtausgaben Dr. Valentin Antipow hatte dem Herausgeber die (nun offensichtlich falsche) Deutung des Faksimiles bestätigt.

31 *Pure Mussorgsky. Bilder einer Ausstellung, Lieder und Tänze des Todes*. Andrej Hoteev, Elena Pankratova, Berlin Classics 2014, Booklet, S. 6.

32 Ebd.

33 Hoteevs frühere »Entdeckung« der originalen Fassung von Tschaikowskys 1. Klavierkonzert, die zum Zwecke der Sensation mit Fakten und Argumenten sehr salopp umgeht, wurde kritisch besprochen von Thomas Kohlhase in: Mitteilungen der Tschaikowsky-Gesellschaft 6 (1999), S. 64–77.

34 *Moussorgsky. Pictures at an Exhibition*, Transcribed for the piano by Harold Bauer, New York: G. Schirmer 1922, S. 1.

35 *M. P. Musorgskij. Quadri di una esposizione per pianoforte*, Edizione critica a cura di Luigi Dallapiccola, Mailand: Carisch 1941.

36 *Mussorgski. Quadri di una esposizione per pianoforte*, Revisione di Alfredo Casella, Mailand: Ricordi 1949.

37 Ausgabe Dallapiccola, Prefazione, unpaginiert.

38 Ausgabe Casella, S. II–III.

39 Vgl. die Diskussion beider Stellen in der Ausgabe Flamm 2013.

40 Ausgabe Casella, S. 33.

41 Henry Wood: *My Life of Music*, New York 1971, S. 300.

42 Vgl. die ausführliche Rekonstruktion der Zusammenarbeit von Koussevitzky und Ravel bei: Viktor Juzefovič: *Sergej Kusevickij. Gody v Pariže. Meždu Rossiej i Amerikoj* (Sergej Koussewitzky. Die Jahre in Paris. Zwischen Russland und Amerika), Moskau / St. Petersburg 2014, S. 279–299.

43 Richard Taruskin: *Crowd, Mob, and Nation in Boris Godunov: What Did Musorgsky Think, and Does It Matter?*, in: The Journal of Musicology 28, No. 2 (Spring 2011), S. 143–165.

44 Emerson 1999, S. 168.

45 Wassily Kandinsky: *Über das Geistige in der Kunst*, München 1912 [recte 1911], Ausgabe Zürich 2009, S. 58.

46 Wassily Kandinsky: *Modeste Mussorgsky: »Bilder einer Ausstellung«*, in: Das Kunstblatt 14, Berlin 1930, Nr. 8, S. 246; zit. nach Bongni 2000, S. 60.

47 Ebd.

48 Vgl. dazu Emons 2012.

49 *Kandinsky 1901–1913*, Berlin 1913, S. V–VI.

50 Bongni 2000, S. 239.

51 Tomasz Kurianowicz: *KP Brehmer trifft Philip Corner in der Edition Block*, in: Berliner Zeitung, 20. Januar 2009 (www.berliner-zeitung.de).

52 Edition Block EB 106, publiziert 1988.

53 Redepenning 1994, S. 276.

54 Marina Raku: *Muzykal'naja klassika v mifotvorčestve sovetskoj ėpochi* (Die klassische Musik in der Mythenbildung der sowjetischen Epoche), Moskau 2014, S. 44–75.

55 Zit. nach ebd., S. 69.

56 Ebd., S. 69 f.

57 Zit. nach ebd., S. 72.

58 Alekseev 1963, S. 202.

Abbildungsnachweis

akg-images, S. 157
Bibliothèque Nationale de France, Paris, S. 57
Institut für Russische Literatur (Puschkin-Haus) der Akademie der Wissenschaften, St. Petersburg, S. 51, 62
Museum der Russischen Akademie der Künste, St. Petersburg, S. 45
Puškin, Polnoe sobranie sočinenij v 6 tomach, Bd. 1, Moskau 1907 [zwischen S. 622 und 623], S. 20
Russisches Museum, St. Petersburg, S. 27, 56
Staatliche Öffentliche Saltykow-Schtschedrin-Bibliothek, St. Petersburg, S. 60
Staatliche Tretjakow-Galerie, Moskau, S. 52, 53